Torsten Kugler

WACHSTUM aus der TIEFE

Sich selbst führen – anderen dienen

Torsten Kugler

WACHSTUM aus der TIEFE

Sich selbst führen – anderen dienen

Torsten Kugler

WACHSTUM aus der TIEFE
Sich selbst führen – anderen dienen

1. Auflage 2017
© Lichtzeichen Verlag, Lage
Titelfoto: Stockfoto-ID: 214982722
ISBN: 978-3-86954-278-2
Bestell-Nr.: 548278

Inhalt

Vorwort von Samuel Sutter 7
Was wir von Bäumen lernen können 9

TEIL 1
SICH SELBST FÜHREN – IN DIE TIEFE WACHSEN 19
Disziplin – muss das sein? 27
Sein **Herz** führen – die geistliche Dimension 41
Seinen **Körper** führen – die physische Dimension 66
Sein **Denken** führen – die mentale Dimension 83
Seine **Gefühle** führen – die emotionale Dimension 97
Seine **Beziehungen** führen – die soziale Dimension 115
Seine Zeit sinnvoll gestalten 137
Sein Geld weise verwalten 159
Bilanz ziehen – das Ziel im Auge behalten 177

TEIL 2
ANDEREN DIENEN – FRUCHT BRINGEN 193
Hingabe leben – selbstloses Dienen 199
Teamorientiert leben – verbindendes Dienen 221
Multiplizierend leben – ausbildendes Dienen 249
Kulturen verbindend leben – dem Fremden dienen 277
Zukunftsorientiert leben – als Eltern dienen 300

Schlusswort 329

Vorwort

Ein Leben aus der Tiefe ist wie ein erfrischender Fluss mitten durch eine trockene Wüste. Er hat das Potenzial, überall hin Leben zu bringen und eine Einöde in einen blühenden Garten zu verwandeln. Das Geheimnis seines Wirkens jedoch liegt in der Quelle, denn von dort kommt das Leben, das er einfach nur weitergibt. Diese Quelle ist nichts anderes als der Ursprung allen Lebens, nämlich Gott selbst.

Das Entdecken dieser Transformationskraft Gottes in jedem von uns war das Thema des ersten Buches von Torsten Kugler («Adlertyp – heraus aus dem Hühnerhof!»). Wir sind herausgefordert, unser Leitungspotenzial zu erkennen und zu entfalten. Wie beim Bild vom Fluss führt dabei der Weg manchmal durch Wüsten hindurch. Je weiter wir jedoch in sie vordringen, desto augenscheinlicher wird unser Potenzial, das wir mit uns bringen. Was für tot gehalten wurde, beginnt zu leben, und unsere Vision, die wir mit Passion verfolgen, wird zur Realität.

Doch seien wir ehrlich: Trotz all ihrer Schönheit bleibt eine solche neu erschaffene Oase eine Wüsteninsel. Überall um sie herum ist immer noch Sand. Vielleicht hätte der Fluss kurzfristig genug Wasser, um damit tausend Nebenarme zu speisen, die wiederum in weitere Wüstengegenden Leben brächten. Allerdings würde dabei die Wassermenge genauso wie seine Tiefe zusehends abnehmen. Er würde immer oberflächlicher, bis er schließlich ganz versandet. Deshalb ist es wichtig, dass der Fluss fortwährend an Tiefe gewinnt, in dem Maße, wie er sich über die weiten Flächen ausbreitet. Nur so kann er die Wüste nicht nur zum Blühen bringen, sondern Früchte reifen sehen.

Im ersten Teil des vorliegenden Buches gräbt Torsten Kugler in diese Tiefe hinein und führt uns so auf praktische, lebensnahe

Weise zurück bis an die Quellen, die uns geistlich, körperlich, mental, emotional und sozial frisches Wasser spenden. Schon der deutsch-französische Arzt, Philosoph und Theologe Albert Schweizer hat gesagt: «Die großen Flüsse brauchen die kleinen Wasser». Diese kleinen Wasser, die Quellen, sind es, die den großen Fluss überhaupt befähigen, kraftvoll und nachhaltig zu bleiben. Nur wer selber durch Gottes Wort und den Heiligen Geist gekräftigt und diszipliniert aus der Tiefe heraus lebt und sich aus diesem Potenzial heraus selbst leitet, wird andere effektiv führen können. Dieser Thematik ist der zweite Teil gewidmet. Menschen, die Verantwortung übernehmen, sind geprägt von Hingabe und von einer Dienstgesinnung. Sie verfolgen primär das Ziel, andere nachzuziehen und dabei selbst als gutes Vorbild voranzugehen, und handeln in dem Bewusstsein: «Die großen Flüsse brauchen die kleinen Wasser».

Ich wünsche Ihnen, dass die vorliegende Lektüre Ihnen neue Quellen erschließt, die Ihren Fluss kräftiger, tiefer und wasserreicher werden lässt. Ich wünsche Ihnen, dass daraus ein eigener Führungsstil entsteht, der vom Heiligen Geist inspiriert, fokussiert und nachhaltig ist, so dass dadurch auch andere Menschen bereichert und weitergebracht werden. Und ich wünsche Ihnen, dass Sie durch das konsequente Umsetzen dieses geistlichen Ratgebers selber Zeuge davon werden, wie sich in Ihrem Umfeld öde Wüsten zu prächtigen Oasen verwandeln, wo Menschen neu aufleben.

Dieses Ziel verfolgt Gott mit Ihnen, nicht, dass Sie ausgelaugt und zur Wüste werden, sondern dass die Wüste durch Sie zum blühenden Garten verändert wird.

Samuel Sutter, Leiter der Jüngerschaftsschule GROW und Pastor in der Gemeinde für Christus

Was wir von Bäumen lernen können

Bäume waren zu allen Zeiten eine Inspiration für Menschen, die die Geheimnisse des Lebens erforschen wollten. Schon in der Bibel wird das Bild des Baumes häufig erwähnt. Einer der Schreiber der Psalmen z.b. zeigt auf, was einen aufrichtigen und ehrlichen Menschen ausmacht. *„Er ist wie ein Baum, der am Flussufer wurzelt und Jahr für Jahr reiche Frucht trägt"* (Psalm 1,3). Jeremia erläutert das Bild noch genauer: *„Seine Wurzeln sind tief im Bachbett verankert: Selbst in glühender Hitze und monatelanger Trockenheit bleiben seine Blätter grün"* (Jeremia 17,8). Gott vergleicht Ägypten in seiner Blütezeit mit einer großen Zeder, die für die umliegenden Völker zum Schatten wurde (Hesekiel 31,3-9). Auch Nebukadnezar wird mit einem Baum gleichgesetzt, der jedoch wegen seines Stolzes umgehauen werden musste (Daniel 4,16-24).

> Bei allen Bäumen ist das Geheimnis ihres Ertrags letztendlich auf das zurückzuführen, was verborgen ist, nämlich das Wurzelwerk.

Bei allen Bäumen ist das Geheimnis ihres Ertrags letztendlich auf das zurückzuführen, was verborgen ist, nämlich das Wurzelwerk. Dies veranschaulicht uns treffend, dass es entscheidend ist, was unter der Oberfläche geschieht.

Um die gefährlichen Malaria-Mücken um unsere Häuser in den Tropen etwas einzudämmen, wurde neben dem Haus unserer Nachbarn ein Niembaum gepflanzt. Für einige Zeit gedieh er sehr prächtig und erfreute uns. Doch mit der Zeit merkten wir, dass seine Blätter etwas bleich wurden, obwohl wir hier keine vier Jahreszeiten haben und es dem Herbst hätten zuschreiben können. Für längere Zeit sah er ziemlich kränklich aus, bis er dann eines Morgens nach einer stürmischen Nacht am Boden lag. Beim genaueren Hinschauen sah man, dass er an den Wurzeln durch Ungeziefer angefressen worden war und deshalb dem Sturm nicht mehr standhalten konnte. Schade, er hätte noch hunderte Mücken abwehren können und seine Blätter und Früchte hätte man zu einem Insektizid verarbeiten können. Wie ist es zu diesem Unglück gekommen? Wir wollen dieser Frage gemeinsam im ersten Teil dieses Buches nachgehen.

Unser Niembaum macht mich nachdenklich. Ich erkenne, dass das kurze Leben dieses Baumes auch uns Menschen etwas lehrt. Wie viele Menschen machen einen guten Start in ihrem Leben mit Gott, sind womöglich sogar beliebt bei ihren Freunden und können Erfolge aufweisen. Doch dann kommt eine Zeit, in der sie ihr verborgenes Leben vernachlässigen. Sie leben nur noch von den Ereignissen und erfreuen sich ihrer Popularität, leben aber nicht mehr aus einer Berufung heraus. In seinem Buch *Ordne dein Leben* beschreibt Gordon MacDonald solche Menschen als getriebene Menschen, in deren verborgener Welt Unordnung herrscht. Sie haben viel in ihr äußeres Leben investiert, haben akademische Grade erlangt, Karriere gemacht, körperliche Kraft und Schönheit erlangt, doch ihr verborgenes Leben haben sie nicht oder zu wenig beachtet.[1]

| Erst im Sturm bewährt sich der Mensch. |

Es ist leicht, eine Person nach ihrem Äußeren zu beurteilen, nach Gehalt, „Rang und Namen". Doch erst, wenn Krisen an deren Lebensbaum rütteln und ihn kräftig durchschütteln, kommt heraus, was unter der Oberfläche verborgen war. Erst im Sturm bewährt sich der Mensch.

Es kommt also vor allem darauf an, wie es in unserem Inneren, im Verborgenen aussieht. Unser höchstes Lebensziel sollte deshalb sein, Gott zu verherrlichen, indem wir uns von ihm als dem liebenden Vater verwandeln lassen. Dieser Prozess wird im Buch als Wachstum in die Tiefe bezeichnet. In dieser Tiefe

---

[1] MacDonald, Gordon, *Ordne dein Leben*, Projection J Verlag, Asslar, 1992, Kapitel 3

finden wir unseren Anker und unsere Lebensquelle – nämlich Gott, unseren Schöpfer. Basis aller Reife und Frucht wiederum ist die Lebensverbindung mit Jesus Christus. Je mehr eine Person in dieser Gemeinschaft mit Jesus wächst und reift, desto eher wird sie brauchbar für Gott und für andere. Ganz besonders trifft dies bei Menschen mit Verantwortung zu. Je mehr eine Führungsperson in ihr Innenleben investiert und aus der göttlichen Quelle schöpft, desto mehr verändert sich und erblüht deren Umfeld. Deshalb ist die persönliche Entwicklung das eigentliche Kern-Ziel von Leiterschaft.

> Basis aller Reife und Frucht wiederum ist die Lebensverbindung mit Jesus Christus. Je mehr eine Person in dieser Gemeinschaft mit Jesus wächst und reift, desto eher wird sie brauchbar für Gott und für andere.

Doch wie sieht es in unserer eigenen Umgebung aus? Auch wenn das Thema Werte zurzeit wieder vermehrt zur Sprache kommt, erleben wir dennoch allgemein einen Rückgang an gesunden, moralischen Prinzipien. Wir werden stattdessen Zeugen von traurigen Geschichten, manchmal sogar von Skandalen, die plötzlich zutage gefördert werden über Präsidenten, Prominente, aber auch Pastoren oder Priester. Es sind Erlebnisse oder Verhaltensweisen, die sie eine Zeit lang gut verheimlicht hatten. Aber irgendein Sturm ließ sie dann ans Licht kommen. Wenn man diese genauer untersucht, ist das Versagen meistens auf persönlicher Ebene zu finden und auf mangelnde Disziplin zurückzuführen. Der einzige Weg, um solche Schäden zu vermeiden, ist, die persönliche Lebensführung wieder vermehrt ernst zu nehmen und sich auf die Lebensquelle zurückzubesinnen. Wir könnten sie auch als Selbststeuerung bezeichnen. Wir geben dadurch dem Heiligen Geist Raum, durch seine Befähigung unser Leben zu bestimmen.

Es scheint, dass die heutige Gesellschaft eine Diskrepanz zwischen privatem und öffentlichem Leben erlaubt. Es geht doch niemanden etwas an, was ich in meiner freien Zeit mache. Man versucht, uns plausibel zu machen, dass das persönliche Leben eines Menschen keine Auswirkung auf das Berufsleben hat. Was bei der Auswahl von Mitarbeitern ausschließlich zählt, sind Fähigkeiten, Erfahrungen und Begabungen. Hauptsache die Leute verstehen sich auf ihrem Fachgebiet. Keiner interessiert sich dafür, ob sie bei der Steuererklärung betrügen oder zuhause regelmäßig ihre Beherrschung verlieren, sobald ihnen etwas gegen den Strich geht.

Aber wenn Führungspersonen respektlos mit ihrer Frau umgehen, ihre Kinder anlügen, immer wieder zu viel Alkohol trinken, heimlich Pornografie konsumieren und ihre Unordnung in Haus und Garten nicht in den Griff bekommen, können wir ihnen dann vertrauen, sie respektieren und als unser Vorbild nehmen? Wenn sie nicht im Stande sind, die Probleme Zuhause zu lösen, wie sollen sie dann größere Aufgaben im öffentlichen Leben meistern? Es sollte uns sehr wohl interessieren, wie viele Ehen und Affären der[2] zur Wahl stehende Politiker schon hinter sich hat, womit unser angehender Pastor seine freie Zeit füllt oder wie der Lehrer unserer Kinder mit seinen eigenen Kindern umgeht. Ohne jemanden gleich in eine bestimmte Schublade zu stecken, sagt es über seinen Charakter und seine Reife viel aus. Auch für Paulus war das persönliche Leben eines Kandidaten bei der Auswahl von Führungspersonen für die christliche Gemeinde ein wichtiges Merkmal: *„Denn wenn ein Mann es nicht versteht, seiner Verantwortung im eigenen Haus gerecht zu werden, wie soll er dann für Gottes Gemeinde sorgen"* (1. Timotheus 3,5)?

Der persönlichen Lebensführung sollte ernsthafte Beachtung geschenkt werden, sonst wird das Chaos unseres privaten Lebens früher oder später zutage treten und auf unseren Dienst übergreifen und beeinträchtigen. Denn es gibt einen sehr en-

---

[2] Um einen besseren Lesefluss zu gewährleisten, ist das Buch an manchen Stellen vorzugsweise im Maskulin geschrieben.

gen Zusammenhang zwischen persönlicher Führung und dem öffentlichen Leben. Und leider ist es eine Tatsache, dass bei einem Fall nicht nur die Person selbst zu Schaden kommt, sondern viele in ihrem Umfeld in Mitleidenschaft gezogen werden, vorrangig diejenigen unter dem gleichen Dach, aber auch Untergebene, Mitarbeiter und Gemeindeglieder.

> Ein Baum kann nur gute Früchte hervorbringen, wenn sein Wurzelwerk intakt ist.

Ein Baum kann nur gute Früchte hervorbringen, wenn sein Wurzelwerk intakt ist. Ein guter Baum bringt gute Früchte, sagt Jesus (Matthäus 7,17). Der weiseste Mann, König Salomo, erklärt es einmal folgendermaßen: *„Ein gottloser Mensch [dessen Innenleben durcheinander ist] steht auf keinem festen Boden, aber die Gottesfürchtigen [die ein herzliches Vertrauen zu Gott haben] sind tief verwurzelt"* (Sprüche 12,3 In Klammern durch Autor ergänzt). Oder wie es Corrie ten Boom ausdrückt: „Der Baum auf dem Berge nimmt hin, was das Wetter auch bringen mag. Er kann nur eins tun: seine Wurzeln so tief wie möglich treiben und bereit werden, standzuhalten. Unsere Wurzeln sind in dir, Herr. So halten sie fest in jedem Sturm, der an Leib, Seele und Geist rüttelt."[3]

Gott arbeitet immer von innen nach außen. Der Heilige Geist lebt in uns und verändert uns von Innen her, und er will, dass wir nach außen hin Frucht bringen. Unser Sein ist wichtiger als unser Tun, weil man daran sieht, was echt ist. Das Sein kann nicht täuschen, unser Tun eher. Unser Einfluss auf unsere Umgebung kommt aber aus dem Sein, indem die

> Gott arbeitet immer von innen nach außen.

Schönheit der Frucht des Heiligen Geistes an uns sichtbar wird. Dies geschieht manchmal ganz unbewusst und unbemerkt. Voraussetzung dafür ist, dass wir durch den Glauben ein komplett neues Leben mit Jesus angefangen haben und uns mit ihm ver-

---

[3] Boom, Corrie ten, http://liebevoll-wei.se/Corrie_ten_Boom_-_Zitate.pdf (eingelesen am 18.08.2016)

eint wissen (Eph 3,17). Denn ohne Leben gibt es logischerweise kein Wachstum. Und wenn wir in Jesus bleiben, dann wächst reichlich Frucht (Johannes 15,5-8).

Kevin Cashman stellt in seinem Bestseller *Leadership from the Inside Out* folgendes fest: „Unsere Entwicklung, unser Training und unser Bildungssystem ist darauf ausgerichtet, *was* für Dinge wir lernen. Wir lernen, *was* zu denken ist, nicht *wie*. Wir lernen, *was* wir tun sollen, nicht *wie*. Wir lernen, *was* wir erreichen sollen, nicht *wie* wir es erreichen sollen. Wir lernen über Dinge, nicht über die *Natur der Dinge*."[4] Es wird also am Tun gebastelt und nicht am Sein. Dies ist vergleichbar mit einem Arzt, der zwar die Symptome bekämpft, aber die Ursache der Krankheit nicht angeht.

Gesunde Wurzeln

Wie erkennt man, ob das verborgene Leben in Ordnung ist? Dies kann man von außen schlecht beurteilen. Eine Spraydose verrät erst unter Druck, welche Farbe in ihr verborgen ist. Wie viele Früchte ein Baum gibt, kann man zwar zählen. Und man kann auch probieren, ob diese Früchte bitter oder wohlschmeckend sind. Aber die Wurzeln bekommt man nicht zu Gesicht.

Die Christen in Kolossä wurden ermutigt, in Jesus zu leben: *„Senkt eure Wurzeln tief in seinen Boden und schöpft aus ihm, dann werdet ihr im Glauben wachsen und in der Wahrheit, in der ihr unterwiesen wurdet, standfest werden. Und dann wird euer Leben überfließen von Dankbarkeit für alles, was er getan hat"* (Kol 2,7).

---

[4] Cashman, Kevin, *Leadership from the Inside Out – Becoming a Leader for Life*, Berret-Koehler Publishers, San Fransisco, 2008, S. 23

Um standfest zu werden, müssen wir unsere Wurzeln tief in „seinen" Boden senken. Zum einen, geht es hier um unsere Identifikation mit Christus, zum anderen aber auch um das gekonnte Führen des persönlichen Lebens in der Kraft des Heiligen Geistes. Wenn dies nicht geschieht, bewegen wir uns lediglich an der Oberfläche.

Menschen ohne Tiefgang weisen folgende Merkmale auf:[5]

- vergleichen sich und ihr Können ständig mit anderen.
- lassen Neid und Eifersucht sie beherrschen, wenn andere erfolgreicher sind als sie.
- neigen dazu, Positionskämpfe auszutragen.
- finden nur Befriedigung in der Aktivität und möchten im Dienst viel aufweisen können.
- legen großen Wert auf Zertifikate, Ehrentitel und Zahlen.
- lassen sich durch kleine Dinge sehr leicht reizen.
- sind maßlos geschäftig, wissen aber oft nicht unbedingt, warum und wozu.

Vielleicht fällt es uns nach dieser Aufzählung leichter, die Früchte der Menschen zu erraten, deren Wurzeln gesund sind und in die Tiefe reichen.

Menschen mit Tiefgang

- wissen, wer sie in Christus sind und wozu sie in dieser Welt leben. Sie haben ihre Daseinsberechtigung gefunden und müssen nichts beweisen.
- ruhen in Gott und leben aus seiner Vergebung.
- streben nicht nach Bestätigung und leben nicht von dem, was andere über sie denken.

---

[5] Leicht angepasst aus: MacDonald, Gordon, *Ordne dein Leben – Perspektiven für den Umgang mit dem Leben und der Zeit*, Gerth Medien, Asslar 3.Auflage, 2010, S. 52-64

- strahlen Freude und Hoffnung aus und bleiben dankbare Menschen, auch wenn sie traurig und enttäuscht sind (Römer 5,2-5).
- geben nicht auf und verlieren nicht den Mut.
- haben ein Gespür entwickelt für die echten Bedürfnisse der Menschen und finden Befriedigung darin, verborgene Liebesdienste zu tun.
- ermutigen andere, Jesus nachzufolgen und in der Christus-Ähnlichkeit zu wachsen.
- wollen leidenschaftlich wie Jesus handeln, wobei sie nicht anhand leerer Traditionen leben. Sie suchen neue Wege, um Christus zu gefallen und anderen zu dienen.

Vielleicht ist uns aufgefallen, dass es bei den genannten Früchten nicht um Fähigkeiten, Gaben und Persönlichkeitstypen geht, sondern vielmehr um unsere Einstellung, unser Herz.

Bekanntlich hat der Baum grob gesehen zwei Teile: den für uns alle sichtbaren, oberen Teil und den verborgenen, unteren Teil. Interessant ist, dass laut Botanikern das Blätterwerk oftmals ein Spiegelbild des Wurzelwerks ist. Ein prächtiger Baum, der andauernd gute Früchte bringt, muss im verborgenen Erdreich gesund sein. Er hat eine gute Farbe, ist nützlich als Schattenbaum und Holzspender, die Vögel finden auf ihm ein Zuhause, aber vor allem ist er Nahrung für andere. Hingegen, je kranker die Wurzeln sind, desto weniger Gutes kommt an der Oberfläche zum Vorschein; solch ein Baum hat viele kärgliche Blätter und er bringt spärlich Früchte. Natürlich können – abgesehen von kranken Wurzeln – auch einmal eine ungeeignete Bodenbeschaffenheit oder unzureichende Nährstoffe der Grund für das unbefriedigende Blätterwerk oder die spärlichen Früchte bilden. Auch spielen das Wetter und der Baumschnitt eine Rolle.

Als wir zusammen mit meiner Großmutter in unser neues Haus einzogen, das auf einem sehr kleinen Grundstück gebaut war,

war es ihr ein Anliegen, den begrenzten Platz möglichst effektiv zu nutzen. Deshalb pflanzte sie einen Gemüsegarten und zusätzlich verschiedene Obstbäume. Sie wollte trotz der Bodenknappheit eine möglichst große, vielseitige Ernte erreichen. Auf jedem freien Quadratmeter wuchsen Apfel-, Zwetschgen- und Kirschbäume. Sie war in der Kriegszeit aufgewachsen und der damalige Kampf ums Überleben hatte sie stark geprägt. Und sie wurde für ihre Mühe belohnt: wir hatten erstaunlich viel eigenes Obst und Gemüse im Vergleich zur Größe der Nutzfläche. Meine Mutter hätte zwar lieber mehr Blumen gepflanzt, damit auch das Auge sich hätte erfreuen können, aber das konnten wir auch später noch. Jetzt durfte sich die Oma erst einmal an ihrer Ernte freuen. Hat uns Gott nicht gerade deswegen auf diese Erde „gepflanzt", dass wir „Nahrung" für andere werden sollen? Darin sind uns Bäume ein großes Vorbild. Ist uns schon aufgefallen, dass ein Baum nicht von seiner eigenen Nahrung lebt? Er ist selbstlos, er gibt und gibt. Die Kraft dazu schöpft er stattdessen aus der Tiefe. Solange sein verborgener Teil in Ordnung ist, hört er nicht auf zu geben.

Abraham wurde mit der Aufgabe ausgesandt: *„Ich will dich segnen und du sollst in der ganzen Welt bekannt sein. Ich will dich zum Segen für andere machen"* (1. Mose 12,2). Als Menschen, die verantwortlich in dieser Welt leben, sehen wir uns als reich Beschenkte. Wir haben der Welt etwas zu bieten, behalten wir es nicht für uns! Auch Picasso sagte: „Der Sinn des Lebens ist, unsere Gabe zu finden; der Zweck des Lebens ist, sie zu verschenken."[6]

> Picasso sagte: „Der Sinn des Lebens ist, unsere Gabe zu finden; der Zweck des Lebens ist, sie zu verschenken."

---

[6] Picasso, https://nur-positive-nachrichten.de/beruhrendes/der-sinn-des-lebens-besteht-darin-deine-gabe-zu-finden-der-zweck-des-lebens-ist-sie-zu-verschenken (eingelesen am 18.08.2016)

Ein Prediger fragte seine Zuhörer, wo wohl das reichste Stück Erde sei. Spontan dachten viele natürlich an das Erdöl in Arabien, das Gold von Papua-Neuguinea oder die Geldbanken in der Schweiz. Der Prediger verblüffte sie mit seiner Antwort: Nein, der Friedhof sei der reichste Fleck auf Erden. Da seien Bücher begraben, die nie geschrieben worden sind, Lieder, die nie gedichtet wurden, Geschäfte, die nie angefangen wurden, und viele gute Ideen, die nie verwirklicht wurden. Soll es nicht unser Wunsch sein, unsere Gaben den Anderen zur Verfügung zu stellen, bevor sie ungenutzt im Grab verschwinden? Doch dazu braucht es gesunde Wurzeln.

Und darum geht es in diesem Buch. Im ersten Teil wollen wir uns den Wurzeln des Baumes, unserem Innenleben, widmen. Dabei geht es um die Art, wie wir uns selbst in den verschiedenen Bereichen des Lebens führen. Im zweiten Teil des Buches wenden wir uns dann dem öffentlichen Leben zu, welche Früchte wir bringen können und wie wir zum Segen werden für andere.

Tiefer wurzeln

1. Wie stark hängt Ihrer Meinung nach das öffentliche Leben mit dem privaten, inneren Leben zusammen?

2. Kommen Ihnen noch mehr bittere Früchte in den Sinn, die bei Menschen ohne Tiefgang zutage treten, weil sie Unordnung in ihrem verborgenen Leben dulden?

3. Fallen Ihnen auch noch einige Merkmale von Menschen ein, die Tiefgang haben? Suchen Sie dazu passende Bibelstellen.

4. Wir sollen Nahrung für andere werden. Wie sieht das für Sie ganz praktisch aus?

TEIL 1

SICH SELBST FÜHREN – IN DIE TIEFE WACHSEN

Selbststeuerung – Wie ich mein Leben führe

Unsere geistliche Entwicklung beginnt in unserem inneren Leben, unserem Wurzelwerk. Wir haben bestimmt alle schon mit schwierigen Menschen zusammengelebt und -gearbeitet. Als Teamleiter war es für uns wahrscheinlich kein Vergnügen, solche Menschen zu führen. Aber es gibt noch eine größere Herausforderung als diese: Die schwierigste Person, die wir zu leiten haben, sind wir selbst.

> Unsere geistliche Entwicklung beginnt in unserem inneren Leben, unserem Wurzelwerk.

Aus den Evangelien erkennen wir, dass Jesus eben diese Kunst beherrschte. Vor einer besonderen Aufgabe oder auch nach einem öffentlichen Dienst zog er sich meist in die Einsamkeit zurück, um zu reflektieren, zu beten und zu fasten. Jesus erinnerte sich immer wieder daran, wie der Vater ihn liebte. Er musste sich seine Berufung bewusstwerden lassen, um sich nicht in Nebensächlichkeiten zu verlieren. Das ist persönliche Lebensführung, und niemand nimmt uns diese ab, nicht einmal Gott.

Folgende Fragen helfen mir, in der Selbstführung auf dem richtigen Kurs zu bleiben:

- Wer bin ich? Wohin will ich?
- Ist meine Vision für Gottes Sache klar?
- Lebe ich gemäß meiner Berufung?
- Brennt die Leidenschaft für Gottes Reich in mir?
- Wachse ich in allen Bereichen zur Christus-Ähnlichkeit?
- Wächst meine Liebe zu Gott und den Menschen?

Es gibt Führungskräfte, die beeindruckende Leitbilder für ihre Organisation kreieren und ihre Büros damit schmücken, die sich aber keine Zeit nehmen, um ihr eigenes Leben und das ihrer Familie zu führen. Gewiss sollten wir die Ziele und Werte unserer Organisationen kennen, aber mehr noch diejenigen unseres eigenen Lebens. Wie können Führungspersonen erfolgreiche Betriebe führen, selbst aber übergewichtig sein und kein persönliches Fitnessprogramm auf die Beine bringen? Wir hören von Kindern, die ihren Vätern keinen Respekt und Vertrauen mehr entgegenbringen, weil Papa auf der Predigtbühne toll dasteht, bei der Verantwortung in der Familie jedoch wenig Disziplin und Einsatz an den Tag legt. In 1. Timotheus 3,1-13 und in Titus 1,7-11 lesen wir von Leitsätzen, die als Grundlage zur Selbststeuerung dienen.

Wir merken: Je mehr wir uns also vom Heiligen Geist bestimmen lassen und uns persönlich leiten, desto mehr können wir zum Segen für andere werden. Die Selbststeuerung aber ist eine hohe Kunst und will eingeübt werden. Viele meiner Fehler sind auf mangelnde Selbstführung zurückzuführen. Wenn ich mich z.B. bei meinen Kindern verfehle, indem ich mich irritieren lasse, meine Emotionen nicht im Griff habe und sie anschreie oder sonst einschüchtere, ist es Zeit, mich zu entschuldigen und mein Wurzelwerk zu überprüfen. Meine Frau merkt es meistens am schnellsten, wenn ich zulasse, dass der Druck von außen meine innere Zufriedenheit und Ruhe durcheinanderwirft. Ein kleiner Hinweis von ihr bringt mich zur Besinnung und ich merke wieder, dass ich meinem „Wurzelwerk" wieder mehr widmen sollte.

> Harry S. Truman, sagte folgendes:
> „Beim Untersuchen der Leben großartiger Männer habe ich festgestellt, dass der erste Sieg, den sie errungen hatten, der Sieg über sich selbst war."

Ein Präsident der USA, Harry S. Truman, sagte folgendes: „Beim Untersuchen der Leben großartiger Männer habe ich festgestellt, dass der erste Sieg, den sie errungen hatten, der Sieg über sich selbst war."[7]

Die Geschichte von Friedrich dem Großen stößt bei mir auf Resonanz. John Maxwell erzählt sie in seinem Buch *Leadership Gold*.[8]

Eines Tages ging Friedrich der Große im Außenbezirk von Berlin spazieren, als ihm ein sehr alter Mann auffiel, der ungewöhnlich aufrecht in die andere Richtung lief. „Wer sind Sie?" fragte Friedrich ihn. „Ich bin ein König", antwortete der alte Mann selbstbewusst. „Ein König!" lachte Friedrich. „Über welches Königreich regieren Sie denn?" „Über mich selbst", war die stolze Antwort des alten Mannes, und er ging weiter.

> Wir tragen die Verantwortung, und diese nimmt uns niemand ab.

Maxwell prägte in mir diesen Satz: „Jeder von uns ist `König´ seines eigenen Lebens." Wir selbst entscheiden, wie wir unser Leben führen und was wir zu tun haben. Wir tragen die Verantwortung, und diese nimmt uns niemand ab.

In unserer Jugendzeit wurden wir im Gottesdienst daran erinnert, dass unser „Ich" nicht auf dem Thron sein dürfe. Damit war gemeint, dass wir nicht unseren eigenen, egoistischen Neigungen nachgeben, sondern Gott auf den Thron unseres Lebens setzen sollen. Dies widerspricht aber nicht der Aufforderung, König über unser eigenes Leben zu sein. Man könnte es wie folgt formulieren: Wer entscheidet, ob Gott der Chef meines Lebens ist? Das bin ich. Somit bin ich der „menschliche Monarch", der es zulässt, dass der „göttliche Monarch" mich leitet und führt.

---

[7] Übersetzt aus: http://www.motivatingquotes.com/discipline.htm (eingelesen am 07.07.2012)
[8] Maxwell, John, *Leadership Gold*, Thomas Nelson, Nashville, 2008, S. 14

Obwohl Gott so souverän ist, gibt er uns den freien Willen, er überlässt es uns wie wir uns entscheiden. Dies ist eine großzügige Gabe Gottes an uns Menschen, aber auch eine Riesen-Verantwortung zugleich. Der freie Wille ist das Ruder im Leben des Menschen. Gott nimmt uns den freien Willen und unsere Persönlichkeit bei unserer Hinwendung zu ihm nicht weg. Somit liegt das Schicksal, soweit wir es natürlich beeinflussen können, in unseren eigenen Händen. Ich selbst entscheide, ob ich mich nach den Werten richte, die durch den Geist Gottes in mir wohnen, oder ob ich mich von den zerstörerischen Machenschaften von außen oder eben in meiner eigenen menschlichen Natur beeinflussen lasse. Gott will, dass wir uns seinem Machtbereich unterordnen, damit er uns nach seinem Willen gebrauchen kann (Römer 6,13). Er respektiert unsere Entscheidung. Römer Kapitel 8 ist voll von Entscheidungen, die getroffen werden zwischen den Verhaltensweisen der menschlichen Natur und dem Wirken des Heiligen Geistes.

Einer meiner Bibelschüler sagte mir einmal: „Satan hat mich so stark versucht, dass ich nicht mehr widerstehen konnte." Das darf nicht als alleinige Ausrede gelten! Da sind wir wieder beim uralten Problem der Menschheit angelangt, der immer wiederkehrenden Suche nach dem Schuldigen. Schon im Garten Eden, dem Paradies, treffen wir diese Haltung an. Leider sind wir, wie zuerst Eva, dann Adam, und später auch Kain zu notorischen Abschiebern geworden. Wir weisen die Schuld von uns. Immer sind es die anderen. Und solange wir daran festhalten, wird es Satan immer gelingen, uns zu Fall zu bringen. Wir müssen lernen, die Verantwortung für unser Verhalten selbst zu tragen. Natürlich kommt die Versuchung vom Bösen, aber wir sind ihr nicht auf Gedeih und Verderb ausgeliefert. Gott verspricht, dass wir uns durch seine Kraft der Versuchung stellen und sie bezwingen können (1. Korinther 10,13).

Der Begriff „Selbstbeherrschung" spricht gerade diesen Aspekt an, der ja, bildlich gesprochen, auch eine Frucht unseres Baumes ist, gewirkt durch den Heiligen Geist (Galater 5, 22-23). Sicher, wir können diese Frucht nicht selber wirken, da sind wir ganz und gar von Gott abhängig. Aber wir müssen uns entscheiden, ob wir diese Frucht in uns reifen oder aber verkümmern lassen wollen. Sie wächst nicht automatisch. Diesem Aspekt des freien Willens gilt es, genügend Gewicht beizumessen.

In der Bibel gibt es viele Beispiele für Selbststeuerung – positive wie auch negative. Es schien, dass alles für Absalom sprach, es fiel ihm sozusagen alles einfach in den Schoß. Er war Königssohn, was dafür spricht, dass er vermutlich ziemlich verwöhnt aufwuchs. Mit seinen dunklen Locken war er außerordentlich attraktiv und „Mr. Israel" konnte charmant auftreten. Dies tat er leider mit einem unaufrichtigen Herzen. Sein Anliegen war es nicht, dem Volk zu dienen, sondern er gewann – oder negativ ausgedrückt – stahl dadurch das Herz des Volkes. In einem hinterlistigen Zug ließ er seinen eigenen Bruder umbringen und versuchte durch einen Putsch, seinen Vater vom Thron zu stürzen. Äußerlich ein Senkrechtstarter, innerlich ein Zwerg – keine Spur von Ehrfurcht vor Gott. Sein Leben endete tragisch wegen Mangel an gesunder Selbststeuerung.

Aber selbst der historisch weiseste Mensch der Welt, König Salomo, hat in seinem Alter in der Selbst- oder besser gesagt Familienführung kläglich versagt. Er begann weise und endete töricht.

Jonathan, der Sohn König Sauls, hingegen besaß innere Stärke. Obwohl er der rechtmäßige Thronfolger gewesen wäre und sich alle Privilegien und das Prestige als König ausmalen konnte, respektierte er die Berufung Gottes bei David. Er sah zu, wie David ihn am Überholen war. Trotzdem unterstützte er ihn wie er nur konnte: er gab ihm seine persönliche Rüstung, sprach immer das Beste von ihm, lud den Hass seines Vaters auf sich und riskierte sogar sein Leben für David. Wir lesen nie von Neid oder Enttäuschung über Gottes Führung. Jonathan hatte tiefe Wurzeln. Er war demütig und nicht abhängig von Meinungen anderer. Das zeugt von Selbststeuerung auf höchster Stufe!

Als Paulus sich auf seinem Weg nach Jerusalem von den Ältesten der Gemeinde in Ephesus verabschiedet, ermutigt er sie mit einer ganz wesentlichen Aufforderung:

„So habt nun <u>acht auf euch selbst</u> und auf die ganze Herde, ..."
(Apostelgeschichte 20,28 LÜ84).

Diese Leiter, die nun auf sich selbst gestellt sind, sollen predigen, sie sollen lehren, Menschen betreuen, ihnen dienen usw. Sie dürfen dabei aber nicht ihre Wurzeln und das verborgene Leben vernachlässigen, denn letzten Endes entscheidet die Gesundheit der Wurzeln, ob die Früchte genießbar sind.

An den jungen Mitarbeiter Timotheus schreibt er dasselbe:

„Achte sorgfältig <u>auf dich selbst</u> und auf die Lehre" (1. Timotheus 4,16).

Paulus wusste, wenn Timotheus es vernachlässigen würde, sein Innenleben zu pflegen, würde sein ganzer Lehrdienst leiden und die Nahrung für andere spärlich ausfallen. So einfach ist dieses natürliche, unbeugbare Gesetz und für mich doch manchmal so schwierig umzusetzen. Ich weiß aber, dass ich innerlich ausbrenne, wenn ich mich nicht bewusst als leeres Gefäß Gott ausliefere und mich von ihm, von seiner Liebe, füllen lasse. Nur in dem Wissen des bedingungslosen Angenommenseins von meinem Vater, und in der innewoh-

> Nur in dem Wissen des bedingungslosen Angenommenseins von meinem Vater, und in der innewohnenden Kraft des Heiligen Geistes, bin ich befähigt, persönliche Führung zu übernehmen.

nenden Kraft des Heiligen Geistes, bin ich befähigt, persönliche Führung zu übernehmen.

Zwei Beispiele aus dem Alltag verdeutlichte mir dieses Prinzip auf einleuchtende Weise. Meine Frau Katrin konnte unsere Kinder nur dann ausreichend stillen, wenn sie selber genügend gegessen, und vor allem getrunken hatte. Weiter fährt mein Auto nur, wenn genügend Benzin im Tank ist. Aber wie kann ich diese Erkenntnis im persönlichen Leben realistisch umsetzen, wenn mir die Arbeit jetzt schon über den Kopf wächst? Wie soll ich noch Zeit finden, mich um mein Inneres zu kümmern? Das ist doch zu viel verlangt.

> Mit Disziplin verstehe ich eine bewusste und positive Selbstregulierung.

Von dieser Selbststeuerung handeln die nächsten Kapitel. Es geht darum, wie wir uns geistlich, körperlich, mental, emotional und sozial unter der Leitung des Heiligen Geistes führen können. Dabei geht es auch ganz praktisch zu mit Zeitplanung und wie wir unser Geld verwalten. Und immer wieder gilt es, Bilanz zu ziehen und fokussiert zu leben.

Ein wichtiger Aspekt, der in allen Kapiteln eine Rolle spielt, ist Disziplin. Mit Disziplin verstehe ich eine bewusste und positive Selbstregulierung. Davon handelt das folgende Kapitel. Etwas in uns möchte gerne diesen Teil überspringen. Es ist ungemütlich, aber alle Bereiche der Selbststeuerung bleiben im Matsch stecken, wenn wir nicht mit Gottes Kraft und entschlossener Disziplin darauf reagieren. Deshalb ist diese „bittere" Medizin durchaus notwendig.

Disziplin – muss das sein?

Herzlichen Glückwunsch! Sie haben dieses Kapitel nicht übersprungen, obwohl Disziplin vermutlich nicht gerade zu Ihren Lieblingsthemen gehört, wobei ich bei dieser Aussage erst einmal von mir selbst ausgehe. Für manche klingt es sogar regelrecht bedrohlich, denn es hat mit Arbeit, Verzicht und Anstrengung zu tun. Es widerspricht unserer freiheitsliebenden Natur. Auch angenehmere Wörter wie „Übungen", „Rhythmen" oder „Gewohnheiten" ändern nichts an der unbequemen Tatsache. Vielleicht spielt aber auch Versagen eine Rolle, warum wir dieses Thema lieber meiden würden.

Ich werde erwachsen und genießbar, wenn ich die volle Verantwortung für meine Entscheidungen und mein Handeln übernehme. Und das fordert Disziplin. Handelt es sich bei der Frucht der Disziplin um eine Zitrone? Müssen wir sauer dreinsehen, wenn es um Disziplin geht (Matthäus 6,16)? Nein, im Gegenteil, Selbstdisziplin ist ein Teil der Frucht, die der Heilige Geist in uns wirkt (Galater 5,22-23) und es ist eine sehr süße Frucht, köstlich und bekömmlich

> Ich werde erwachsen und genießbar, wenn ich die volle Verantwortung für meine Entscheidungen und mein Handeln übernehme.

für diejenigen, die sie bei uns pflücken dürfen. Gott schenkt das Wachstum, die Früchte werden nicht aus Zwang oder aus uns selber produziert und herausgepresst. Unsere Beteiligung ist nur, es zuzulassen. Es muss zuerst etwas in uns sterben, bevor Frucht entsteht. Dies ist ein geistliches Prinzip (siehe Johannes 12,24). Selbstdisziplin heißt, wir legen uns selbst Richtlinien auf. Dabei geht es aber nicht um eine verbissene, krampfhafte Anstrengung, um irgendein Ziel zu erreichen oder, auch nicht um Selbstkasteiung oder Askese. Es gibt nämlich durchaus auch sinnlose, menschliche Regeln, die *„weise wirken, weil sie Hingabe, Demut und strenge körperliche Disziplin verlangen. Aber sie* *sind ohne Wert und dienen nur menschlichen Zielen"* (Kolosser 2,22). Es braucht auch hier, wie in allen Bereichen unseres Lebens, Mäßigkeit und Ausgewogenheit. Denn es geht dabei letztendlich nicht um Disziplin um der Disziplin willen, sondern darum, geistliche Reife zu erreichen und zu erhalten – im Bild des Baumes gesprochen: Früchte wachsen zu lassen. Unser Blick soll sich demzufolge in diesem Prozess nicht auf unsere Leistung gerichtet sein, sondern voll auf Jesus. Sonst laufen wir Gefahr, dass wir unseren Erfolgen den Platz einräumen, der eigentlich ihm gehört. Genauso sollen andere Menschen nicht uns und unser „Produkt" sehen und bestaunen, sondern „Jesus" in uns erkennen. Wir ringen deshalb darum, dass Jesus im Mittelpunkt bleibt.

> Unser Blick soll sich demzufolge in diesem Prozess nicht auf unsere Leistung gerichtet sein, sondern voll auf Jesus.

Die erste Schlacht, die wir gewinnen müssen, ist die Schlacht im Inneren. Wenn wir unser persönliches Leben nicht im Griff haben, werden wir auf Dauer ineffektiv bleiben. Deshalb ist Disziplin, gewirkt durch den Heiligen Geist, die Grundlage aller Erneuerung und allen Lernens. Lobenswerte Absichten auf einem Papier werden nicht dem Ziel der Veränderung und der Charakterentwicklung dienen, solange sie nicht umgesetzt werden. Salomo schrieb davon in seinen weisen Sprüchen: *„Es ist besser, Selbstbeherrschung zu besitzen, als eine Stadt zu erobern"*, und: *„Ein Mensch ohne Selbstbeherrschung ist so schutzlos wie eine Stadt mit eingerissenen Mauern"* (Sprüche 16,32 und 25,28). Oswald Sanders schreibt über Disziplin folgendes: „Ohne diese wesentliche Qualität bleiben alle anderen Gaben Zwerge, sie können nicht wachsen."[9]

> Die erste Schlacht, die wir gewinnen müssen, ist die Schlacht im Inneren.

---

[9] Sanders, Oswald, *Spiritual Leadership,* Moody Press, Chicago, 1994, S. 52

Der erste US Präsident, George Washington, sagte einmal: „Nichts ist im Dienst so schädlich wie die Vernachlässigung von Disziplin."[10] Ohne Disziplin können wir nicht effektiv dienen, denn wir verlieren den Respekt unserer Mitmenschen, unser Einfluss nimmt ab und wir funktionieren nur noch äußerlich. Wir haben zwar einen Beruf, leben aber unsere Berufung nicht mehr aus, weil wir nur noch unsere Pflicht tun um des Gehaltes willen. Früher oder später ist der Titel alles, was uns auszeichnet. Schon vor 3000 Jahren musste jemand nach einem Versagen bereuen: *„Wie konnte ich nur die Selbstbeherrschung verlieren?"*, und später hieß es von ihm: *„Er wird sterben, weil er sich nicht beherrschen konnte; und wegen dieser unbegreiflichen Dummheit ist er verloren"* (Sprüche 5,12 und 23). Es hätte nicht so ausgehen müssen.

Von nichts kommt nichts. Veränderung zum Positiven geschieht nicht automatisch – eher Vernachlässigung und Rückgang. Dieses Phänomen kann man gut anhand einer Kanufahrt flussaufwärts vergleichen: Solange ich das Paddel benutze, geht es vorwärts. Lasse ich es ruhen, geht nichts mehr voran – im Gegenteil, es geht rückwärts. Das ist auch im geistlichen Leben so. Gott bügelt nicht einfach unsere Vernachlässigung aus. Wir haben den Hang zum Negativen, wir neigen zum Faulenzen. Eine Bekannte erklärte mir einmal folgendes: „Es ist ein Unterschied, ob man gelassen ist oder nachlässig. Das sind zwei ganz unterschiedliche Lebensstiele. Faulheit ist die Wurzel von Nachlässigkeit, man wird oberflächlich, dann gleichgültig bis hinderlich im Reich Gottes. Im Gegensatz ist Vertrauen die Wurzel der Geborgenheit. Daraus erwächst Mut, um sichere – und doch gelassene – Schritte zu wagen."

Leider können wir bei der persönlichen Lebensführung nicht auf gute Tage hoffen, so nach dem Motto: „Wenn ich dann mal

---

[10] Übersetzt aus: http://www.motivatingquotes.com/discipline.htm (eingelesen am 05.07.2012)

Lust auf Disziplin habe, werde ich dies und das schon tun." Diese Tage werden nie kommen. John Maxwell kam zur Überzeugung, dass wir nicht auf eine ideale und angenehme Stimmung warten können, um Disziplin aufzubringen und zu wachsen. „Die meisten bedeutenden Dinge, die in der Welt getan wurden, wurden von Personen getan, die eigentlich zu beschäftigt waren oder zu krank."[11]

Die REVEAL-Studie von Willow Creek hat gezeigt, dass Christen ab einem gewissen Entwicklungsstadium nicht mehr geistlich wachsen können, wenn der Gottesdienst ihre einzige Quelle für geistliche Ernährung ist. Sie müssen sich aus der Rolle des Konsumenten herauslösen und viel mehr selbst die Verantwortung für ihr geistliches Wachstum übernehmen, sei es in reger Beteiligung in einer Kleingruppe, einen Fernkurs oder durch ein inspirierendes geistliches Buch, regelmäßigem und reflektierendem Bibellesen und bewusste geistliche Übungen wie Gebet, Fasten usw.

> Disziplin am rechten Ort und zur rechten Zeit kann Wunder wirken.

Disziplin am rechten Ort und zur rechten Zeit kann Wunder wirken. Ganz einfach: Disziplin steigert unsere Effektivität. Es bleibt ein Lernprozess, wie es Paulus den Thessalonichern schreibt. Die englische NIV Bibel übersetzt es so: *„Lernt euren Körper zu kontrollieren"* (1. Thessalonicher 4,4). Er spricht damit nichts anderes als die Selbst-Führung an. Der Heilige Geist nimmt uns in einen Lernprozess mit, uns selbst zu steuern.

In meiner Zeit als Jugendlicher lebte ich für ein paar Jahre in einem Internat. Meine Eltern arbeiteten als Missionare in Papua-Neuguinea und es gab keine Internationale Schule am Ort. Wir hatten in diesem Internat einen begabten Lehrer, der uns etwas beibrachte, wofür ich ihm mein Leben lang dankbar sein

---

[11] Maxwell, John C., *Developing the Leaders Around You*, Thomas Nelson, Nashville, 1995, S. 31

werde. Die ganze Schule nahm an einem längeren Wettbewerb teil. Bei diesem Wettbewerb ging es nicht um Stärke, sondern um körperliche Disziplin: Wer kann in einem Zeitraum von ein paar Wochen die meisten Liegestützen, Klimmzüge und sonstigen Fitnessübungen machen? Oder wer erreicht die meisten Kilometer auf dem Trimm-dich-Pfad? Ich schaffte an einem Tag ganze 12 km am Stück (heute würde ich garantiert vorher schlapp machen). Immer wieder sah man jemanden, der in einer Ecke während der Pause irgendwelche Übungen machte. Am Anfang taten uns die Muskeln und Knochen ganz schön weh, aber mit der Zeit fühlten wir uns so richtig fit. Ich weiß nicht einmal mehr, wer gewonnen hat, aber es hat seinen Zweck erfüllt: wir haben nämlich danach den höchsten Berg Papua-Neuguineas erklommen – immerhin stolze 4509 Meter.

Heute noch kommt mir dieses „Disziplin-Training" zugute. Ich gehe immer noch meistens zweimal die Woche joggen und mache davor regelmäßig 40 Liegestützen und danach 20 Klimmzüge. Ehrlich, oft habe ich keine Lust dazu, aber ich tue es trotzdem. Es geht mir aber nicht mehr unbedingt darum, Berge zu besteigen (auch wenn ich es liebend gerne tue), sondern mein Leben zu führen. Dieses Training hilft mir nicht nur, fit zu bleiben, sondern auch im Alltag, unangenehme Arbeiten zu erledigen, wie z.b. Windeln zu wechseln, am persönlichen Studium dran zu bleiben, unangenehme E-Mails zu beantworten, konfliktreiche Gespräche zu führen, emotionsgeladene Situationen mit Ruhe anzugehen, usw. Heißt es nicht schon in der Bibel: *„Und es ist gut, sich schon als junger Mensch dem Joch seiner Disziplin unterzuordnen"* (Klagelieder 3,27)?

Es ist noch niemand bedeutend geworden oder geblieben, der keine Disziplin hatte.

Es ist noch niemand bedeutend geworden oder geblieben, der keine Disziplin hatte. Und wenn jemand einfach mal Glück hatte, dann war es meistens nicht von allzu langer Dauer. Solche, denen Intelligenz in den Schoß gelegt wurde, haben oft mit den alltäglichen Kleinarbeiten Mühe. Sie wurden mit vielen Gaben verwöhnt und mussten sich das Ergebnis nicht durch harte Arbeit verdienen. Sie sind wie ein Baum, der im sichtbaren Teil durch viel Blätterwuchs zu schwer wurde und umkippte, weil die Nachbildung von starken Wurzeln im verborgenen Teil fehlte. Immer wieder sind wir in Gefahr, mehr Wert auf Kompetenz als auf Charakter zu legen.

Disziplinierte Menschen sind Leute, die sich aufopfern, um anderen zu dienen. Dafür sind sie bereit, auf ihren eigenen Komfort zu verzichten. Unterhaltung und Erholung sind nicht ihre primären Lebensziele. Sie leben somit ihre Berufung und geben ihr die Vorrangstellung. Jesus Christus war zufrieden, als er zu seinem Vater sagen konnte: *„Ich habe dich hier auf Erden verherrlicht, indem ich alles tat, was du mir aufgetragen hast"* (Johannes 17,4). Er musste aber zu vielem anderen „Nein" sagen, damit er seinem Auftrag nachkommen konnte. Einmal hat er eine griechische Frau ziemlich schroff mit diesen Worten abgewiesen: *„Ich muss zuerst meiner eigenen Familie, den Juden, helfen"* (Markus 7,27a). Er war so gedrängt von dem Verlangen, seinem Auftrag treu zu sein: *„Meine Nahrung ist, dass ich den Willen Gottes tue, der mich gesandt hat, und sein Werk vollende"* (Johannes 4,34).

Die Kunst der Selbstbeherrschung zeigt sich in allen Bereichen des Lebens, angefangen damit, die Zunge im Zaum zu halten (Jakobus 3,2), den Zorn zu zügeln (Sprüche 19,11), sich nicht starkem Getränk zu ergeben (Sprüche 31,4-7) und seine Augen rein zu behalten (Hiob 31,1), um nur ein paar davon zu erwähnen. Paulus nennt Selbstbeherrschung als wichtige Voraussetzung für einen geistlichen Leiter (1. Timotheus 3,2), was Teil einer vorbildlichen Lebensführung ist. Dies ist nur möglich, indem wir unsere Augen auf die Kraftquelle, Jesus, richten. Nur in der Verbindung zu ihm ist eine gute Führung unseres Lebens möglich, die dann letztendlich Gott verherrlicht.

Gute Gewohnheiten antrainieren

Wir alle kennen gute Vorsätze, die vielleicht einmal Realität wurden, aber nur für kurze Zeit, und deshalb nie zur Gewohnheit worden sind. Von Aristoteles kommt der bekannte Spruch: „Wir sind, was wir wiederholt tun. Daher ist Exzellenz keine Handlung, sondern eine Gewohnheit."[12]

Vor einem Jahrhundert hat Samuel Smiles erkannt: „Säe einen Gedanken und du erntest eine Tat. Säe eine Tat und du erntest eine Gewohnheit. Säe eine Gewohnheit und du erntest einen Charakter. Säe einen Charakter und du erntest ein Schicksal."[13] Um festgefahrene Gewohnheiten zu brechen wie „Aufschieberitis", Ungeduld, Kritiksucht und Selbstsucht, braucht es mehr als nur ein bisschen Willen und kleine Veränderungen im Leben. Gewohnheiten können und müssen sowohl gelernt als auch verlernt werden. Dies geht meistens nicht im Schnelltempo – es braucht Hingabe und Engagement. Gott ist oft weniger in Eile als wir. Für uns mag die Korrektur eines bestimmten Fehlverhaltens sehr wichtig sein, während Gott vielleicht seinen Blick auf einen anderen Bereich unseres Lebens gerichtet hat. Es gibt zwar auch Dinge, die sich von heute auf morgen verändern. Vor allem ist dies bemerkbar, wenn ein Mensch sein Leben unter Gottes Führung stellt und sich vom alten Lebenssystem abwendet. Doch ansonsten dürfen wir keine schnellen „Instant"- Lösungen erwarten. Dennoch gibt es keine bessere Investition, auch wenn wir unterwegs zu diesem Ziel öfters Geduld mit uns selber haben müssen. Veränderungen in

> Veränderungen in unseren Gewohnheiten beginnen mit einer Entscheidung, entwickeln sich unter der Entschlossenheit und finden ihren Ausdruck letztendlich in der neuen Gewohnheit.

---
[12] Übersetzt aus: http://www.motivatingquotes.com/discipline.htm (eingelesen am 05.07.2012)
[13] Übersetzt aus: http://wieland1.wordpress.com/category/to-think-about/ (eingelesen am 08.07.12)

unseren Gewohnheiten beginnen mit einer Entscheidung, entwickeln sich unter der Entschlossenheit und finden ihren Ausdruck letztendlich in der neuen Gewohnheit. Wurzeln wachsen langsam. Die stärksten sind dabei diejenigen, die am wenigsten sichtbar sind.

Bei einem Korrespondenzkurs über Gesundheit wurde ich aufgefordert, einen Plan für dreißig Tage zu erstellen mit praktischen Übungen, die ich durchführen sollte, damit sich mein Puls verbessert und ich fit bleibe. Bei der Umsetzung wurde alles protokolliert und an meinen Mentor geschickt. Betrügen erlaubte ich mir nicht, obwohl es ja niemand gemerkt hätte. Da ich schon vorher regelmäßig Sport getrieben hatte, musste ich nicht sehr viel von meinem bisherigen Fitnessprogramm verbessern, aber das, was ich mir in diesen 30 Tagen zusätzlich angeeignet hatte, behielt ich als Gewohnheit bei. Keiner hatte mir vorher gesagt, dass dies das Ziel des Kurses war. Aber es hat wirklich etwas für sich: wenn man eine Handlung dreißig Tage lang bewusst tut, wird sie zur Gewohnheit.

Es gibt Dinge, die einfach ins Blut übergehen. Damit meinen wir reflexartiges Verhalten, etwas, das man schon so oft gemacht hat, bis es automatisch geht. Es ist zu einem Teil von mir geworden, ich kann es aus dem Effeff.

Beim Zuschauen von Spielen und Sportwettkämpfen könnte man leicht den Eindruck gewinnen, dass die Sportler so leicht und locker übers Spielfeld gleiten. Dass dahinter letztendlich hartes Training und jahrelanges Einüben von Gewohnheiten stecken, merken wir erst beim Blick hinter die Kulissen. In gleicher Weise gilt es, unsere geistlichen Muskeln zu trainieren und sie regelmäßig zu gebrauchen. Forscher haben herausgefunden, dass selbst unsere Denkmuskeln trainiert werden müssen. Umdenken bedeutet, dass neue Denkstrukturen und Bahnen gelegt werden. Auf diesen muss immer wieder „getrampelt" werden, damit das Umdenken zur neuen Denkweise wird. Wege, die man immer wieder benutzt, werden zuerst zu Spuren im Gras, dann zu Trampelpfaden und zu guter Letzt zu riesigen Autobahnen. So ähnlich kann man sich unser Gehirn vorstellen: Nervenbahnen werden stärker und verzweigter, je mehr sie benutzt werden.

In den folgenden Kapiteln werden wir fünf Bereiche unseres Seins unter die Lupe nehmen und uns fragen, wie wir geistlich, mental, emotional, sozial und körperlich wachsen und uns verändern können. Wie war das bei Jesus? *„So wuchs Jesus heran und gewann an Weisheit. Gott liebte ihn, und alle, die ihn kannten, schätzten ihn sehr"* (Lukas 2,52).

100% Gott, 100% Ich

Nun hört sich dieses Training so richtig anstrengend an. Dabei muss uns bewusst sein, dass alle geistlichen Disziplinen von der Gnade Gottes abhängig sind. Alles Erwähnte wäre nur ein elender Krampf, wenn man die Perspektive der göttlichen Kraft aus den Augen verlieren würde (Sacharia 4,6). Jesus sagt: *„Ohne mich könnt ihr nichts tun"* (Johannes 15,5 LÜ 84). Wie viele Versprechungen endeten im Nichts, weil sie nicht im Bewusstsein der göttlichen Kraft gemacht wurden.

> Wie viele Versprechungen endeten im Nichts, weil sie nicht im Bewusstsein der göttlichen Kraft gemacht wurden.

Gleichermaßen sagt Paulus, dass wir unsere Errettung mit „Furcht und Zittern" erarbeiten sollen, jedoch mit dem klaren Hinweis, dass Gott der Wirkende in uns ist (Phil 2,12-13).

Wir dürfen die folgenden Kapitel, in denen es um die Selbststeuerung geht, nicht als Gesetz oder etwas, das wir uns selber erarbeiten müssen, ansehen, sonst könnte es leicht geschehen, dass wir resigniert aufgeben. Es ist vielmehr Gottes Gnade, die in uns ein Verlangen zu wachsen bewirkt. Wir bringen damit unsere Sehnsucht nach Gott zum Ausdruck (Psalm 42,2-3). Dadurch kapitulieren wir mit unserer äußeren Gerechtigkeit und unserer Anstrengung, und konzentrieren uns stattdessen auf Gottes verändernde Macht, die in uns wirkt. Sie wirkt, von innen nach außen. Die Bibel sagt: *„Wir setzen unser Vertrauen nicht auf menschliche Anstrengung, sondern sind stolz auf das, was Christus Jesus für uns getan hat"* (Philipper 3,3b).

Als aufrichtige Jesus-Nachfolger brauchen wir Kraft, um durch Gottes Geist innerlich stark und fest verankert zu werden (Epheser 3,16). Paulus war es ein Anliegen, dass die gute Nachricht überall hinkommt und dass die Christen in ihrem Glauben reif werden. Er zeigt in seiner Arbeit eine gute Balance auf, mit dem was Gott wirkt und was er selbst wirkt. *„Für dieses Ziel"*, sagt er *„setze ich mich mit meiner ganzen Kraft ein, indem ich mich auf die mächtige Kraft von Christus verlasse, die in mir wirkt"* (Kolosser 1,29; Hervorhebung vom Autor). Aus menschlicher Sicht werden wir durch Wachstum immer unabhängiger. Im Leben mit Gott ist es gerade das Gegenteil. Je mehr wir reifen, desto mehr erkennen wir, wie abhängig wir von ihm sind. Dann wird unser Leben einem bewässerten Garten gleichen und einer nie versiegenden Quelle (Jesaja 58,11), die zu einem nahrhaften Obstgarten für andere werden kann. Welch ein Segen! Geisterfüllte Menschen können aus göttlichen Quellen alles beziehen, was ihnen zu einem einflussreichen Leben und fruchtbaren Dienst dient. Echter Fortschritt und beständiges Wachstum, das Gott ehrt, kommt von seinem innewohnenden Geist. Je mehr sich geistliche Menschen der erneuernden Kraft des Heiligen Geistes ausliefern, umso mehr erleben sie bleibende Frucht, sowohl in ihrem persönlichen Leben als auch in ihrem Einflussbereich.

Was tut Gott? Was tun wir? Lassen Sie mich dies durch ein paar Beispiele verdeutlichen:

- Das Wasser baut Druck in der Leitung auf und wartet nur darauf, dass wir den Wasserhahn öffnen.
- Es liegt in der Natur des Vogels zu fliegen, aber damit er sich verwirklichen kann, müssen wir ihm den Käfig öffnen.
- Gott schenkt den Wind. Er wartet nur darauf, dass wir die Segel setzen. Klar, ohne Wind, kommt das Boot nicht vorwärts. Ohne Segel aber auch nicht.

100% Gott, 100% Mensch.

Wie schnell schieben wir die Verantwortung von uns, indem wir sagen: „Wir können es ja nicht aus unserer Kraft, Gott muss es wirken." Das stimmt zwar auf der einen Seite. Aber das, was Gott auf der Erde wirkt, tut er trotzdem meistens durch Menschen. Oder geschieht geistliches Wachstum wirklich ohne unser Zutun und einfach von selbst, also zufällig? Warum musste Paulus dann seinen Körper wie ein Boxer und mit der eisernen Disziplin eines Athleten bezwingen, damit er ihm gehorchte (1. Korinther 9,27)? Mit stärkeren Worten konnte er seine Verantwortung im geistlichen Vorwärtskommen nicht ausdrücken. Wobei Disziplin nichts damit zu tun hat, dass wir uns dadurch den Himmel verdienen können. Das wäre weit gefehlt. Disziplin ist nur eine Auswirkung der innewohnenden Kraft des Heiligen Geistes, dem wir all unsere Bereiche im Leben unterordnen wollen (Galater 5,23). Oder anders ausgedrückt: Erst durch gesunde persönliche Disziplin erlauben wir dem Heiligen Geist ungehinderten Zugang zu allen Bereichen unseres Lebens. Unser inneres Leben kann sich nicht selbst erneuern, genauso wenig wie unser Körper ohne unser Zutun automatisch fit bleibt. Dies liegt in unserem persönlichem Entscheidungs- und Einflussbereich, wir können es an niemanden delegieren, und niemand kann es uns aufzwingen. Geistliches Wachstum zu fördern geschieht bewusst!

> Geistliches Wachstum zu fördern geschieht bewusst!

Jesu größtes Gebot ist, den Herrn unseren Gott von *ganzem Herzen*, von *ganzer Seele*, mit *all unseren* Gedanken und *all unserer Kraft* zu lieben (Markus 12,30). Wir sind mit unserem ganzen Sein gefordert, Gott zu lieben.

Wer weise ist, halte Maß

Da wir oft zu Extremen neigen, muss in diesem Zusammenhang zur gesunden Ausgewogenheit gemahnt werden, ohne dabei die Wichtigkeit des Themas zu verwässern. Man kann alles übertreiben bis hin zur Selbstzerstörung. Es wäre schade, wenn wir mit uns selber unbarmherzig sind und unnötiger unter Druck geraten. Wir müssen uns nicht als Asket in die Wüste verbannen. Alle menschliche Anstrengung zum Wachstum, losgelöst von der göttlichen Kraftquelle, endet früher oder später im Frust. Bei der Selbststeuerung geht es nicht um ein krampfhaftes sich in Acht nehmen, sondern um ein Ausgerichtetsein auf die Liebe Gottes, in dem Bewusstsein, dass wir angenommen sind durch ihn, egal wie unser Zustand ist. Ich bin geliebt! Diese Tatsache steht fest, egal auf welcher Wachstumsstufe ich mich gerade befinde. Disziplin darf nicht als *meine* Leistung angesehen werden, sondern *Gottes* Leistung, die in meinem Leben zum Ausdruck kommt. Insofern sind wir mit dem Wort von Salomo gut beraten: *„Deshalb: Leb nicht übertrieben rechtschaffen und versuch nicht allzu weise zu sein. Oder willst du dich selbst zugrunde richten"* (Prediger 7,16)?

In einem psychischen Ausnahmezustand, sei es bei einer Depression oder einer Erschöpfung, fehlt die Energie meistens, um Selbststeuerung wahrzunehmen. Persönlich habe ich dies für eine kurze Zeit erlebt. Der Alltag mit seinen Herausforderungen schien wie eine Bedrohung zu sein. Ich hatte keinen Appetit mehr und meine Lebensfreude war zum Teil gewichen. Vor allem morgens fehlte mir der Antrieb für die kleinsten Tätigkeiten, gegen Abend lichteten sich die Wolken wieder. Ich hatte nicht einmal mehr Kraft zum Beten, auch der Glaube schien weit weg zu sein und Zweifel griffen mich an. Ich erlebte ein Stück weit die gefürchtete „dunkle Nacht der Seele"[14]. Alle Anstrengungen, richtig zu denken, nützten nichts. Mit viel Geduld konnte ich mich ein klein wenig an einen Rhythmus aus Schlafen, Arbeiten, Joggen und Essen gewöhnen. Dankbar bin ich für einen Freund, der mich in dieser Phase begleitet hat. Je mehr ich wieder herauskam, desto mehr wuchs auch der Glaube wieder. Bei allem bin ich Gott dankbar, dass diese schwierige Zeit nicht allzu lange dauerte. Sicher ist, dass ich heute solche Zustände besser verstehe und mit anderen barmherziger umgehe. Wahrscheinlich hatte ich mich zu sehr verausgabt und mein eher zum Aktivismus neigender Lebensstil hatte eine Korrektur nötig gehabt. In dieser Tiefe musste ich mich gezwungenermaßen mit existenziellen Glaubensfragen auseinandersetzen. Heute fühle ich mich belastbarer und tiefer verwurzelt, ich lebe abhängiger und im Bewusstsein, dass mein Leben zerbrechlich ist und ich nichts in der Hand habe. Es ist Gott, der mich hält. Er verherrlicht sich durch meine Schwächen, vielleicht sogar noch eher als durch meine Stärken.

> Er verherrlicht sich durch meine Schwächen, vielleicht sogar noch eher als durch meine Stärken.

---

[14] Die „dunkle Nacht der Seele" ist oft eine Lebenserfahrung, die geprägt ist von einer tiefen Sinnkrise, Burnout oder Depression. Die Bibel berichtet von etlichen Menschen, die diese Erfahrung im Laufe ihres Lebens und ihres Dienstes durchliefen: Mose, Elijah, Jeremia, Paulus, um nur ein paar zu nennen.

Tiefer wurzeln

1. Was verbinden Sie mit dem Wort „Disziplin"? Können Sie es mit einem geistlichen Leben vereinbaren? Was sagt Gott dazu?

2. Wie erleben Sie die Spannung zwischen Gottes Wirken und Ihrem Wirken? Vielleicht hilft Ihnen das Wort aus Philipper 2,12-13.

3. Ganz persönlich! Überlegen Sie, welche Gewohnheiten Sie sich in ihrem Leben aneignen wollen. Fangen Sie heute mit einer Liste an, an welchen Gebieten Sie arbeiten wollen und bitten Sie Gott, Ihnen dabei Ausdauer zu schenken, damit Sie zum Ziel kommen können. Stellen Sie sicher, dass Sie die 30 Tage durchhalten. Wenn Ihnen keine Ideen kommen, warten Sie mit dieser Frage, bis Sie die nächsten Kapitel über die verschiedenen Bereiche der persönlichen Lebensführung gelesen haben. Kommen Sie immer wieder darauf zurück.

Sein Herz führen – die geistliche Dimension

„Vor allem aber behüte dein Herz, denn dein Herz beeinflusst dein ganzes Leben" (Sprüche 4,23). Um gute Früchte hervorzubringen, müssen die Wurzeln gesund sein. Was inwendig ist, kommt unweigerlich zum Vorschein (Lukas 6,45). Unser geistliches Leben hat oberste Priorität. Es ist wie ein Fundament für das ganze Leben und muss gepflegt werden. Manche reden auch von geistlichen Disziplinen. Wenn wir uns darin nicht üben und sie vernachlässigen, dann verkümmert unser Geist. Das zieht unweigerlich Negativfolgen in unserer ganzen Lebensführung und unserer Umgebung nach sich.

> Um gute Früchte hervorzubringen, müssen die Wurzeln gesund sein.

In keinem anderen Bereich unseres Lebens arbeitet Gott mehr als an unserem Inneren, dem Zentrum unseres Seins. Denn das Geheimnis eines fruchtbaren Lebens ist: Christus in uns. Und in keinem anderen Bereich attackiert uns der Teufel so stark wie an eben diesem Kern: dort wo wir mit Gott in Verbindung treten – es ist ein umkämpfter Bereich.

Gott will in unserem Herzen mehr Raum gewinnen und sein Einfluss muss in unserem Leben zunehmen. Paulus betet für die Christen in Ephesus: *„...dass Christus durch den Glauben immer mehr in euren Herzen wohnt und ihr in der Liebe Gottes fest verwurzelt und gegründet seid"* (Epheser 3,17). Er selbst bezeugt, dass sein Körper zwar immer älter, doch sein Geist jeden Tag erneuert werde (2. Korinther 4,16).

Dies kommt wiederum nicht einfach so von selbst, es ist ein bewusstes Entscheiden für die Pflege des Herzens. Mit „Herz" ist das Innere und Unsichtbare gemeint, wo der Arzt nicht hinkommt und was mit menschlichen Worten schwierig zu beschreiben ist. Die Bibel spricht von der unsterblichen Seele – unserem Geist – dem ewigen Teil unseres Ichs, das unsere Persönlichkeit miteinschließt. Der lebendige Same ist damit gepflanzt. Der „Baum" kann zu wachsen beginnen. An diesem Punkt fängt Gott seinen Veränderungsprozess mit uns an – von innen nach außen.

Der Teufel arbeitet gerade anders herum. Die Bibel spricht von hinterhältigen Angriffen des Teufels (Epheser 6,11), mit denen er unsere fünf Sinne gebraucht, um uns von außen nach innen zu zerstören.

Wie wir von körperlicher Fitness reden, so können wir genauso von geistlicher Fitness reden. Wir ernähren unseren Körper und wissen, dass ein paar Schritte an der frischen Luft guttun; genauso brauchen wir Nahrung und Training für unseren Geist (1. Timotheus 4,8). Es gibt z.B. „Vitaminspritzen" im Wort Gottes, die unsere Abwehr stärken, Anfangsnahrung und feste Speise. Geistliches Wachstum ist nichts Mystisches, sondern etwas sehr Praktisches.

> Geistliches Wachstum ist nichts Mystisches, sondern etwas sehr Praktisches.

Umso trauriger ist es, dass manche ihrem inneren Leben kaum Beachtung schenken. Sie wundern sich dann, wenn sie ständig geladen sind und bei jeder kleinen Herausforderung überreagieren. Wehe, wenn sie nach Hause kommen und ihre Frauen etwas fordernd sind oder die Kinder laute Musik hören. Dann, nachdem sie sich wieder beruhigt haben, fragen sie sich voller Schuldgefühle: „Warum bin ich so irritiert? Ich fühle mich so schlecht wegen meinem Verhalten den Menschen gegenüber, die mir am nächsten stehen, die ich doch liebe." Der Grund muss nicht weit gesucht werden. Der Teufel weiß, dass die Effektivität geistlicher Menschen von Pflege des inneren Lebens abhängt, und an dieser Schwachstelle greift er uns an. Hudson Taylor beobachtete dies in seiner Missionsarbeit: „Das Schwierigste im Leben eines Missionars ist das Festhalten an einem regelmäßigen von Gebet begleiteten Bibelstudium. Satan findet immer irgendetwas anderes, was wichtiger zu tun wäre – und sei es die nichtigste Sache von der Welt."[15]

Es kann vorkommen, dass Mitarbeiter im Reich Gottes die Bibel nur lesen, um die nächste Predigt vorzubereiten und nicht um „einfach" in Gottes Gegenwart auszuruhen und sich von ihm lieben zu lassen. Solche „geistliche Geschäftigkeit" hält uns manchmal sogar davon ab, uns von Gott füllen zu lassen. Auch darin wirkt sich Disziplin aus, indem wir innehalten, pausieren und in Gottes Gegenwart ruhen. Immer wieder muss uns Christen bewusst sein: wir sind nicht Gottes Kinder durch das, was wir tun, sondern ganz einfach weil er uns liebt.

Bruder Lawrence drückt es so aus: „Das Herz ist der Anfang und das Ende unserer geistlichen und körperlichen Tätigkeit und, allgemein gesprochen, von allem, was wir im Leben tun. Deshalb müssen wir die ganze Aufmerksamkeit unseres Herzens auf Gott richten."[16]

Bekenntnis

Die Grundlage für eine Ausrichtung auf Gott fängt mit einer bleibenden demütigen Grundhaltung an. Sie wagt es, zu Fehlern und Sünden zu stehen. Dabei denken wir schnell an offensichtliche Verschuldungen, wie z.B. andere betrogen zu haben, an Lüge und Untreue. Wir wenden uns dabei viel eher diesen

---

[15] Taylor, Hudson, http://www.glaubensstimme.de/doku.php?id=autoren:t:taylor_j.h:taylor-zitate_hudson_taylor (eingelesen am 17.08.2015)
[16] Übersetzt aus: Brother Lawrence, *Practicing the Presence of God*, Whitaker House, 1982, S. 70

Dingen zu, weil es meist einfacher ist, sie zu erkennen. Aber wie sieht es aus mit den weniger offensichtlichen Sünden? Haben wir die Gefühle des anderen verletzt, um unseren eigenen Ruf aufzupolieren? Haben wir bewusst Dienste in einer Weise getan, damit andere uns als „selbstlos" loben? Haben wir uns derart am anderen aufgeregt, dass er froh sein kann, uns nicht über den Weg zu laufen? Gibt es nicht oft ein unstillbares Verlangen in uns nach Anerkennung und danach, gut dazustehen? Haben wir eine Gelegenheit verpasst, Liebe zu zeigen und Gutes zu tun? Verfehlungen dieser Art sind weitaus schwieriger zu erkennen, und selbst wenn es uns gelingt, empfinden wir sie nicht immer als Sünde. Wir haben Ausreden parat wie: „Das war ein Fehler", oder: „Das ist eine Frage der Veranlagung", oder: „So bin ich nun mal", oder gar: „Warum so pingelig?" Die feine Stimme des Heiligen Geistes weist uns immer wieder darauf hin, solche Verfehlungen zu bekennen, sie zu lassen, Wachstum zu erleben und zu reifen.

Gott sehnt sich nach Gemeinschaft mit uns

In gewissen Situationen unseres Lebens kann es vorkommen, dass wir unsere Zeit der Stille als eine Pflicht ansehen und als etwas, das wir für Gott tun, damit er Freude an uns hat. Dies kann zu einem enormen Krampf werden, und wir ertappen uns dabei, wie wir unsere persönliche Stille abhaken, damit wir unser Gewissen beruhigen können, was im Endeffekt nur Selbstbetrug ist. Meistens gelingt es uns aber trotzdem nicht, und wir plagen uns mit Schuldgefühlen herum, fühlen uns stattdessen als Versager und resignieren.

Viel befreiender ist es doch, wenn wir dies als eine Zeit ansehen, bei der Gott *uns* dienen will – ein Riesenprivileg! Wir haben eine falsche Vorstellung, wenn wir der Ansicht sind, dass er darüber Buch führt, wie oft und wie lange wir täglich in sein

Buch schauen. Er ist in keinster Weise davon abhängig und auch nicht beeindruckt, wenn wir dies möglichst lange tun. Vielmehr weiß er, dass es für unsere geistliche Gesundheit das Beste ist. Aus Jeremia 32,41 entnehmen wir, dass es ihm ein Herzensanliegen und eine Freude ist, uns Gutes zu tun. Deshalb sehnt er sich nach Gemeinschaft mit uns. Wie wir zu ihm kommen, ist nicht so ausschlaggebend. Dass er auch nicht gleich erschrickt, wenn wir ihm etwas vorjammern, wird in Klagelieder 3,8 veranschaulicht, in dem Jeremia zum Herrn ruft: „Auch wenn ich schreie und um Hilfe rufe, verschließt er seine Ohren vor meinem Gebet." Jeremia ist mit seinem Empfinden sehr ehrlich mit Gott: Wie wohltuend sind auch die Psalmen für die Seele, besonders dann, wenn wir „Gott und die Welt" nicht mehr verstehen. Ich finde mich oft in den Aussagen dieser Dichter wieder. Oft bleiben sie ja dort nicht stehen, sondern ringen sich zu einem Vertrauen zu Gott durch (siehe Psalm 73 als Beispiel).

Es berührt mich immer sehr, wenn ich von Jesus lese, wie er sich danach sehnte, Gemeinschaft mit seinen zwölf engen Nachfolgern zu haben (Lukas 22,15). Das heißt also, wenn ich mir etwas Gutes tun will, dann verbringe ich Zeit mit Gott. Diese Erkenntnis muss zuerst zu mir durchdringen, dann gehe ich auch mit einer ganz anderen Einstellung an diesen Ort der Begegnung, denn ich weiß, dort wartet schon der Höchste des Himmels und der Erde auf mich.

Wenn ich mir etwas Gutes tun will, dann verbringe ich Zeit mit Gott.

Stille suchen

Stille ist in unserer Zeit fast zu einem Fremdwort geworden. Überall – so scheint es – braucht die Gesellschaft einen gewissen Lärmpegel, sonst könnte es ihnen ja langweilig werden. Oder wir könnten auf einmal hören, was die flüsternde Stimme Gottes sagt. Sobald wir z.B. ins Auto steigen und den Autoschlüssel drehen, geht das Radio an. Überall gibt es Lärm: In den Warteräumen, Einkaufsläden und öffentlichen Transportmitteln. Wer von uns ist schon von einem Einkaufstag nach Hause zurückgekehrt und hatte das Gefühl, dass er schön erholt ist? Nicht einmal meine Frau, obwohl sie es genießt einen Einkaufsbummel zu machen. Ich selbst bin danach total gestresst und brauche meine Ruhe. Manche gewöhnen sich schon so daran, dass Daheim der Fernseher und die Stereoanlage ununterbrochen laufen. Sobald es ruhig wird, werden sie unruhig.

Gott musste leider feststellen, dass sein Volk zur Zeit Jesajas ziemlich rebellisch wurde. Deshalb gab er ihm folgendes Wort: *„Durch Stillsein und Vertrauen könntet ihr stark sein. Aber das wollt ihr nicht"* (Jesaja 30,15b). Wie sieht es aus mit unserer Entschlussfähigkeit im Bereich der Stille mit Gott? Ich weiß zugut, es ist nicht einfach, aber es ist lernbar und machbar. Manchmal lesen wir von den „Helden" der Vergangenheit, die oft und lange Zeit im Gebet verbrachten. Da können wir noch viel lernen. Wir müssen zwar bedenken, dass ihre Zeit vielleicht nicht so hektisch war wie unsere. Doch müssen wir uns nicht entmutigen lassen. Für uns braucht es in dieser Hinsicht wahrscheinlich wesentlich mehr Disziplin. Trotzdem ist die Stille wichtig, vielleicht heute gerade umso wichtiger.

Wie sollen Leute im Zeitalter von sozialen Netzwerken und Internet zur Stille kommen? Die Ablenkungen der digitalen Welt sind so attraktiv. Lieber ein Filmabend als ein Familienspiel-Abend. Lieber googeln als gründliche Forschung in der Schrift. Lieber schnell mit Freunden chatten, als mit Gott reden. Diese Disziplin, sich nicht schnell mal im sozialen Netzwerk oder mit Online-Verführungen zu befriedigen, muss eingeübt werden. Wir müssen uns wieder bewusst für die Stille entscheiden.

Mit allen Ablenkungen, die wir heute haben, braucht es einen klaren Entschluss, die Zeit zur Stille zu finden. Aber wenn wir dranbleiben, kann sie gefunden werden. Es braucht Hingabe, muss praktiziert und eingeübt werden. Ohne Stille ist es unmöglich, Gott zu verherrlichen.

Um das Zentrum unseres Lebens – unser Herz – zu pflegen, müssen wir die Stille suchen. Dort vernehmen wir letztendlich Gottes Reden am besten. Gordon MacDonald hat herausgefunden: „Diesen Kampf kann es auch mit der *Einsamkeit* geben; nicht nur, dass uns die Stille stört; wenige von uns halten es aus, allein zu sein. Es muss aber regelmäßig Zeiten geben, in denen wir uns zurückziehen. Es muss diese Momente geben, in denen wir die Routine durchbrechen; wo wir uns von Beziehungen zurückziehen oder von den Anforderungen der äußeren Welt, um Jesus im Garten unserer verborgenen Welt zu treffen. Große Zusammenkünfte oder spektakuläre Feiern sind kein Ersatz dafür."[17]

> Ohne Stille ist es unmöglich, Gott zu verherrlichen.

Ich persönlich finde diese Stille und Einsamkeit am besten früh am Morgen, wenn die Familie noch nicht wach ist. Die Stille Zeit am Morgen fängt schon am Vorabend mit der Planung an, wann ich zu Bett gehe, um rechtzeitig aufstehen zu können. Der China Inland-Missionar, Hudson Taylor, erlebte es ähnlich: „Keine Zeit eignet sich wie der frühe Morgen zum Verkehr mit dem Herrn. Man muss in der Frühe die Harfe für die Musik des Tages stimmen."[18] Ich habe aber auch von Leuten gehört, die abends ihre Stille Zeit haben. Jeder muss für sich den Zeitpunkt finden.

Jesus musste sich immer wieder von der Menge weg an einsame Orte zurückziehen. Er stand zum Teil früh auf, „als es noch sehr dunkel war", um in die Einsamkeit zu gehen (Markus 1,35). Er machte es sich zu einer Gewohnheit, mit seinen Nachfolgern

---

[17] MacDonald, Gordon, *Ordne dein Leben*, Projektion Jesus Verlag, Asslar, 1992, 127
[18] Taylor, Hudson J., http://www.glaubensstimme.de/doku.php?id=autoren:t:taylor_j.h:taylor-zitate_hudson_taylor (eingelesen am 20.08.2012)

in den Garten Gethsemane zu gehen, um mit ihnen allein zu sein (Johannes 18,2).

Das Still-Werden muss von der Zeit her nicht immer so ausgedehnt sein. Manchmal kann es in der Pause geschehen, bei einer längeren Autofahrt, in der Bahn oder vor dem Gottesdienst, wo man einfach bewusst still sein kann und sich auf das Wesentliche im Leben konzentriert.

Ich will hier vier Teilbereiche der Stillen Zeit vorstellen, warum wir sie brauchen und wie wir sie gestalten können:[19]

1. **Ruhen**: ein göttliches Prinzip. Manchmal suchen wir die Erquickung zu weit oder zu stark im geistlichen Bereich, aber eine Auszeit tut schon unserem Körper gut. Jesus sagte zu seinen engsten Nachfolgern: „Kommt, wir ziehen uns an einen einsamen Ort zurück, wo ihr euch ausruhen könnt" (Markus 6,31). Gott erwartet von uns, dass wir regelmäßig ausruhen. Ruhen ist nicht nur etwas, das wir nach getaner Arbeit tun dürfen, so als Belohnung. Ruhe ist uns von Gott geschenkt, weil er uns das Gute gönnt. Ruhen geht nicht im Schnelltempo. Die innere Batterie kann man zwar durch ein freies Wochenende schnell aufladen, aber lange halten werden sie nicht. Wir brauchen regelmäßige Zeiten der Ruhe auch die Woche hindurch.

2. **Danken**. Bei solchen Auszeiten durchdenke ich mein persönliches Leitbild, danke und lobe Gott für das, was er in mir und durch mich wirkt. Ich tue Buße, wo ich das Ziel verfehlt habe und mache eine Standortbestimmung. Ich nehme mir Zeit und liste mir meine verschiedenen Aufgaben auf, lege die Liste vor mich hin, und mit einem Stift in der Hand frage

---

[19] Gedanken dieser Schritte sind entnommen aus Unterlagen von einem Kurs von *Leadership Matters Course*, Januar 2011

ich Gott, was er mir zu sagen hat in den genannten Bereichen.
a. Wie lebe ich meine Beziehung zu Gott? Konnte ich ihn besser kennen lernen in den vergangenen Wochen oder Monaten? Wie sieht es aus mit Gehorsam, Prioritäten und Hingabe?
b. Wie erlebe ich meine persönliche Entwicklung? Bin ich am Wachsen in den fünf Bereichen: geistlich, körperlich, mental, emotional und sozial?
c. Wie lebe ich meine Beziehung zu meiner Ehepartnerin? Welche Schritte kann ich unternehmen, um ein besserer Ehemann zu werden?
d. Investiere ich genug in meine Kinder? Nehme ich mir bewusst Zeit für sie?
e. Wie sieht es aus mit dem Verhältnis zu meinen engen Freunden, den Christen in der Gemeinde? Brennt mein Herz noch für die Verlorenen?
f. Wie erlebe ich den Dienst für Gott? Sind meine Motive noch in Ordnung? Bin ich treu in den verschiedenen Verantwortungsbereichen?

3. **Auftanken.** Dies ist der geistliche Mittagstisch. Lesen Sie längere Abschnitte in der Schrift, eventuell auch ganze Bücher im Alten oder Neuen Testament. Sie werden innerlich gestärkt und ermutigt werden. Ich kann mich noch gut daran erinnern, als ich diese Entdeckung als Jugendlicher das erste Mal mit der Apostelgeschichte gemacht habe. Ich bin derart in die Erzählung hineingenommen worden, dass ich am liebsten die Geschichte zurückgedreht hätte, damit ich mit den Aposteln unterwegs hätte sein können. Rezitieren Sie Gottes Zusagen und vertrauen Sie ihnen. Verbringen Sie Zeit in der Natur und staunen Sie über Ihren Schöpfer, während dem Sie in einer klaren Nacht den Sternenhimmel bewundern oder barfüßig durch den Bach waten und sich an dem Geplätscher freuen. Zwischendurch müssen wir Gott wieder

kindlich erleben können. Ich kann meine inneren Batterien am besten in der Natur auftanken, an einem warmen Sommerabend beim Sonnenuntergang oder beim Spazieren durch den Winterwald mit leisem Schneefall (wenn ich in Deutschland bin – und wenn es Schnee gibt). Beten Sie Gott an durch Pfeifen, Singen oder Summen.

4. **Ausrichten.** Nun ist es Zeit, das Neue zu durchdenken. Gehen Sie Punkt 2. a-f noch einmal durch und bitten Sie Gott, Ihnen zu zeigen, welche konkreten Schritte Sie anpacken sollen, damit Sie auf Kurs bleiben. Vielleicht müssen Sie Ihr Leitbild etwas anpassen. Notieren Sie die nötigen Schritte zur Veränderung.

In der Stille geht es darum, uns auf Gott zu konzentrieren. Das Wort „Meditation" hat leider einen Beigeschmack wegen der esoterischen Assoziation, bei der es darum geht, seinen Verstand zu leeren. Geistliche Meditation im Christentum hingegen füllt den Verstand mit göttlichen Wahrheiten und vertraut ihnen. Das sind gerade diese Menschen, die wie ein Baum nah am Wasser stehen und die Tag und Nacht über Gottes Wort nachsinnen und sogar Lust haben, den Willen des Herrn zu tun (Psalm 1,2). Darum geht es in der Stille. Nicht nur um ein besseres Gefühl zu bekommen, sondern die Stimme des Herrn zu hören, seinen Willen zu erkennen und ihn dann auch umzusetzen. *„Morgen für Morgen öffnet er mir das Ohr, damit ich höre, wie ein Jünger hört"* (Jesaja 50,4b). Er spricht zu unserem Herzen, und manchmal bekommen wir Eindrücke, die wir ernst nehmen sollten.

> Geistliche Meditation im Christentum hingegen füllt den Verstand mit göttlichen Wahrheiten und vertraut ihnen.

Beten

Wenn wir nicht so recht wissen, wie wir beten sollen, sind wir mit den Jüngern Jesu in bester Gesellschaft. Wo und wie fangen wir an? Für was sollen wir beten und wie lange? Aus diesem Grund baten sie ihren Meister: *„Herr, lehre uns beten"* (Lukas 11,1). Jesus ist auch für uns die beste Antwort zu unseren Fragen in Bezug auf das Gebet.

Er betete in der Wildnis (Lukas 4), an stillen Orten (Matthäus 14,22-23) und im Garten (Lukas 22). Er betete oft allein, aber auch mit anderen und vor anderen.

Im Gebet des Herrn lehrt uns Jesus, dass unser Fokus auf Gott, sein Reich und seine Ehre gerichtet sein soll (Matthäus 6). Sein längstes, uns erhaltenes Gebet umfasst ein ganzes Kapitel (Johannes 17) und lässt uns in seine Seele blicken. Es spricht mich immer wieder an, wie er – nachdem er für sich und das Verhältnis zu seinem Vater betet – mit viel Liebe für seine engsten Freunde und diejenigen, die nach ihnen glauben werden, betet. Es geht ihm aber interessanterweise nicht um äußere Dinge wie körperlichen Schutz, Wohlstand oder sogar Erfolg im Dienst, sondern dass ihre Seelen bewahrt bleiben vor dem Bösen. Er drückt seine Freundschaft zu ihnen aus, indem er den Vater bittet, dass sie einmal in Ewigkeit bei ihm sein würden.

Wenn wir wie Jesus beten, beten wir nach Gottes Willen. Im Namen von Jesus zu beten ist nicht nur eine Floskel am Ende des Gebets, sondern es soll ausdrücken, dass wir zu allererst auf Gott hören, damit wir im Einklang mit seinem Willen beten. Ich frage mich manchmal: „Jesus, wie würdest du in dieser Situation beten?" In diesem Augenblick treffen wir den Sinn von „im Namen Jesu beten".

> Wenn wir wie Jesus beten, beten wir nach Gottes Willen.

Sehr oft vernachlässigen wir als Mitarbeitende im Reich Gottes die Verbindung mit Gott, wenn es im Dienst einmal hektisch wird. Aber damit vergessen wir, dass wir sie gerade dann am notwendigsten haben. Denn dadurch wird die Vision von Gottes Anliegen in uns gefestigt. Satan zittert, wenn wir beten, deshalb will er uns mit allen Mitteln davon abhalten.

> Satan zittert, wenn wir beten, deshalb will er uns mit allen Mitteln davon abhalten.

Aufgrund von viel Not, Kritik und Opposition wusste Nehemia nicht mehr, ob sein Plan, die Stadtmauern von Jerusalem zu bauen, wirklich durchführbar war. Die Feinde wollten in Jerusalem einfallen und das Volk hatte Angst. Als Antwort darauf beteten Nehemia und seine Leute, dann trat er vor sie mit diesem mutigen Wort: *„Fürchtet euch nicht vor ihnen! Denkt an den Herrn, der groß und furchtbar ist, und kämpft für eure Freunde, eure Familien und euer Zuhause"* (Nehemia 4,8b)! Bestimmt bekam Nehemia durch das Gebet eine göttliche Perspektive, und trotz der Not baute das Volk weiter. Und die Mauer wurde fertig – wegen einem Leiter, der es gewagt hatte, mit dem Unsichtbaren, der Macht Gottes zu rechnen.

Daniel ist für mich ein anderes leuchtendes Beispiel für einen weisen Leiter in der Politik im damaligen Perserreich. Trotz seiner vielen Arbeit war das tägliche dreimalige Gebet für ihn ein Rhythmus, den er nicht unterbrach – ein Mann mit Integrität. Obwohl er wusste, dass ein Gesetz vom König erlassen worden war, dass niemand angebetet werden durfte als nur den König, ging er *„in das obere Stockwerk seines Hauses, wo er die Fenster, die nach Jerusalem zeigten, immer geöffnet hielt. Trotz des Verbotes kniete er sich nieder, dankte und lobte Gott und flehte ihn an, wie er es auch sonst dreimal täglich machte"* (Daniel 6,11). Eine feste Gewohnheit, die nicht einmal ein königliches Gesetz zu brechen imstande war. Und ich lasse mich so leicht von jeder Kleinigkeit ablenken. Nicht umsonst gab Gott Daniel besondere Visionen und Offenbarungen. Die Auswirkung seines

Gebets, seiner Demut und seiner Buße wird ziemlich deutlich beschrieben. Während er nämlich betete, kam der Engel Gabriel zu ihm und sagte ihm, dass Gott in dem Augenblick, in dem er zu beten anfing, zu ihm sprach (Daniel 9,23). Dies lässt uns erahnen, dass Gott oft nicht handelt, bis wir beten. Wird es einem nicht etwas unheimlich bei diesem Gedanken? Gott, der Souveräne, der immer alles tun kann, was er will, wartet darauf, dass seine hilflosen Geschöpfe ihn um etwas bitten?

Gehen wir doch noch etliche Jahre zurück zu Abraham. Er befand sich mit seiner Frau in einem fremden Land. Da König Abimelech Sara zu sich in den Palast genommen hatte, befahl Gott ihm im Traum, sie wieder an Abraham zurückzugeben, sonst würde er sterben müssen (1. Mose 20). Gott versicherte ihm auch, dass Abraham dann für ihn beten würde, damit seine Frauen wieder von der Unfruchtbarkeit geheilt werden. Was wäre gewesen, wenn Abraham nicht dafür gebetet hätte? Solche Fragen können nicht beantwortet werden. Aber es scheint, dass Gott sich freiwillig limitiert und sein Handeln von den Gebeten seiner Leute abhängig macht. Abraham betete für Abimelech, und erst dann wurden seine Frauen wieder geheilt. Fazit: gewisse Dinge in der Welt geschehen nur auf Gebet hin. Jakobus sagte: *„Ihr habt nichts, weil ihr nicht bittet"* (Jakobus 4,2).

> Es scheint, dass Gott sich freiwillig limitiert und sein Handeln von den Gebeten seiner Leute abhängig macht.

Für den Propheten und Priester Samuel war die Vernachlässigung des Gebets gleichbedeutend mit Sünde: *„Was mich angeht, so werde ich ganz bestimmt nicht gegen den Herrn sündigen, indem ich aufhöre, für euch zu beten"* (1. Samuel 12,23).

Welche Macht, die Gott in unsere Hände gelegt hat, durch die wir die Welt verändern können. Welches Vorrecht, dass wir mithelfen können, Geschichte zu schreiben. Aber auch welch eine

> Welche Macht, die Gott in unsere Hände gelegt hat, durch die wir die Welt verändern können.

Verantwortung, durch die wir aufgefordert sind, unsere Anliegen anhaltend vor Gott zu bringen.

Gott hatte einer älteren Frau im Hochland von Papua-Neuguinea aufs Herz gelegt, für ein abgelegenes Gebiet zu beten. Sie wusste nicht einmal, wo dieses Gebiet liegt und was für Bedürfnisse dort sind, aber sie hatte sechs Jahre lang nicht nachgelassen, dafür zu beten. Ich durfte schließlich miterleben, wie dort viele Menschen hungrig wurden nach der guten Nachricht und nach nur vier Jahren acht Gemeinden entstanden. Dieser Glaube und diese Kühnheit beschämen mich. Dies erkennen wir auch im Gebet des Psalmisten: *„Bitte mich, so will ich dir Völker zum Erbe geben"* (Psalm 2,8a). William Carey sagte: „Wir wollen Großes von Gott erwarten, wir wollen Großes für ihn wagen."[20]

Ein gutes Hilfsmittel für das globale Beten ist das Buch „Gebet für die Welt", das im persönlichen Gebet oder auch im Gebetskreis gut eingesetzt werden kann. Corrie ten Boom bringt es auf den Punkt: „Das Größte, was ein Mensch für einen anderen tun kann, ist, dass er für ihn betet."[21]

Missionsarbeit, auch im Inland von Deutschland, steht und fällt mit der Arbeit des Gebets. Wir wollen strategisch beten, wir wollen spezifisch beten. Gott will auch, dass wir ernsthaft beten. Dies können wir unter anderem durch Fasten zum Ausdruck bringen.

Jesus macht uns Mut, nicht nachzulassen (Lukas 18,7-8)! Auch wenn sich im Moment anscheinend nach außen hin nichts verändert – dann auf jeden Fall nach innen. „Unser Gebet trägt viel

---

[20] Übersetzt aus: https://www.goodreads.com/quotes/154702-expect-great-things-from-god-attempt-great-things-for-god (eingelesen am 20.08.2016)
[21] http://liebevoll-wei.se/Corrie_ten_Boom_-_Zitate.pdf (eingelesen am 20.08.2016)

dazu bei, unseren Charakter zu bilden, mehr als äußere Umstände", hat Hudson Taylor entdeckt.

Ich will weiter lernen, damit das Gebet mein ganzes Leben so durchdringen kann wie ein Schwamm, der mit Wasser vollgesaugt ist. Wenn ich betriebsam oder still bin, wenn ich im Stress bin oder andächtig im Gottesdienst sitze, wenn ich Menschen begegne und sie im Herzen segne, ich kann ihn durch mein ganzes Leben anbeten und ehren. Denn beim Beten „texte" ich nicht Gott voll, sondern warte still auf Impulse von ihm. Er will mich auch durch gottgegebene Eindrücke leiten.

Vor allem Leiter sollten das Gebet als Privileg ansehen. Darin bekommen sie Kraft, Ausrichtung, Führung, Vision und Ermutigung; und entscheidende Dinge geschehen, weil sie Gottes Arm bewegen.

Vor Gott innehalten

Für mich war es befreiend, von Bruder Lawrence zu lernen. Er war ein Christ, der vor einigen Jahrhunderten gelebt hatte und der darauf bestand, dass man die Gegenwart des Herrn praktizieren könne, wenn man den ganzen Tag über mit ihm redet und alles mit ihm teilt.[22] Er, der am Anfang die Arbeit in der Küche in einer Lebensgemeinschaft nicht sehr mochte, hatte im Laufe der fünfzehn Jahre eine Gewohnheit entwickelt, indem er alles, auch die kleinen Dienste, aus Liebe zu Gott tat. Dies war sein Ansporn. Während dem Abwasch oder beim Küchenboden putzen, summte oder pfiff er seine Lieder. Als es den Besuchern auffiel und sie ihn fragten, warum er denn bei dieser Art von Arbeit so zufrieden sein könne, sagte er nur: „Ich übe mich in der Gegenwart Gottes" (I am practicing the presence of God).

---

[22] Brother Lawrence, *Practicing the Presence of God*, Whitaker House, 1982, S. 12

> Er versuchte immer wieder, Dinge nur aus Liebe zu Gott und im Verborgenen zu tun: „Was immer wir auch tun, sogar Bibellesen und Beten, wir sollten für ein paar Minuten innehalten und Gott aus unserem tiefsten Herzen preisen, und uns an ihm im Verborgenen erfreuen."[23]

Fasten

Fasten kann man als eine Art Anbetung praktizieren. Fasten ist nicht sonderlich angenehm, denn wir verzichten auf etwas nach dem wir ein mehr oder weniger starkes Verlangen verspüren. Meistens verzichten wir beim Fasten auf Nahrung, denn mit einem hungrigen Magen verstehe ich besser, was es heißt, wenn mein Herz nach Gott verlangt. Es hilft mir, die Leiden von Jesus am Kreuz zu reflektieren, und ich kann mit hungernden Kindern auf der Straße besser mitfühlen. Wenn der Magen knurrt, soll es mich daran erinnern, dass mir der Hunger nach Gott wichtiger ist. Oder wenigstens stelle ich mir dann diese Frage, und es hilft mir, mich dafür zu entscheiden. Ich kann mir durch Fasten auch auf praktische Weise klarmachen, dass der Mensch nicht vom Brot allein lebt (Matthäus 4,4) und dass ich mein Herzensanliegen und meine Leidenschaft für eine Sache vor Gott ausleben kann, wie es Nehemia tat (Nehemia 1,4).

Leider wird das Fasten unter Christen in evangelikalen Kreisen sehr spärlich praktiziert, obwohl Jesus eigentlich davon ausging, dass seine Nachfolger als Lebensstil fasten werden. Er sagt nämlich: „*Wenn* ihr fastet." Nicht: „*Falls* ihr fastet." (Matthäus 6,16). Er macht hier keinen Unterschied zwischen Beten, Geben

---
[23] Ebd., S. 62

und Fasten. Für ihn war es selbstverständlich, dass das Fasten zu einem erbaulichen Leben gehört. Warum ermutigen wir andere zu regelmäßigem Beten und Geben, aber weniger zu regelmäßigem Fasten?

Manche bringen das Fasten gedanklich mit irgendwelchen Werken in Verbindung, die wir abarbeiten müssen, um Gott zu gefallen. Mönche praktizierten das Fasten sehr intensiv, weil in ihrer Tradition galt: „Schmerzen gefallen Gott". Manche wollten durch ihren Verzicht Gottes Gefallen verdienen, indem sie neben dem Fasten auch versuchten, im Sitzen zu schlafen und sich dabei mit der Nachtglocke immer wieder aufwecken zu lassen. Andere haben sich nicht einmal gewaschen. Diese Askese ist nutzlos und befriedigt nur das eigene Ego (Kolosser 2,20-23).

Vielleicht ist es auch einmal dran, für eine bestimmte Zeit auf Musik, Handy, Computerspiele oder Internet zu verzichten. Sie werden schnell merken, von welchen irdischen Dingen Sie besonders eingenommen sind. Solches Fasten sollte jedoch immer mit einem besonderen Suchen nach Gott und Zeit im Gebet einhergehen.

Einige Tipps zum Fasten:

- Überprüfen Sie Ihre Motive. Widerstehen Sie dem Drang, diese religiösen Übungen vor anderen auszubreiten. Sie geben vor, nach Gott hungrig zu sein, doch eigentlich sind Sie hungrig nach Anerkennung.
- Fasten Sie wirklich für *Gott* (Sacharja 7,5)? Suchen Sie dabei den Geber oder nur die Gabe? Suchen Sie die Gemeinschaft mit Gott, mehr geistliche Einsicht oder Kraft im Gebet?
- Fasten sollte nicht in Isolation geschehen, sondern immer in Verbindung mit Gebet. In diesem Fall unterstreicht es die Ernsthaftigkeit des Gebets (Jakobus 5,16).

Als die ersten Missionare von Antiochia ausgesandt wurden, hielten die Christen kein Kaffeekränzchen, sondern sie wurden von der Wichtigkeit des Anliegens zum Fasten gedrängt (Apostelgeschichte 13,3). Dasselbe geschah, als Paulus die ersten Ältesten der Gemeinde einsetzte (Apostelgeschichte 14,23). Ist uns da irgendwie etwas verloren gegangen?

- Haben Sie einen Grund, ein Ziel oder ein Problem, für das Sie fasten?
- Fangen Sie klein an und lassen Sie einfach einmal eine Mahlzeit aus. Später können Sie es als Gewohnheit jede Woche praktizieren.
- Trinken Sie viel Flüssigkeit.
- Wenn Sie merken, dass Ihnen übel wird, dann unterbrechen Sie das Fasten.
- Fasten Sie nicht, wenn Ihr Arzt es in Ihrem Fall aus gesundheitlichen Gründen nicht empfiehlt. Seien Sie besonders auf der Hut vor übermäßigem Essensverzicht, der Ihrer Gesundheit schaden und zu krankhaftem Verhalten wie Magersucht führen kann.
- Der geistliche Nutzen sollte beim Fasten immer Vorrang haben.

Gottes Wort lesen

Das Ziel unserer Bibellese sollte immer sein, Gott besser kennen zu lernen und unsere Gemeinschaft mit ihm zu vertiefen.

> Das Ziel unserer Bibellese sollte immer sein, Gott besser kennen zu lernen und unsere Gemeinschaft mit ihm zu vertiefen.

Paulus sagte den Philippern, dass alles andere unbedeutend ist, wenn er nur Jesus Christus besser kennen lernt. Er studierte die Bibel in der „Universität" von Gamaliel, kannte aber seinen Gott nicht, bis er Jesus begegnete. Dann bekam er ein großes Verlangen danach, Gott wirklich zu kennen.

Nach etlichen Jahren im Glauben bezeugt er schließlich: *„Mein Wunsch ist es, Christus zu erkennen"* (Philipper 3,10). Ewiges Leben heißt, Gott persönlich zu erkennen (Johannes 17,3). Es ist viel einfacher, die Bibel zu kennen als Gott zu kennen. Um die Bibel zu kennen, muss man sie nur lesen. Dabei spielt es keine Rolle, ob man unreine Gedanken hat oder ein sittenloses Leben führt, man kann die Bibel trotzdem kennen. Man kann sogar gut predigen und gleichzeitig der Geldliebe verfallen sein. Das ist durchaus möglich. Aber man kann Gott nicht wirklich kennen und trotzdem unmoralisch leben oder das Geld über alles lieben. Deshalb lesen manche die Bibel nur aus Pflicht, weil es einfacher ist, die Bibel zu kennen als Gott zu kennen.

Als der Prophet Hesekiel zu seinem Dienst berufen wurde, bekam er den Befehl, eine Schriftrolle zu essen und damit seinen Bauch zu füllen. Im Nachhinein sagte er: *„Sie war in meinem Mund so süß wie Honig"* (Hesekiel 3,3). Auch der Psalmist berichtet von einer ähnlichen Erfahrung: „Deine Worte sind süßer als Honig und Honigseim" (Psalm 19,11). Ohne die tägliche Beschäftigung mit der Bibel gibt es kein Reifen im Glauben. Nicht das Vielwissen, sondern das Verdauen belebt unser inneres Leben. Gemeint ist das

> Ohne die tägliche Beschäftigung mit der Bibel gibt es kein Reifen im Glauben.

langsame, besinnliche, wiederholende und nachdenkliche Lesen der Bibel. Das Volk wird diesbezüglich von Jesaja ermutigt: *„Studiert das Buch des Herrn und lest aufmerksam darin"* (Jesaja 34,16a).

Einige Tipps zum Bibellesen, die mir persönlich helfen. Ich bin aber noch nicht angekommen, ich bin immer noch im Werden:

- Versuchen Sie, sich für das Bibellesen bewusst zu entscheiden, nicht als Pflichtübung, sondern mit Vorfreude und großer Erwartung an Gott (1. Petrus 2,2).

- Nehmen Sie die Worte persönlich und setzten Sie Ihren Namen in bestimmte Verse ein, z.b. lese ich Römer 12,11 so: „Torsten soll nicht nachlässig werden, sondern er soll sich ganz vom Heiligen Geist erfüllen lassen und soll sich ganz für den Herrn einsetzen." Gott kennt unseren Namen und er meint uns ganz persönlich!
- Widerstehen Sie der Versuchung, Lieblingsstellen aufzuschlagen und einen „Schnellimbiss" zu nehmen. Es ist sehr hilfreich, wenn Sie nach einem Plan lesen.
- Lesen Sie zwischendurch die Jahresbibel, von der es auch eine chronologische gibt. Es ist sehr interessant, die ganze Geschichte Gottes mit der Menschheit im Zusammenhang zu sehen.
- Es tut auch gut, einmal längere Abschnitte oder ganze Bücher und Briefe am Stück zu lesen.
- Ich kann Gott nicht zu einer Antwort zwingen, indem ich die Bibel wahllos aufschlage und den Finger auf eine Stelle lege. Es mag sein, dass sich Gott dieser Methode schon bedient hat – auch bei reifen Christen – aber sie ist keinesfalls die Norm, eher die Ausnahme. Wir sind angehalten, um Weisheit zu bitten, und mit einem gesunden Menschenverstand im Vertrauen zu Gott Entscheidungen zu treffen.
- Ich bin zurückhaltend mit den weitverbreiteten Loskarten, die als Wegweisung gezogen werden. Diese ausgewählten und schön verzierten Bibelverse warten darauf – fast wie in einem Bonbonglas – gezogen zu werden, als Trostpflaster, sobald man sich nicht ganz so gut fühlt. Man will dabei kein Risiko eingehen, denn es werden wohl keine unbehaglichen Sprüche darauf stehen. Gott ist souverän und er kann uns auf verschiedene Weise überraschen, doch wer wirklich geistlich erwachsen werden will, sollte statt den Losen eine anhaltende Betrachtung der ganzen Schrift vorziehen.

- Lesen Sie die Bibel betend und besprechen Sie alles mit Gott. Stellen Sie Sich beim Lesen immer wieder folgende Fragen: „Wofür kann ich danken?" „Was muss ich bekennen?" „In welchen Bereichen brauche ich Gottes Hilfe, um das Gelesene umzusetzen?"
- Lesen Sie mit einem Bleistift und Papier und greifen Sie nicht gleich zu Auslegungen, sondern versuchen Sie, das Wort möglichst unvoreingenommen zu Ihnen reden zu lassen. Eine Bibel mit einem breiten Rand kann auch ein Arbeitsbuch sein, in das man eigene Notizen macht. So kann man mit unterschiedlichen Farben einen Zuspruch oder einen Anspruch kenntlich machen. Eine gute Hilfe ist die induktive Bibellesemethode.[24]
- Ich lerne manche mir wertvollen Abschnitte auswendig. Manchmal schreibe ich Verse auf Karten auf, zeichne passende Illustrationen dazu, stecke sie in meinen Geldbeutel und kann sie jederzeit rausziehen. Manche hängen Worte an die Wand, an den Spiegel oder an den Computerbildschirm. Könnte es sein, dass wir so das Wort von Christus reichlich in uns wohnen lassen (Kolosser 3,16)? Das Auswendiglernen kann mit den eigenen Kindern Spaß machen. Sehr effektiv kann man lernen, wenn die Verse mit einer selbst komponierten Melodie gesungen werden.
- Ich überlege mir, was ich anderen von dem mitteilen möchte, was ich gelesen habe.
- Manchmal kann man einen Text auch mehrmals nachdenkend oder laut durchlesen.
- Ich sage mir: Lieber einmal die Woche für zwei Stunden mich in das Wort zu versenken, als jeden Tag nur einen schnellen Snack zu nehmen, damit ich mein Soll erfüllt habe.

---

[24] Das induktive Bibelstudium wird unter anderem bei diesem Link erklärt: http://precept-ministries.de/index.php/induktives-studium/was-ist-induktives-bibelstudium/

Tagebuch schreiben

Tagebuch schreiben ist für mich eine Möglichkeit, Gedanken niederzuschreiben und Erfahrungen festzuhalten, ob positiv oder negativ, um später darauf zurückgreifen zu können. Es geht dabei auch um Konflikte und ihre Bewältigung oder auch um Gebetserhörungen. Ich halte meine Einträge bewusst eher kurz und schreibe nur einmal pro Woche, damit ich leichter wiederfinde, was ich suche und auch damit das Schreiben schneller geht und ich es nicht vor mir herschiebe, weil ich gerade nicht genug Zeit dafür habe. Aus diesem Schatz kann ich viel für meine Führungsaufgaben lernen. Ich schreibe darin auch Impulse, die ich während dem Bibellesen von Gott bekomme.

Schreiben ist auf jeden Fall sinnvoll. Josua musste zwölf Gedenksteine errichten, damit das Volk sich immer wieder an Gottes Hilfe erinnern konnte. Auch in Psalm 103 werden wir angehalten, das Gute, das Gott für uns getan hat, nicht zu vergessen. Der einfachste Weg, es nicht zu vergessen, ist, es aufzuschreiben und hin und wieder einmal zu lesen.

In seinem Bestseller *Ordne dein Leben*, beschreibt Gordon Mac-Donald, wie er die Disziplin des Tagebuchschreibens entdeckt und eingeübt hat. Er schreibt seit über 20 Jahren jeden Tag von den guten und schlechten Momenten und lernt Dinge daraus, die er sonst schon längst vergessen hätte. „Der eigentliche Wert eines Tagebuchs", schreibt er, „besteht darin, dass es als Hilfsmittel dient, um die leise Stimme Gottes hören zu können, die aus dem Garten meiner verborgenen Welt kommt. Ein Tagebuch ist ein wunderbares Werkzeug, um sich zurückzuziehen und mit dem Vater Gemeinschaft zu haben. Wenn ich schreibe, ist es, als führte ich eine direkte Unterhaltung mit ihm. Und du wirst spüren, dass du geführt wirst, Worte aufzuschreiben, in denen Gottes Geist auf eine geheimnisvolle Weise aktiv ist, und es geschieht Gemeinschaft auf einer ganz tiefen Ebene."[25]

Manche scheuen die Disziplin des Tagebuchschreibens und tun es als Typ-Sache ab. Dies ist ziemlich kurzsichtig. Das Tagebuchschreiben könnte man sogar als biblisch bezeichnen. Gott gab Mose den Befehl, die ganze Marschroute der Israeliten mit allen Ortschaften und Rastplätzen aufzuschreiben (4. Mose 33,2). Damals war das mühsame Arbeit – nicht wie heute, wo man schnell den Laptop aufklappen und eintippen kann. Wenn die Frauen und Männer der Bibel nicht „Tagebuch" geschrieben hätten, würden wir die Geschichte Gottes gar nicht kennen. Es diente auch dazu, die mächtigen Taten Gottes nicht zu vergessen (Psalm 102,19).

Erfüllt sein vom Geist Gottes

Eine Umkehr zu erleben und sich Christ zu nennen ist eine wunderbare Sache. Erfüllt zu sein vom Heiligen Geist jedoch ist besser. Paulus zeigt verschiedene Reifegrade von Christen auf und stellt fest, dass sich manche vom Heiligen Geist leiten lassen, (1. Korinther 2,15-16), während die anderen in ihrer geistlichen Gesinnung eher Zwerge, sogar weltlich gesinnt sind (1. Korinther 3,1-3).

Erfüllung mit dem Heiligen Geist sollte man sich nicht anhand eines vollen oder halb leeren Glases vorstellen. Den Heiligen Geist hat man oder man hat ihn nicht. Man kann doch auch nicht ein bisschen schwanger sein. Entweder eine Frau ist schwanger oder sie ist es nicht. Das Kind kann aber mehr oder weniger gewachsen und gereift sein. Die Frage ist nämlich nicht, ob man den Heiligen Geist hat, sondern ob er *uns* hat. Erfüllt

---
[25]MacDonald, Gordon, *Ordne dein Leben*, Projektion Jesus Verlag, Asslar, 1992, S. 135

> Erfüllt sein vom Heiligen Geist bedeutet, dass *er* uns bestimmen kann und wir uns *ihm* ausliefern.

sein vom Heiligen Geist bedeutet, dass *er* uns bestimmen kann und wir uns *ihm* ausliefern. Auch das geschieht nicht automatisch. Es braucht unser Zutun, um diesen Prozess zuzulassen. *„Lasst euch vom Heiligen Geist erfüllen",* sagt Paulus (Epheser 5,18). Dieses „Zulassen" braucht uns ganz. Unser Herz leiten geschieht bewusst!

Dallas Willard stellt fest, dass für manche Christen ihrer Meinung nach geistliche Übungen wie Stille, Fasten und Dienen nicht wichtig seien für den geistlichen Wachstumsprozess und dass man auf sie verzichten könne. Solche Leute behaupten im Grunde, dass geistliches Wachstum ganz von selbst geschähe. „Das geistliche Leben ist ein Leben der Interaktion mit einem persönlichen Gott, und es wäre dumm zu meinen, wir könnten es auf die leichte Schulter nehmen. Aus unserer Bereitschaft, seinen Willen zu tun, kann nur dann Realität werden, wenn wir alles tun, um uns in jeder Situation ganz auf ihn einzulassen."[26]

---

[26] Willard, Dallas, *Das Geheimnis geistlichen Wachstums*, Gerth Medien, Asslar, 2002, S. 186

Tiefer wurzeln

1. Was halten Sie von der Aussage, dass das Wachstum des persönlichen geistlichen Lebens eine unverzichtbare Voraussetzung für Leiterschaft ist?

2. Wie wird Ihre Motivation zur Stille von dem Gedanken beeinflusst, dass Gott sich danach sehnt, mit Ihnen Gemeinschaft zu pflegen?

3. Wie gestalten Sie Ihre Stille mit Gott in Bezug auf Ort, Zeit, Ablauf?

4. Gibt es Bereiche, in denen Sie wachsen müssen? Welche konkreten Schritte unternehmen Sie dazu?
   - Stille Suchen
   - Beten
   - Gottes Wort lesen
   - Fasten
   - Tagebuch schreiben

5. In diesem Kapitel werden fünf Elemente von geistlicher Selbstleitung erwähnt. Würden Sie noch andere hinzufügen? Anbetung, Studieren, Einfachheit, ...

Seinen Körper führen – die physische Dimension

Um es gleich vorweg zu nehmen und durch dieses Kapitel keinen falschen Eindruck zu erwecken: Die Ratschläge, die ich hier weitergeben will, entstammen nicht der Feder eines Arztes, sondern sind eine Sammlung von eigenen Erfahrungen und angeeignetem Wissen aus Büchern und Artikeln. Sie erheben auch keineswegs den Anspruch auf Vollständigkeit. Es sollen einfach Leitideen sein, wie man mit seinem Körper verantwortungsbewusst umgehen kann, ohne ihn zu vergöttern, denn er ist die äußere Hülle und laut 1. Korinther 6,19 ein Tempel des Heiligen Geistes. Es wäre ein Irrtum, dem Körper keine Bedeutung beizumessen. Er verdient mehr Beachtung, gerade auch unter Christen, denn der Umgang mit unserem Körper fördert oder behindert unser geistliches Wachstum.

> Er verdient mehr Beachtung, gerade auch unter Christen, denn der Umgang mit unserem Körper fördert oder behindert unser geistliches Wachstum.

Es gibt Menschen, die der Meinung sind, der Körper sei nur irdisch und sowieso vergänglich, deshalb komme es überhaupt nicht darauf an, wie wir mit ihm umgehen, denn er stehe nicht in Beziehung zu unserem Geist. Beim Tod gehe ja nur der Geist zu Gott. Also sei es kein Problem, den Körper zu vernachlässigen. Wenn wir aber einmal verstanden haben, dass wir mit einem gesunden Leib besser, länger und effektiver arbeiten und dabei zufriedener leben können, ist es eine logische Folge, diesem Bereich genug Beachtung zu schenken.

Wie bei allem ist ein gesundes Maß notwendig, denn man kann mit Körpertraining auch übertreiben, wie Plato warnt, wenn er sagt: „Die größte Behinderung des Lebens liegt darin, ständig auf seine Gesundheit zu achten."²⁷ Jemand könnte z.b. damit prahlen, dass er jeden Tag drei Stunden joggen geht, ein anderer rühmt sich, weil er nur noch Biokost isst und der nächste liest jedes Etikett bevor er etwas kauft. Aber es ist fraglich, wie effektiv dieser Aufwand wirklich ist. Weniger ist oft mehr und außerdem verschwenden diese Leute oft wertvolle Zeit und Energie, die sie sinnvoller nutzen könnten oder sie werden nur vom Sorgenmachen krank.

Trotzdem sollten wir nicht alle Vorsätze über Bord werfen, das Fitnessprogramm einzuhalten. Ich habe von mehreren geachteten, geistlichen Leitern gelernt, dass die körperliche Gesundheit an Wichtigkeit direkt nach der geistlichen Gesundheit einzureihen ist – also doch eine wichtige Stellung einnimmt.

Es geht wieder um effektive Führung des persönlichen Lebens, um unsere „Wurzeln". Wenn hier investiert wird, wird dies sich in anderen Bereichen positiv auswirken. Denn Geist, Seele und Leib sind eine Einheit. Auch wenn wir es immer wieder verdrängen: fehlende Disziplin im körperlichen Training geht oft einher mit einem Mangel an geistlicher Disziplin, fehlende emotionale Kontrolle, die sich in Gereiztheit auswirkt, Maßlosigkeit im Umgang mit Geld oder mangelnde Kontrolle der Sexualität.

Unser Schöpfer macht uns verantwortlich dafür, wie wir mit unserem Körper umgehen. Wir sollen über alles Geschaffene herrschen – unseren Körper eingeschlossen. Für Christen ist der Körper ein Tempel des Heiligen Geistes, was nicht nur bedeutet, dass wir uns von Drogenkonsum und sexueller Zügellosigkeit fernhalten, sondern ihn in allen anderen Bereichen gesund führen sollen. Positiv gesagt: wenn ich mich körperlich fit halte, dann habe ich allgemein das Gefühl, dass ich mich im Griff habe. Ich kann mich besser auf meine geistlichen Disziplinen

---
²⁷ Plato, http://gutezitate.com/zitat/131592 (eingelesen am 20.08.2016)

konzentrieren und auf alle Arbeiten des Tages. Ich bin besser vorbereitet auf herausfordernde Gespräche und kann mich für längere Zeiten im Büro konzentrieren. Schon im Alten Testament war ein gesunder Körper die Voraussetzung zum Priesteramt (3. Mose 21,18-20).

- Womit sollen wir Gott ehren? Mit unserem Körper.
- Was soll Gott als lebendiges Opfer gelten? Unser Körper.
- Welches ist die Behausung, in der Gott durch seinen Geist in uns Wohnung nimmt? Unser Körper.

Eine persönliche Wohnung, ein Zuhause, ist für uns etwas sehr Wertvolles. Wir schützen es, halten es sauber und warm und überlegen uns gut, wem wir Zutritt gewähren. Hätten wir es gerne, wenn jemand darin ein Durcheinander machen würde? Genauso soll unser Leib ein umsorgter Bereich sein, den wir pflegen und sauber halten.

Wir waren gerade im Gottesdienst, als ein Mädchen aus der Haushaltungsschule ganz aufgeregt angerannt kam mit der Botschaft, dass Einbrecher in unserem Haus seien. Das war für uns erst einmal ein Schock. Als wir in unser Haus kamen, hatten wir schon alle möglichen Bilder im Kopf von einer riesigen Unordnung mit ausgeräumten Schränken, umgekippten Schubladen und kaputtem Geschirr. Man hatte ja schon solche Geschichten gehört von anderen Missionaren. Umso dankbarer waren wir, als wir sahen, dass es nicht so war. Nur wenig war beschädigt, und es fehlte auch nicht viel. Trotzdem begleitete uns das komische Gefühl eine ganze Weile, dass da fremde Männer in unserem Haus gewesen waren und es durchsucht hatten. Axt und Buschmesser waren „Schätze", die sie mitgenommen hatten. Es gefiel uns also nicht, dass jemand unerlaubt unsere Wohnung betreten hatte. Wir haben deshalb Maßnahmen ergriffen, um zu verhindern, dass dies nicht wieder passieren würde. So wollen wir auch unseren Körper vor schlechten Einflüssen schützen, denn er ist die Behausung des Heiligen Geistes.

Fitness

„Die leibliche Übung ist wenig nütze", schrieb Paulus an Timotheus (1. Timotheus 4,8). Gut, dass dieser Satz in der Bibel steht. Da können wir also den Liegestuhl stehen lassen und die Turnschuhe wegpacken. Wozu auch der ganze Stress, wenn es doch wenig nütze ist. „Moment mal" würde Paulus jetzt wohl sagen. „Das war nicht mein Gedanke. Ich wollte Timotheus doch nur klarmachen, wo der Schwerpunkt liegen soll. Es ist immer eine Sache der Prioritäten." Natürlich wollte Paulus einfach herausstellen, dass geistliches Training aus der Perspektive der Ewigkeit mehr Wert hat. Der Körper ist ja „nur" für die beschränkten acht bis zehn Jahrzehnte von Bedeutung – eben eine Behausung. Paulus sagt aber nicht, dass körperliche Übungen nichts nützten. Auf der Prioritätenliste sollten sie jedoch nach den geistlichen Disziplinen stehen.

Wie bei der geistlichen Reife, können wir Fitness nicht als Instantpackung im Supermarkt kaufen. Wir müssen sie uns mühevoll erarbeiten, denn säen und wachsen braucht seine Zeit, und so ist es auch mit der körperlichen Gesundheit. Einen Abspecksprint haben wir schnell einmal hingelegt, aber einen fitten und gesunden Körper zu entwickeln, braucht Ausdauer. Eine regelmäßige sportliche Betätigung muss eintrainiert werden und fordert einen ausgeglichenen Lebensrhythmus. Um dies zu erreichen, braucht man nicht unbedingt eine Jahreskarte im Fitnessstudio, die oft unnötig viel Geld kostet, sondern es braucht viel mehr Entschlossenheit und Ausdauer.

> Wie bei der geistlichen Reife, können wir Fitness nicht als Instantpackung im Supermarkt kaufen.

Auf was ist bei Fitness zu achten? Denken Sie dabei immer an folgende drei Bereiche:

- Machen Sie **Ausdauersport**, bei dem Ihr Herz auf Touren kommt und kräftig arbeiten muss. Dies stärkt die Herzmuskulatur. Fahren Sie Rad, gehen Sie schwimmen oder machen Sie einen Dauerlauf für mindestens 20 Minuten. Auch Walking ist eine gute Möglichkeit, vor allem schonend für die Gelenke.
- Kräftigen Sie Ihre **Muskeln**. Es ist bekannt, dass ein tägliches Krafttraining nicht nötig ist, da die Muskeln Zeit brauchen, um sich zu regenerieren und aufzubauen. Demnach genügt ein Krafttraining alle zwei bis drei Tage. Kraftsport beinhaltet Liegestützen, Klimmzüge, Bauchmuskeltraining, Übungen für die Oberschenkelmuskulatur usw.
- **Dehnübungen** sollten nicht vergessen werden, wobei diese nach dem Ausdauersport effektiver sind als davor, weil dann die Sehnen und Gelenke aufgewärmt sind und man sie besser dehnen kann.

Es gibt kein Schema, jeder muss für sich persönlich einen Weg finden, wie er diese drei Bereiche in seinen Alltag einplanen kann. Aber sie sollten eingeplant werden. Fangen Sie am besten gleich heute damit an. Tragen Sie die ersten 30 Tage „körperliches Training" in ihren Kalender ein und halten Sie sich strikt daran. Sonst könnten es nur leere Träume sein, und ihr Körper wird sich unweigerlich früher oder später einmal unliebsam melden.

Ernährung

Bei der körperlichen Führung geht es aber nicht nur um Fitness, wobei das ein sehr wichtiger Teilbereich ist. Haben Sie schon einmal einen Berufssportler gesehen, der täglich stundenlang trainiert, aber sich von Fastfood und Cola ernährt? Er würde sich damit seine ganze Karriere zerstören. Es ist eine Illusion zu glauben, unser Körper könnte gesünder sein, als die Nahrung, die wir ihm zur Verfügung stellen. Sie können ein berühmter Pastor sein, aber wenn Sie sich nur mit Mikrowellennahrung und Schnellgerichten begnügen, setzen Sie dabei nicht nur Ihre Gesundheit aufs Spiel, sondern auch Ihre Glaubwürdigkeit, wenn sie über Selbstbeherrschung predigen.

Daniel, von dem in der Bibel berichtet wird, hätte als angehender Leiter die Chance gehabt, sich an der königlichen Tafel an all den kulinarischen Delikatessen zu ergötzen. Stattdessen blieb er seinen Prinzipien treu, und mit diesen scheinbar kleinen persönlichen Erfolgen (für mich wären es große gewesen) legte er das Fundament für die weise Führung eines ganzen Staates (Daniel 1,8-16). Grund für seine Disziplin war zwar nicht die Sorge um seine Gesundheit, sondern das Einhalten von Gottes Geboten.

Auch wenn es für die meisten nichts Neues ist, will ich es hier zuallererst erwähnen: Reichlich Wasser trinken und eine ausgewogene und gesunde Ernährung mit genügend Nähr- und Ballaststoffen, wie Früchten und Gemüse sind die Grundlage für eine gute Gesundheit. Meine Krankenschwester (diejenige, die ich geheiratet habe) wird es nicht unterlassen, mich immer wieder an diese einfachen Wahrheiten zu erinnern. Wir wollen uns einmal folgende Fragen stellen: Haben gewisse Speisen und Getränke mich im Griff? Stelle ich übertriebenes Cola- und Kaffee trinken oder Schokolade essen bei mir fest? Eigentlich geht es um die Frage, wer hier der Chef ist. Mein Gaumen oder ich? Wenn sich gewisse Wünsche und Sehnsüchte in mir regen, kann ich erfolgreich reagieren: „Halt mal, nicht *du* bestimmst, was gegessen und getrunken wird, sondern *ich*. Und außerdem ist der Weg über den Gaumen nur ganz kurz." Solche Selbstgespräche können durchaus hilfreich sein. Die Bedürfnisse un-

> Die Bedürfnisse unseres Körpers sollten nie unser Denken beeinflussen und es beherrschen.

seres Körpers sollten nie unser Denken beeinflussen und es beherrschen. Und um etwas sollten wir uns bemühen: kleine Siege in den Tag einbauen. Diese sind Motivationsgrundsteine für größere Siege, die wir erringen müssen. Dabei geht es aber nicht um Askese, sondern darum, mich darin zu üben, mit meinem Körper vernünftig umzugehen.

Alkohol ist immer noch Volksdroge Nummer eins in dieser Welt. Missbrauch von Alkohol ist oft verbunden mit Depressionen, zerstörten Beziehungen in der Familie, körperlichem Missbrauch von Ehefrau oder Kindern, Unfällen, dem Verlust der Arbeitsstelle und mangelnder Gesundheit. Behinderungen und Missbildungen entstehen, wenn werdende Mütter während der Schwangerschaft übermäßig Alkohol trinken. Als ehemaliger Sanitäter wurde ich mit viel Leid konfrontiert in Verbindung mit zu viel Alkoholgenuss. Wer Probleme damit hat, sollte in Erwägung ziehen, ein schriftliches Versprechen zu unterschreiben, um von da an abstinent zu leben.

Zu viel Essen ist oft ein Zeichen von mangelnder Selbstbeherrschung oder wenig Ahnung über gesunde Ernährung. Erschreckende Erkenntnisse haben ergeben, dass 53 Prozent der Frauen und 67 Prozent der Männer in Deutschland zu gewichtig sind, so eine Studie des Robert-Koch-Instituts.[28] Viele Kinder haben heutzutage zu viele Kilos, weil sie sich ungenügend bewegen. Übergewichtige Menschen sind viel anfälliger für gesundheitliche Probleme wie Herzkrankheiten, Bluthochdruck, Diabetes, Gelenkprobleme und die Aussicht auf ein verkürztes Leben. Howard Henricks macht die Feststellung: „Wenn ich zu Ihrer christlichen Gruppe zum Sprechen eingeladen wäre und etwas angetrunken kommen würde, dann würden sie mich unverzüglich

---

[28] Die Themen des Tages, Deutsche Welle, 28.06.2012

rauswerfen. Wenn ich aber 30 Kilo Übergewicht hätte, würden Sie mir vielleicht noch mehr zu essen geben, nicht wahr?"[29]

Aber auch hier gilt es, das richtige Maß zu finden zwischen Vernachlässigung und Überbetonung unserer körperlichen Gesundheit. In Matthäus 15,11 sagt Jesus unmissverständlich: „*Ihr werdet nicht durch das unrein, was ihr esst; ihr werdet unrein durch das, was ihr sagt und tut.*" Er setzte damit einen Gegenpol zu den Speisevorschriften der Pharisäer. Es gibt zwar Speisen, die unserem Körper schaden, und wir wollen ihn als den Tempel des Heiligen Geistes solchen Dingen nicht aussetzen, aber unser Seelenheil riskieren wir durch ungesundes Essen nicht, eher durch eine Vergötterung unseres Körpers oder eben durch das, was in unserem Herzen ist und zum Mund herauskommt. Wie in vielem gilt auch hier ein gesundes Maß.

Viele sind mager- oder brechsüchtig. Ihr vermeintlicher „Sieg", d.h. die totale Kontrolle die sie über ihren Körper und seine Bedürfnisse ausüben, macht sie derart stolz, das sie nicht mehr davon wegkommen. Sie hungern sich buchstäblich zu Tode. Oder sie entziehen ihrem Körper immer wieder durch Erbrechen die dringend benötigte Nahrung.

Ruhe

Gott hat Rhythmen in den Tag gelegt und es zeugt von einem gesunden Menschenverstand, sie zu beachten. Jesus redet davon, dass der Tag zwölf Stunden habe (Johannes 11,9). Und der normale Tagesrhythmus verlangt, dass wir nachts ruhen. Wer dies missachtet, ist ein getriebener Mensch. Wir müssen den Mut haben, am Ende des Tages und nach getaner Arbeit, auch einmal etwas gehen zu lassen und den Feierabend zu genießen.

---

[29] Henrick, Howard, *Teaching to Change Lives – Seven Proven Ways to Make Your Teaching Come Alive*, Multnomah Books, Colorado Springs, 1987, S. 31

Es gibt immer noch mehr zu tun, man würde nie einen Schlusspunkt finden, wenn man ihn nicht bewusst setzt.

Unsere Schlafgewohnheiten sollten von einer Regelmäßigkeit geprägt sein, weil unser Körper genug Schlaf braucht. Jemand, der jeden Tag zur gleichen Zeit aufsteht und abends rechtzeitig ins Bett geht, braucht weniger Schlaf als jemand, der jeden Tag zu einer anderen Zeit schlafen geht. Auch ein kurzer Mittagschlaf tut gut, um den Nachmittag wieder fit angehen zu können. Untersuchungen haben ergeben, dass der Mittagschlaf sogar das Bedürfnis nach Nachtschlaf um einiges reduziert. Dies kann natürlich je nach Berufsalltag unterschiedlich aussehen und ist manchmal auch gar nicht möglich. Wer genügend schläft, ist am nächsten Tag produktiver, kann sich besser konzentrieren und ist emotionell ausgeglichener.

Auf der anderen Seite genieße ich es, ab und zu in den frühen Morgenstunden aufzustehen und in der Stille zu studieren, zu reflektieren und zu schreiben. Da bin ich völlig ungestört. Allerdings treten Negativfolgen auf, wenn das zu oft vorkommt. Was den Schlafrhythmus angeht, macht es wenig Sinn, sich mit anderen zu vergleichen. Wir sind so unterschiedlich, und jeder steht vor Gott und muss einmal Rechenschaft ablegen, wie er sein Leben geführt hat.

Auch die Sonntagsruhe ist eine wertvolle Einrichtung unseres Schöpfers und man tut gut daran, sie einzuhalten, denn der Schöpfer weiß am besten, was seinen Geschöpfen gut tut. Deshalb gönnt er uns diese Ruhe und möchte uns dadurch dienen.

Arbeit

Gelegentlich flattern Spam E-Mails in mein Postfach herein mit Werbung, wie man mit wenig Arbeit viel Geld verdienen kann.

Ich kann mir nicht vorstellen, dass auf diese Weise verdientes Geld die Menschen wirklich befriedigen kann. Eine der sieben Todsünden, die Mahatma Gandhi erwähnt, ist: Reichtum ohne Arbeit.[30] Dies wurde uns von einem Schweizer Konsul bestätigt, der schon in etlichen Drittweltländern gearbeitet hat. Wenn Sie ein Volk zerstören wollen, dann geben Sie dem Volk Geldzuteilungen, ohne dass es dafür arbeiten muss. Der Konsul erlebte dies mehrfach.

Es beschäftigt mich, dass Marketing-Netzwerke und pyramidenförmige Organisationen Menschen anlocken, um eine Struktur unter ihnen aufzubauen mit dem Ziel, mit möglichst wenig Aufwand möglichst viel Geld zu verdienen. „Du kannst mit wenig Arbeit reich werden", sagen sie. „Klar musst du am Anfang viel arbeiten, aber bald hast du Reichtum, ohne zu arbeiten." Und so werden neue soziale Regeln herangezüchtet, die mit den natürlichen Grundwerten von Säen und Ernten, Fleiß und Ertrag nicht mehr viel zu tun haben, und es entsteht mit der Zeit ein verschobenes Urteilsvermögen.

Das Prinzip der Arbeit ist schon in der Schöpfung verankert – sogar schon vor dem Sündenfall: der Mensch soll Erfüllung finden in der Arbeit (1. Mose 1,26 und 2,19-20). Auch die Arbeit ist ein Teil der körperlichen Selbststeuerung. Unser Körper wird durch Arbeit auch trainiert. Früher ging man in die Fabrik, um Geld zu verdienen und hatte als Nebeneffekt seine körperliche Tätigkeit. Heute nimmt man sein hart verdientes Geld und trägt es in die „Fabrik", um sich in den Fitnessstudios körperlich zu betätigen, weil man sonst zu wenig Bewegung bekommt. Ich finde diejenigen klug, die sich Tätigkeiten suchen, die das eine mit dem anderen verbinden. Arbeit ist ein wichtiger Teil des Lebens. Zur persönlichen Lebensführung gehört, dass wir mit unserem Körper Gott dienen und ihn ehren, indem wir für unseren

---

[30] Covey, Stephen R., *Principle Centre Leadership*, Fireside, New York, 1992, 87

eigenen Lebensunterhalt arbeiten und dem Bedürftigen helfen (Epheser 4,28).Wer sich als Ausgleich zu seiner Bürotätigkeit körperlich betätigen will, sollte dies nicht zu weit suchen. Vielleicht braucht der ältere Nachbar Hilfe beim Holz hacken oder die neu zugezogene Familie einen Dorfrundgang. Sie schätzen es sicher auch, wenn man ihnen beim Möbeltragen hilft. Oder das Gemeindehaus wird renoviert und es werden freiwillige Helfer gesucht. Für solche Fitness bezahlt man nichts, sondern bekommt sogar noch eine Einzahlung auf der Himmelsbank.

Selbstbeherrschung

Das letzte Merkmal der Frucht des Heiligen Geistes ist Keuschheit. So ein altmodisches Wort und doch so aktuell, drückt es genau das Wesen der Selbststeuerung aus. Andere übersetzen Keuschheit mit Enthaltsamkeit, Selbstkontrolle und Mäßigung. Es könnte gut sein, dass diese Mäßigung vor allem auf Essen und Trinken abzielt, sie greift aber auch in viele andere Lebensbereiche ein. Wahre Zufriedenheit wächst aus einem gesunden Maß.

> Wahre Zufriedenheit wächst aus einem gesunden Maß.

Ein gutes Prinzip ist, wenn unsere Kleidung nicht ein Spiegelbild jeglicher Modetrends ist. Geistlich reife Menschen enthalten sich von sexuell aufreizender Kleidung. Sie kleiden sich in jeglicher Hinsicht maßvoll – also weder protzig noch schäbig, weder topmodern noch altmodisch (1. Petrus 3,3). Wenn wir eine blühende Frühlingswiese betrachten, ist es für uns offensichtlich, dass Gott Schönheit liebt (Matthäus 6,29-30). Diese Schönheit darf auch durch seine Kinder zum Ausdruck kommen. Die Schöpfungsordnung dient ihnen als Richtschnur, deshalb zeigen sie sichtbar, dass sie ihr Geschlecht bewusst annehmen. Dies erscheint mir als ein wichtiges Signal gegen das Gendermainstreaming: die übertriebenen Maßnahmen zur Gleichstellung von Mann und Frau zu einer Geschlechtsneutralität. Man kann nicht glauben, wie diese Ideologie auf breiter Front unterstützt wurde. Es ist totaler Unfug, ein menschliches Gedankengebäude, mit allen Mitteln in unserer Gesellschaft populär gemacht.

Wenn man über Keuschheit redet, darf das Thema der sexuellen Selbstbeherrschung nicht fehlen. In keinem anderen Bereich kommen sich zwei Menschen so nahe wie in der Sexualität. Es geht ja nicht nur um körperliche Nähe, sondern um ein Verschmelzen von Geist, Seele und Leib. Die Sexualität ist die stärkste Kraft, hat aber auch das größte Potenzial, um andere zu verletzen. Wie viel Missbrauch wird durch diese Kraft betrieben. Nicht umsonst werden wir angehalten, unseren Leib in diesem Bereich in „Heiligkeit und Ehrbarkeit" zu führen (1. Thessalonicher 4,4), was überhaupt nicht einfach ist in unserer sexualisierten Welt. Vor allem die Medien fordern uns stark heraus. Sex außerhalb der Ehe sowie homosexuelle Praktiken sind laut der Bibel Sünde und somit keine Option für ein Zusammenleben für einen Christen. Wie es für einen heterosexuell empfindenden Menschen gilt, seine Gefühle zu zügeln und ohne Hurerei, Ehebruch und im schlimmsten Fall Vergewaltigung zu leben, so gibt es auch für Menschen, mit speziellen sexuellen Neigungen klare Grenzen, die nicht überschritten werden dürfen, zum Schutz anderer Menschen. Sie dürfen ihre Bedürfnisse nicht einfach unkontrolliert ausleben.

Es geht bei diesem Gebiet darum, unsere Gedanken nach Gottes Gedanken auszurichten. Denn aus unseren Gedanken entstehen die Gefühle und Empfindungen, und wenn wir nicht Acht geben, entstehen daraus falsche Handlungen. Wir sind zwar nicht unbedingt verantwortlich für unsere Empfindungen und Neigungen, wir sind aber sehr wohl verantwortlich für die Ent-

> Wir sind zwar nicht unbedingt verantwortlich für unsere Empfindungen und Neigungen, wir sind aber sehr wohl verantwortlich für die Entscheidung, wie wir mit diesen Gefühlen umgehen.

scheidung, wie wir mit diesen Gefühlen umgehen. Enthaltsamkeit spielt dabei eine bedeutende Rolle.

Die Bibel gibt Sünden des Ehebruchs ein besonderes Augenmerk und ermutigt uns, sie zu fliehen (1. Korinther 6,18). Bei Simson ist es interessant zu beachten, wie das äußere Sehvermögen in Relation stand zur inneren Sicht, seiner Vision. Er hatte die Vision bekommen, sein Volk von den Philistern zu befreien. Aber er verliebte sich mehrmals in schöne Frauen, die zu seinen Feinden gehörten, die er also eigentlich bekämpfen sollte. Leider wehrte er diesen Gefühlen nicht, sondern ließ ihnen freien Lauf. Diese Frauen schafften es schließlich, ihm seine Vision zu nehmen bis er Gefangener seiner Feinde wurde, die ihn seines Augenlichts – also seiner leiblichen Sehfähigkeit – beraubten. Mit Vision konnte er die Philister bezwingen. Als er jedoch seine Vision verlor, wurde er von seinen Trieben beherrscht. Interessanterweise wurde seine Vision, sein inneres Auge, durch die Augenlust verdunkelt, bis es Gott soweit kommen ließ, dass er sein Augenlicht verlor. Erst als er ganz unten war, wuchs seine innere Sicht, die göttliche Vision, wieder. *„Gib mir nochmals eine Chance"*, betete er. Trotz seiner Blindheit hatte er eine innere Sicht, und an seinem letzten Tag fuhr er seinen größten Sieg ein. Er bekam seine Vision wieder (Richter 16).

Um Mäßigung im sexuellen Bereich zu wahren, können folgende Ratschläge weiterhelfen:

- **Leben Sie rein.** Sind Sie (noch) nicht verheiratet? Tragen Sie Sorge zu Ihrer Reinheit. Lassen Sie keine Gedanken und erste recht keine Handlungen zu, die Sie in Ihrem späteren (Ehe-)Leben belasten könnten. Die Bibel beschreibt mit schönen Worten das Geschenk der Frau der Jugend (Sprüche 5,18). Wenn wir die aufbrechenden sexuellen Gefühle für die Ehe aufbewahren können, wird uns dies die Ehe zusammenhalten wie wohl nichts anderes. Wo

wir aber unsere „Schmetterlinge" freigiebig verstreut haben, braucht es uns nicht zu wundern, dass es auch in der Ehe ein riesiger Kampf werden wird, dem Ehepartner treu zu bleiben.
- **Lernen Sie zu warten.** Sie haben eine Freundschaft begonnen, sind vielleicht schon verlobt und der Hochzeitstag ist geplant? Genießen Sie die Vorfreude, aber belassen Sie es auch dabei und nehmen Sie nichts vorweg, was für die Ehe bestimmt ist. Nehmen Sie sich Zeit, ihren Partner auf allen Ebenen kennenzulernen, aber behalten Sie sich den körperlich-sexuellen Bereich für die Ehe vor.
- **Stärken Sie Ihre Ehe.** Denken Sie immer wieder an die ersten wunderschönen Momente zurück, als die Liebe in Ihnen erwacht ist. Tun Sie das besonders, wenn negative Gedanken auftauchen. Stellen Sie sich Ihre Ehe als einen Garten vor, der gepflegt werden muss. Wie oft sehen wir auf unseren verdorrten Garten (vielleicht haben wir nur das Gefühl, er sei es) und liebäugeln mit dem saftigen Grün des Nachbargartens, anstatt unseren eigenen Garten zu begießen. Denken Sie immer wieder an Ihr Eheversprechen. Das war hoffentlich von Anfang an nicht nur eine Entscheidung der Gefühle, sondern des Willens. Entscheiden Sie sich heute, eine „Einzahlung" auf ihr Ehekonto zu machen in Form von Taten und Worten. Ohne Einzahlung können Sie auch nicht „abheben". Denken Sie bloß nicht, mit einem anderen Partner wäre es besser. Das ist eine gemeine Lüge des Feindes. Das Wort „Scheidung" sollte nie in den Mund genommen werden.
- **Erkennen Sie, dass Mann und Frau verschiedenartig sind.** Bei der sexuellen Verschiedenartigkeit trifft im Allgemeinen das Bild des Strohfeuers auf den Mann, das des Bügeleisens hingegen auf die Frau zu. Der Mann ist auf

> Stellen Sie sich Ihre Ehe als einen Garten vor, der gepflegt werden muss.

einen sexuellen Reiz hin sofort „Feuer und Flamme", aber auch genauso schnell wieder abgekühlt. Die Frau braucht eine Aufwärmzeit und auch eine Abkühlphase. Das Ziel darf sein, die Bedürfnisse des anderen zu entdecken und zu stillen zu suchen. Sprechen Sie negative Gedanken bitte nicht aus! Wenn Sie die Tür des Ehebruchs nur ein Spältchen öffnen, werden Sie den Folgen beinahe nicht mehr Herr.

> Das Ziel darf sein, die Bedürfnisse des anderen zu entdecken und zu stillen zu suchen.

- **Besorgen Sie sich Scheuklappen für Ihre Augen und Gedanken.** Üben Sie sich im Wegschauen. Wer nicht ein zweites Mal hingeschaut hat, darf gerne seine persönlichen Siege feiern. Fallen Sie nicht in die trügerische Pornofalle. Es sollte uns immer wieder bewusst werden, dass es sich hier um eine destruktive und krankhafte Sexualität handelt, und dass es den Produzenten nur ums Geld geht. Seien Sie aktiv und „reißen Sie das Auge raus", wenn Sie damit Mühe haben (Matthäus 18,9). Ein installierter Filter auf Ihren Internetgeräten kann für den Anfang helfen. Noch besser: Pflegen Sie rechenschaftspflichtige Beziehungen mit anderen reifen Christen. Machen Sie bewusste Abmachungen ab mit Ihren Augen wie Hiob es tat (Hiob 31,1).

Selbstkontrolle ist im Grunde genommen Gedankenkontrolle. Lassen Sie nicht zu, dass Ihre Gedanken irgendwelchen Hirngespinsten nachlaufen und Sie in einer Traumwelt leben. Stehen Sie morgens auf, sobald Sie aufwachen und lenken Sie Ihre Gedanken auf die Realität, auf Reines und Positives (Philipper 4,8).

Ehepaare sollen sich einander nicht vorenthalten, aber gelegentliche Perioden freiwilliger Enthaltsamkeit helfen uns, unseren Partner als ganze Person zu sehen, denn die Sexualität ist lediglich ein Teilaspekt. Dallas Willard stellt fest: „Im Gegensatz zur heute allgemein vorherrschenden Auffassung, ist es für eine partnerschaftliche Beziehung sehr schädlich, wenn die sexuelle Befriedigung zu sehr im Mittelpunkt steht." [31] Paulus erwähnt als möglichen Grund für die Enthaltsamkeit zum Beispiel, sie als eine Art Fasten zu sehen, um mehr Zeit im Gebet zu verbringen.

Sexualität ist von Gott für den Rahmen der Ehe gedacht. Wir Christen sollten daher eigentlich Experten in dieser Disziplin sein. Daher ist es eine Tragik, wenn die Sexualität in der Ehe nicht gelebt wird. Prickelnd und reizend, liebend und schenkend – das soll sie sein. Unsere Medien zeigen das Bild der lüsternen, unersättlichen, aufreizenden Frau außerhalb der Ehe. Was haben wir diesem Bild entgegenzusetzen?

---

[31] Willard, Dallas, *Das Geheimnis geistlichen Wachstums*, Gerth Medien, Asslar, 2002, S. 204

Tiefer wurzeln

1. Wenn Sie übergewichtig sind, dann suchen Sie Hilfe, auch wenn es Sie etwas kostet. Entscheiden Sie sich heute ___ kg bis ___ abzunehmen. Und starten Sie heute! Definieren Sie auch eine Untergrenze und seien Sie vorsichtig, dass Sie nicht in Magersucht abgleiten. Sind Sie von Magersucht betroffen, so suchen Sie dringend Hilfe.

2. Versuchen Sie einmal für einen Monat, auf diese Genussmittel zu verzichten: Schokolade, Kaffee, Eis, Kuchen, Cola. Welche Erfahrungen machen Sie dabei?

3. Machen Sie einen Plan, um regelmäßig Sport zu treiben. Fangen Sie heute an – wenigstens mit dem Plan. Denken Sie dabei an die drei Bereiche: Ausdauer, Kraft, Dehnung.

4. Ruhen heißt nicht unbedingt nichts tun. Wie füllen Sie Ihre Ruhezeiten sinnvoll aus, damit Ihre Seele wieder auftanken kann?

5. Wie sieht das Maßhalten in Ihrer Sexualität konkret aus?

Sein Denken führen – die mentale Dimension

Wenn ich in Papua-Neuguinea unterwegs bin, treffe ich fast immer einen oder mehrere meiner ehemaligen Bibelschüler. Sie sind im ganzen Land verstreut tätig. Dabei ist es ermutigend zu sehen, dass es solche gibt, die Gebrauch machen vom Gelernten und hungrig danach sind, mehr zu lernen. Ich höre sie predigen und erkenne Teile meines Unterrichts wieder. Oder sie fragen nach Fernkursen, um sich weiterzubilden. Ich treffe sie an beim Lesen eines guten Buches oder beim Stöbern in einem christlichen Bücherladen. Dann gibt es aber auch solche, die ihre Schulbücher irgendwo in eine Kiste verpackt haben und sie verstauben lassen. Trifft man sie an einem abgelegenen Ort und fragt sie nach einem Schulbuch, erklären sie, dass sie ihre Bücher zuhause eingelagert und nicht mit zum Einsatzort genommen haben. Wie schade! Sie glauben dem Trugschluss, dass sie bis zur Rente einfach von dem in drei Jahren an der Bibelschule erworbenen Wissen zehren können und merken dabei nicht, dass sie nicht nur stehenbleiben, sondern sogar rückwärts treiben.

Menschen, die uns positiv prägen, sind Menschen, die aus ihren Erfahrungen ständig am Lernen sind. Sie lesen, suchen nach Antworten, forschen, besuchen Kurse und machen Weiterbildungen. Sie stellen intelligente Fragen und hören anderen aufmerksam zu. Vielleicht machen sie nicht gerade alles auf einmal, aber sie bleiben ständig in Bewegung, zumindest mental. Lernen wird für sie zu einer Gewohnheit. Sie sind, wie man heute so schön sagt, lebenslang Lernende. Sie zeigen damit, dass sie mental am Wachsen sind.

> Menschen, die uns positiv prägen, sind Menschen, die aus ihren Erfahrungen ständig am Lernen sind.

Auch ausgewachsene Bäume wachsen jeden Tag. Sie halten sich ständig frisch, indem sie je nach Jahreszeit neue Blätter produzieren, die Rinde verdicken, Blüten und Früchte wachsen lassen und die Wurzeln vertiefen. Selbst während dem „Winterschlaf", wenn sie wie tot aussehen, bilden sie neue Wurzeln.

Schüler zu sein ist also eine Bereicherung, mit Lernen aufzuhören hingegen macht ärmer. Wir kennen alle das schöne Gefühl, die Abschlussprüfungen der Schule, der Ausbildung oder des Studiums hinter uns zu haben und schließlich erleichtert auszurufen: „Endlich geschafft! Nun muss ich nie mehr büffeln." Viele machen diese Aussage leider auch wahr, indem sie mit Lernen nichts mehr zu tun haben wollen und mental abschalten.

Lebenslanges Lernen

Mit dem fortschreitenden Leben wächst normalerweise auch die Verantwortung – sei es im Betrieb, in der Familie oder in der Gemeinde. Das Leben wird immer herausfordernder. Umso wichtiger ist gerade dann das mentale Wachstum. Beim lebenslangen Lernen geht es nicht so sehr um Schulwissen, sondern um Lebensweisheiten und Zusammenhänge. Wer ist Gott? Wer bin ich? Wie kann ich in Beziehungen wachsen? Und wie kann ich der Menschheit dienen? Natürlich haben da auch technische Dinge Platz. Eine Weiterbildung kann, je nach Interessensgebiet, sogar zum Ausgleich dienen oder zum Hobby werden. Aber der Schlüssel, nachhaltig unser Umfeld positiv prägen zu können, wird stark davon abhängen, wie bereit wir sind, das Gelernte nicht nur als Wissen anzusammeln und zu speichern, sondern es anzuwenden und dadurch zu wachsen. Dazu braucht es auch die Bereitschaft, neue Ideen zu erfassen und bessere Wege zu suchen, um Gottes Auftrag zu erfüllen. Oftmals ist es nämlich so, dass man erst vorwärtskommt, nachdem man eine Lektion gelernt hat. Solange sie nicht gelernt ist, kommt derselbe „Test" immer wieder. Deshalb ist es wichtig, für die Lehre von Jesus offen zu sein sie zu befolgen, denn so werden wir dann auch tiefere Erkenntnis von ihm bekommen (Markus 4,25).

Unser Verstand ist wie ein Muskel, der trainiert werden muss, sonst macht er schlapp. „Lesen ist für den Verstand was Sport für den Körper ist", behauptet Joseph Addison.[32] Gehirnforscher bestätigen dies schon lange. Nervenbahnen im Gehirn (wir habe ca. 100 Billionen davon), über die elektrische Signale laufen, werden dicker, wenn sie beansprucht werden. Sie verkümmern hingegen und sterben ab, wenn sie nicht genutzt werden. Als ich ein Junge war, sind bei mir leider zu viele Verknüpfungen abgestorben, weil ich sie nicht nutzte. Es wäre damals für mich eine Strafe gewesen, wenn man mich mit einem (guten!) Buch ins Zimmer geschickt hätte. Lesen, dachte ich, war nur gut für Mädchen. Ich bereue es heute noch, dass ich damals so einfältig war. Erst in den späten Jugendjahren erwachte bei mir das Interesse fürs Lesen, als ich anfing, Karl May zu lesen. Da las ich dann plötzlich so viel, als ob ich alles nachholen müsste. Später, vor der Bibelschule, verschlang ich stapelweise theologische Bücher, um meinen Wissensdurst zu stillen. Dies ist ein Schatz aus meiner Jugendzeit, der mir ein gutes Fundament gelegt hat, auf den ich heute aufbauen kann.

> Unser Verstand ist wie ein Muskel, der trainiert werden muss, sonst macht er schlapp.

Laut Forschungen verdoppelt sich gegenwärtig die allgemeine Information alle vier Jahre, im Vergleich zu einer Verdopplungsspanne von 25 Jahren ungefähr Anfang zwanzigstes Jahrhundert. Wir dürfen es uns deshalb nicht leisten, unwissend zu sein über das, was um uns geschieht. Der Prophet Hosea musste leider zugeben, dass sein Volk aus Mangel an Erkenntnis am Sterben war (Hosea 4,6). Es gibt Menschen die auch im fort-

---

[32] Addison, Joseph, https://www.aphorismen.de/zitat/56492 (eingelesen am 20.08.2016)

geschrittenen Alter noch allerhand Neues lesen und somit ihren Verstand schärfen. Dadurch bleiben sie mental jung. Wenn wir hingegen unseren Geist nicht mehr mit Nahrung versorgen, werden wir alt, egal wie jung wir auch sein mögen. Gehen Sie mit der Einstellung durchs Leben, dass es immer noch etwas Neues zu Lernen gibt, und Sie werden immer etwas finden.

Werden Sie nie Absolvent von der Schule des Lebens

Menschen, die in der Welt etwas bewegen, sind engagierte Lerner. Ben Carson, der berühmte afroamerikanische Neurochirurg, legt großen Wert auf das Lernen aus Büchern. „Aktives Lernen durch Lesen", sagt er, „ist viel besser als Vorlesungen und Fernsehen."[33] Der Fernseher beeinflusst unser Denken mehr als wir denken und zugeben, deshalb haben wir uns als Familie dazu entschieden, keinen zu haben. Das kritische, logische und analytische Denken über wichtige Belange des Lebens geht uns in unserer postmodernen Zeit verloren. Viele Schulabgänger haben durch die Beeinflussung der neuen Medien Mühe, vernünftige Lösungen auf Probleme des Lebens zu finden. Die allgegenwärtigen, und zum Teil süchtigmachenden sozialen Netzwerke und Internet-Blogs, sorgen für endlose, manchmal sinnlose Unterhaltung. Unser Verstand muss erneut geschult werden, damit wir richtig denken. Gott hat unseren Verstand geschaffen, damit wir ihn zu seiner Ehre gebrauchen. Denken wir doch kurz an Matthäus 22,37. Wir sollen Gott mit *unserem ganzen Verstand* lieben.

Ist es uns bewusst, dass wir eigentlich nur 10% der Kapazität unseres Gehirnes nutzen? Es scheint, dass noch Raum zum Wachstum da ist. Deshalb sollten wir dem Bereich der mentalen Selbst-

---

[33] Übersetzt aus: http://www.young-adult-books.com/read/Gifted-Hands-The-Ben-Carson-Story-7402/784060 (eingelesen am 20.08.2016)

leitung genügend Aufmerksamkeit widmen und uns in dieser Disziplin üben. Dabei lernen wir, unser Leben richtig zu führen, damit wir in dieser Welt einen Unterschied machen können. Die Versuchung ist groß, sich einfach zurückzulehnen und so zu denken wie alle anderen. Wir müssen gewährleisten, dass wir uns nicht nur an die Meinungen anderer anlehnen, wenn wir gefragt werden, sondern einen sorgfältig erarbeiteten Standpunkt weitergeben, der unserer eigenen Überzeugung entspringt. Dazu braucht es einen geübten Verstand, so wie ihn die Leute in Beröa hatten (Apostelgeschichte 17,11). Plutarch, ein griechischer Schriftsteller meint: „Der Geist ist nicht ein Gefäß, das gefüllt, sondern ein Feuer, das entfacht werden will."[34] Die Zeit, die wir investieren, um unseren Verstand zu schärfen, wird garantiert nicht verloren sein. Im Gegenteil, viele Aufgaben werden dadurch letztendlich einfacher und effektiver ausführbar.

Wissen mit Weisheit verbinden

Die Bibel sagt sehr viel über unseren Verstand. Besonders das Buch der Sprüche redet über die praktische Anwendung von Wissen und Weisheit in allen möglichen Bereichen des Lebens. Salomo ermutigt uns, weise zu sein, aufmerksam zuzuhören und dazuzulernen (Sprüche 1,5). Er empfiehlt uns: *„Lerne, weise zu sein, und schule deinen Verstand"* (Sprüche 4,5). Menschen, die für neue Erkenntnisse stets offen sind, ja sogar danach suchen, sind in seinen Augen kluge Menschen (Sprüche 18,15). Aber großes Allgemeinwissen wird erst dann wirklich brauchbar, wenn es mit Weisheit kombiniert wird. Die Weisheit befähigt uns, das Wissen und die Kenntnis passend und effektiv anzuwenden, damit wir kluge

> Die Weisheit befähigt uns, das Wissen und die Kenntnis passend und effektiv anzuwenden, damit wir kluge Entscheidungen treffen können.

---

[34] Plutarch, http://www.uschihedwig.de/zitat-geist-menschen/ (eingelesen am 20.08.2016)

Entscheidungen treffen können. Wir können die höchsten akademischen Grade erlangen und trotzdem äußerst töricht sein. Nelson Mandela sagte: „Ein guter Kopf und ein gutes Herz sind immer eine außerordentlich starke Kombination."[35]

Der Ursprung aller Weisheit ist Gott, und ihn dürfen wir ungeniert um Weisheit bitten (Jakobus 1,5). Echte Weisheit ist nämlich oft entgegengesetzt zur weltlichen Erkenntnis (1. Korinther 1,18). Christus und das Kreuz sind die Kraft und die Weisheit von Gott, weil sie uns den Weg zum Leben ermöglichen.

Jesus wuchs in seinem Verstand

Stellen Sie sich vor: Selbst Jesus Christus, der Sohn Gottes, brauchte als junger Mann Wachstum an Weisheit (Lukas 2,52). Er war ein eifriger Lerner, sodass die Menschen erstaunt waren über sein Verständnis, das er schon in jungen Jahren an den Tag legte (Lukas 2,47). Während er 30 Jahre bei seinen Eltern in Nazareth blieb, arbeitete er unter dem wachsamen Auge seines Stiefvaters Joseph und lernte wertvolle Lebenslektionen, vor allem auch dahingehend, dass er sich übte, die Anweisungen der Eltern zu befolgen (Hebräer 5,8).

Auch der Apostel Paulus ist als Denker bekannt. Sogar im Gefängnis, kurz vor seiner Hinrichtung, will er seinen Verstand nicht müßig lassen. Er schreibt an seinen jungen Mitarbeiter Timotheus, dass er ihm seine Bücher und die Pergamente mitbringen soll (2. Timotheus 4,13), damit er weiterhin lesen, lernen und schreiben kann. Er hätte eigentlich genügend Ausreden gehabt, es nicht zu tun.

---

[35] Mandela, Nelson, http://www.nelson-mandela-realschule.de/index.php?id=198 (eingelesen am 20.08.2016)

Gott mit unserem Verstand verherrlichen

Da der Glaube ein Vertrauen auf Gott ist (Hebräer 11,1), brauchen wir unseren Verstand. Durch diesen erkennen wir, wer Gott ist. Und durch sein Wort und durch Lebenswege (vor allem Leidenswege) lernen wir ihn immer besser kennen. Es scheint, dass Paulus einen sehr klaren Verstand hatte. Er stand ohne Scheu vor Festus, einem hohen Amtsträger, und bezeugte: *„Was ich sage, ist wahr und vernünftig"* (Apostelgeschichte 26,25). Seine Argumentation und seine Lehre waren überzeugend.

Aber selbst wenn wir uns in der Bibel bestens auskennen, z.B. über das richtige Verständnis von Sünde und Wiedergeburt, die Argumente für und gegen Prädestination und freie Wahl, die beste Auslegung, was Scheidung und Wiederheirat angeht Bescheid wissen, ist dies alles leere Theorie, wenn wir sie nicht in die Praxis umsetzen. Diese Themen sind alle ganz bestimmt wichtig und haben ihren Platz, aber wenn wir nur unser Denken damit füllen und sie nicht anwenden, sind wir letztendlich wie Kaulquappen, halbfertige Frösche, mit einem großen Kopf und einem kleinen Schwanz – unfähig etwas Entscheidendes zu bewegen. Unser Verstand ist aufgeblasen, aber unser Herz ist verkümmert. In diesem Fall ist die Theologie nicht zur Diakonie geworden. Uns sind die verlorenen Schafe egal, Hauptsache wir haben die Theorie begriffen und fühlen uns in unserem christlichen Milieu wohl. Wir brauchen erneut ein christliches Herz, einen christlichen Verstand, ein christliches Gewissen, und christliche Aktion durchdrungen mit dem Gefühl der Annahme und Liebe. Beten wir darum und lassen sie uns von Gott, dem Schöpfer schenken.

Wie kann sich unser christliches Denken entwickeln? Zum einen durch sorgfältiges Bibelstudium und zum anderen, wie John Stott sagt, durch doppeltes Zuhören. Wir hören auf Gottes

Wort, und wir hören auf die Stimmen der modernen Welt. Natürlich hören wir auf Gottes Wort mit großem Respekt und um es zu befolgen. Der Welt hören wir zu, nicht um ihr zu folgen, sondern um sie zu verstehen, damit wir ihr mit dem Wort dienen können.

> Gott hat uns als rationale Geschöpfe geschaffen, und wir ehren ihn, wenn wir intensiv und vernünftig denken.

Gott hat uns als rationale Geschöpfe geschaffen, und wir ehren ihn, wenn wir intensiv und vernünftig denken. Wir entwickeln unseren christliches Denken jedoch nicht nur, indem wir lauter christliche Bücher lesen oder uns über christliche und religiöse Themen unterhalten, uns nur mit Kathedralen und Gemeinden beschäftigen, sondern auch indem wir uns zusätzlich mit „weltlichen" Themen auseinandersetzen, um das Weltgeschehen zu verstehen und im Kontext der Bibel zu beurteilen.

Unser Denken, ein umkämpfter Bereich

Satan weiß, wenn er Zugang findet zu unseren Gedanken, dann hat er uns ziemlich unter Kontrolle. Denn diese Gedanken werden dann zu Festungen. Das dürfen wir nicht zulassen. Deshalb spornt uns Paulus an, solche Gedanken „gefangen" zu nehmen, sie einzunehmen und zu überwältigen (2. Korinther 10,5). Befestigungen entstehen, wenn wir immer wieder das Gleiche denken. Der Gehirnforscher, Manfred Spitzer, nennt sie „Trampelpfade" des Gehirns. Es ist deshalb gar nicht so einfach, eine festgetretene Meinung umzupolen. Um erfolgreich umzudenken, ist zuallererst eine bewusste Entscheidung erforderlich, dass man den alten Weg verlassen will, gefolgt vom Anlegen neuer Trampelpfade entlang der neu gewonnenen Erkenntnisse. Ich schule meine Gedanken, indem ich bewusst christlich denke, immer wieder die Wahrheiten der Schrift „aufsage", sie verinnerliche, sie wiederhole und anwende. So entstehen neue „Trampelpfade", die entscheidend sind, damit ich täglich reife Entscheidungen treffen kann. Wir sollen uns nicht auf eine christliche Insel zurückziehen, sondern wir müssen lernen, wie man mitten in dieser Welt christlich denkt. Dies erfordert, dass wir der Schrift recht geben. Als Jugendlicher übte ich mich in dieser Disziplin – angespornt durch Predigten, aber auch Bücher von Watchmann Nee – so zu denken, wie es uns die Apostel lehren. „Ich bin mit Christus gestorben und begraben. Mein altes Ich, das alte System ist vergangen. Nun bin ich mit Christus auferstanden und lebe nach neuen Prinzipien" (Römer 6). Dies ist ein neues Denkmuster, das gelernt werden muss, das aber letztendlich immense Auswirkungen auf unser Verhalten hat.

Wir sollen die gleichen Gedanken haben wie Jesus (Philipper 2,5). Weiter sollen wir bemüht sein um ein klares, nüchternes Denken (1. Petrus 1,13) und Gottes Wort soll uns erfüllen (Kolosser 3,16). Wenn wir z.b. in einer Schlange oder im Stau stehen, können mit Gebetspunkten oder Bibelversen beschriebene Karten uns daran erinnern, in der Fürbitte zu bleiben oder wichtige Stellen aus der Bibel auswendig zu lernen. Auch eine Hörbibel oder Hörbücher können unseren Verstand auf Gott einrichten. Solche Disziplinen helfen uns, ein nüchternes Urteil zu bilden (2. Timotheus 4,5). Folgende praktische Tipps müssen natürlich nicht alle auf einmal in unserem Leben vorhanden sein. Es sind verschiedene Wege, die dazu beitragen, uns geistig vital zu halten.

Praktische Tipps für ein lebenslanges Lernen

- Wählen Sie Bücher weislich aus. Es geht nicht nur darum, einfach *irgendetwas* zu lesen. Ein Buch sollte unseren Geist nähren und unseren Verstand schärfen. Der Lesestoff sollte uns fordern und fördern. Das schließt aber

nicht aus, dass man als Ausgleich zwischendurch auch einmal nur zur Unterhaltung liest.
- Lesen oder hören Sie eine Predigt oder einen Vortrag an mit Stift und Notizbuch in der Hand. Schreiben Sie wertvolle Sätze auf. Ich mache gerne „mind-maps" und zeichne kleine Figuren während des Lesens. Dies regt meine Gedanken an, und ich kann mir den Inhalt besser vorstellen und ihn im Gedächtnis behalten. Nicht viel Sinn macht es, wenn man Informationen nur ins Kurzzeitgedächtnis speichert, so wie wir das oft bei den Schulprüfungen gemacht haben. Beim Lesen sollte man den Inhalt kritisch reflektieren und verinnerlichen, um Gott, sich selbst und die Welt besser zu verstehen. So wird unser Verständnis durch neue Information immer reicher und tiefer. Gute Lesegewohnheiten kann man einüben.
- Aktivieren Sie Ihr kreatives Denkvermögen beim Lesen und fragen Sie beständig, wie Sie das Gelesene anwenden können. Erfahrungen sind sicherlich gut, jedoch können angewandte Lebensweisheiten aus einem Buch, z.B. einer Biografie, uns viele Jahre des Erfahrung Sammelns ersparen.
- Diskutieren Sie das Gelesene mit guten Freunden.
- Autoren, von denen Sie viel fürs Leben lernen, werden zu Ihren Mentoren.
- Manche Bücher dürfen Sie gerne mehr als einmal lesen.
- Biografien sollten auf jeden Fall zu unserer Sammlung gehören. Menschen, die vor uns durch Höhen und Tiefen gegangen sind, können uns als Vorbilder viel lehren. Christopher Morley sagte: „Wenn man einer Person ein Buch gibt, dann bekommt sie nicht nur Papier, Tinte und Leim. Man gibt ihr die Möglichkeit zu einem ganz neuen Leben."[36]

---

[36] Morley, Christopher, übersetzt aus: http://www.brainyquote.com/quotes/authors/c/christopher_morley_2.html (eingelesen am 20.08.2016)

- Vielleicht wäre es für Sie dran, nach Weiterbildungsmöglichkeiten zu suchen, besonders, wenn Sie den Auftrag haben, Vorträge zu halten oder zu predigen. Fernkurse eigenen sich, da man mit der Zeit flexibel bleibt. Zusätzlich bietet sich die Möglichkeit, das Gelernte gleich anzuwenden.
- Es gibt bestimmt reife Menschen in Ihrer Umgebung. Fragen Sie nach ihren Lebenserfahrungen. Wie haben sie die schwierigen Zeiten ihres Lebens gemeistert? Was konnten sie aus ihren Fehlern lernen? Welche Lebensregeln und -weisheiten haben sie sich dadurch gesammelt? Werden Sie aufmerksame Zuhörer. „Aufmerksamkeit ist unsere größte Ressource", sagt Daniel Goleman.[37] *„Wer auf hilfreiche Ermahnung hört, gehört zu den weisen Menschen." „Nur Narren glauben, sie bräuchten keinen Rat"* (Sprüche 12,15 und 15,31)! Auf diese Weise können Sie reichlich lernen.
- Lernen Sie durch Beobachtung. Die Natur ist voller Lektionen und Predigten (Psalm 19,1). Und bei erfahrenen und reifen Menschen können wir viel abgucken. Sie können für uns wie „Väter" und „Mütter" sein, die uns vorangehen. Oft fehlt es nur, dass wir sie beachten und wahrnehmen.
- Wir lernen natürlich auch durch Erfahrungen. Eigentlich ist es nicht nur die Erfahrung, die uns lehrt, sondern das bewusste Reflektieren über bestimmte Geschehnisse.
- Das Wichtigste noch zum Schluss: Lesen Sie die Bibel täglich, systematisch und aufmerksam. Lesen Sie mit einem folgsamen Herzen und handeln Sie nach dem Wort Gottes in Ihrem Umfeld entsprechend.

> Jede Herausforderung und Erfahrung wird zu einer Möglichkeit des Wachstums.

---

[37] Blackaby, Henry and Richard, *Spiritual Leadership – Moving People on to God's Agenda*, B&H Publishing Group, Tennesse, 2011, 175

Man hat nie ausgelernt. Jede Herausforderung und Erfahrung wird zu einer Möglichkeit des Wachstums. Wenn wir mentales Wachstum ernst nehmen, lernen wir Gott besser kennen und ehren ihn, indem wir anderen um ein Vielfaches effektiver dienen können. Wie schade, wenn unser Verstand brachliegt.

Lehren

Lernen führt fast unweigerlich zum Lehren. Meistens sind Führungspersonen in irgendeiner Form in Lehrtätigkeiten involviert. In solch einem Fall ist es unumgänglich, den persönlichen Intellekt zu schärfen, um andere aus einem wachen Geist zu lehren. Immer da, wo etwas Bedeutendes geschieht, wurde vorher gelehrt, sei es in der Schule oder außerhalb. Robert Clinton ist überzeugt, dass Menschen, die vorangehen, eigentlich immer weitergeben wollen, was sie selbst auf dem Herzen haben. Sie vermitteln dies durch Predigten, Schulung, Seelsorge und Ermutigung. Gute Leiter seien belesen. Wer das Gelesene wirkungsvoll anwenden könne, verkürze unter Umständen die Zeit erheblich, die gebraucht würde, um etwas aus eigener Erfahrung zu lernen.[38]

Es ist spannend zu sehen, wie Jesus als Rabbi unterwegs war. Er lehrte in den Synagogen und im Tempel. Auch unter den ganz Frommen seiner Zeit führte er leidenschaftliche Streitgespräche und lehrte die Wahrheit. Am meisten aber lehrte er beim Zusammensein mit seinen zwölf Freunden. Egal wo er war, immer suchte er nach Lehrstoff, sei es im Haus, beim Essen, auf dem Feld, bei einem Hochzeitsfest oder auf dem See. Er verbrachte viel Zeit mit seinen Nachfolgern und sie konnten ihn beobachten und von ihm lernen. Nach den drei Jahren schickte er sie in die Welt hinaus mit dem klaren Auftrag, dasselbe zu

---

[38] Clinton, J. Robert, *The Making of a Leader: Recognizing the Lessons and Stages of Leadership Development*, Colorado Springs, CO: NavPress, 1988, S. 66

tun: *"...lehrt sie, alle Gebote zu halten, die ich euch gegeben habe"* (Matthäus 28,20).

Im Neuen Testament ist die Lehrgabe auch unter den Leitungsgaben in der Gemeinde aufgeführt. Besonders im Epheserbrief wird uns aufgezeigt, dass der wichtigste Teil des Leitens darin besteht, die Heiligen zu lehren und zuzurüsten. Auch der Schreiber des Hebräerbriefes will, dass die Zuhörer von der Milchflasche zum Schwarzbrot übergehen, vom Babybrei zur festen Speise. Dazu braucht es Lehre. Er möchte, dass die Christen nicht nur wissen, dass Jesus sie liebt und für sie gestorben ist. Vielmehr will er, dass sie wissen, wie man reif wird und den Zeitströmungen standhaft begegnen kann, und wie sie verstehen und unterscheiden können, was gut und böse ist (Hebräer 5,12-6,3). In unserem Glauben sollen wir wie Kinder sein. In unserem Denken hingegen sollen wir erwachsen und reif sein (1. Korinther 14,20).

> Auch der Schreiber des Hebräerbriefes will, dass die Zuhörer von der Milchflasche zum Schwarzbrot übergehen, vom Babybrei zur festen Speise.

Tiefer wurzeln

1. Wann haben Sie das letzte Mal ein Buch gelesen? Und was war der Inhalt?

2. Können Sie sich an einen Test erinnern, der sich bei Ihnen immer wieder wiederholte, bis Sie die Lektion gelernt hatten?

3. Warum ist Weisheit so viel wichtiger als pures Wissen? Denken Sie dabei an die Kaulquappe.

4. Wie können Sie christliche Trampelpfade in ihrem Gehirn entstehen?

5. Jeder von uns lebt in einer Umgebung, in der wir lehren, ob in einem Klassenzimmer oder außerhalb. Nennen Sie ein paar von ihren momentanen „Schülern"?

6. Suchen Sie sich vier Punkte aus den praktischen Tipps am Schluss des Kapitels aus, und wenden Sie sie an.

Seine Gefühle führen – die emotionale Dimension

Unsere Emotionen lassen sich mit einer Flamme vergleichen. Wenn man sie unter Kontrolle hält, können wir damit uns und andere erwärmen. Lassen wir aber zu, dass sie sich selbstständig machen, kann dies fatale Folgen haben – ja sogar einen ganzen Waldbrand auslösen, der letztendlich eine riesige Zerstörung hinterlässt.

Manche schämen sich für ihre Flamme und sehen sie als Schwachheit an. Sie verdrängen die Flamme soweit, bis sie selbst erkalten und gefühllos werden. Andere ergötzen sich hingegen an ihrer Flamme, blasen kräftig hinein und merken aber nicht, dass sie sich dabei taktlos benehmen, wie der Elefant im Porzellanladen und dabei viel Geschirr zerschlagen – zum Leidwesen anderer.[39]

Emotionen – ein Geschenk Gottes!

Finden wir uns wieder in dieser Spannung? Emotionen sind ein Geschenk Gottes. Wir haben die Fähigkeit bekommen zu empfinden und zu fühlen. Das Leben ist durch Gefühle wie Liebe, Freude und Mitgefühl unendlich viel reicher. Unsere Beziehungen leben von Emotionen. Wenn wir bei der Begrüßung unser Gegenüber fragen „Wie geht es dir?", dann erkundigen wir uns mit diesen Worten nach seinem Wohlbefinden, seinen Empfindungen und seinen Gefühlen. Sie sind uns wichtig. Wenn man sogar bei Tieren Emotionen feststellen kann, sollte man davon ausgehen, dass sie bei Menschen einen viel größeren Stellenwert besitzen, denn wir sind geistliche Wesen und haben die

---

[39] Nacherzählt von Kehl, D.G., *Control Yourself – Practicing the Art of Self-Discipline*, Zondervan Corperation, Grand Rapids, 1982, S.107

Fähigkeit der Sprache bekommen, durch die wir Gefühle ausdrücken können. Mit den Emotionen sind wir auch „Ebenbild Gottes". Sie gehören zum seelischen Bereich des Menschen, das was die Bibel Herz oder Seele nennt. Umso wichtiger ist es, dass die Emotionen nicht uns beherrschen, sondern wir sie.

Wer ist der Reiter?

Sie hatten bestimmt schon einmal das Gefühl, dass Sie sich emotional nicht zurückhalten konnten. Ja, Sie sitzen zwar noch auf diesem „Pferd", aber es gehorcht Ihnen nicht mehr, es ist durchgegangen und reitet irgendwohin, wo Sie es nicht geplant hatten. Sie sind auf einmal fremdgesteuert und brauchen einige Zeit, bis Sie das „Pferd" wieder in den Griff bekommen und es sich Ihnen untertänig gemacht haben, ehe es großen Schaden anrichtet.

Mangel an Selbstbeherrschung ist als erstes an unseren Emotionen ersichtlich. Besonders schwierig zu zügeln sind Ärger, Angst und Sorge. Aber am schwierigsten oder fast gar nicht zu kontrollieren sind Gefühle der Depression, je nach Ursache. So sind wir wieder bei unserem verborgenen Leben angelangt – unseren Wurzeln.

Waren die Nachfolger von Jesus nicht auch immer wieder in Angstsituationen, manchmal sogar bewusst von ihrem Meister zugelassen – so kommt es mir zumindest vor? Die Wellen auf dem See sind ein Bild für emotionelle Turbulenzen in unserem Leben. Einmal sehen sie sogar ein „Gespenst", in Wirklichkeit war es Jesus selbst. Ihre Wahrnehmung täuschte sie. Ein anderes Mal wecken sie Jesus auf, „Herr, rette uns! Wir sinken!" Der Wind und die Wellen sind ein Bild für die Fremdsteuerung ihrer Emotionen. „Warum habt ihr Angst? Ist euer Glaube denn so klein?" fragt Jesus. Als Jesus die Naturgewalten stillt, fragen sich die noch zitternden Jünger voller Ehrfurcht und Bewunderung, *„Wer ist dieser Mann? Sogar Wind und Wellen gehorchen ihm"* (Matthäus 8,23-27)! Mit Jesus können wir das Pferd unserer Emotionen „einreiten" und es in der richtigen Weise leiten.

> Mit Jesus können wir das Pferd unserer Emotionen „einreiten" und es in der richtigen Weise leiten.

Manche meinen, Gefühle gehörten nicht zum Glauben, wichtig sei nur das Vertrauen auf die Tatsachen in der Schrift. Wie können wir aber Mitgefühl zeigen ohne Emotionen? Und warum weinte selbst Jesus? Andere hingegen geben den Gefühlen so viel Bedeutung, dass jede Gefühlsregung ein Hinweis des Wirkens Gottes ist. Beide Ansichten sind zu extrem. Um auf dem Pferd zu bleiben, muss man die Mitte wählen, sonst fällt man auf der einen oder anderen Seite herunter. Gott erneuert uns im Glauben, dabei reinigt er auch unsere Emotionen.

Aufhorchen!

Ich darf mich von meinen Gefühlen nicht in die Irre führen lassen. Wenn ich das Gefühl habe, dass die Dinge gegen mich laufen, heißt das noch lange nicht, dass es wirklich so ist. Und wenn Gefühle von Abneigung oder Wut sich in mir regen, wenn Resignation sich breitmacht und die Liebe zu anderen entschwinden will, sollten meine Alarmglocken läuten. Es ist spätestens dann an der Zeit, mich zu fragen, um was es mir in Wirklichkeit geht – um meine Meinung oder um Gottes Sache? Als ich eine solche Zeit erlebte, sagte eine Kollegin zu mir: „Du wirkst so mutlos." Ich meinte, andere würden es nicht merken. Es stimmt, ich war verletzt worden und es fiel mir schwer, den Menschen, die mich enttäuscht hatten, wieder Vertrauen entgegenzubringen.

Der erste Mord der Menschheitsgeschichte geschah durch Zorn. Gott sagte zu Kain, er solle über die Sünde herrschen, er aber ließ seiner Wut freien Lauf. *„Warum bist du zornig? Warum blickst du so grimmig zu Boden?"* fragte Gott ihn (1. Mose 4,6). Kain war neidisch auf seinen Bruder und nahm die Warnung Gottes nicht wahr. Er wollte nicht innehalten und nachdenken. Die Wut ging mit ihm durch und er brachte seinen eigenen Bruder kaltblütig um. Er meinte, damit endlich Ruhe zu haben, aber die Misere in seinem Leben fing damit erst so richtig an. Die unkontrollierte Wut brachte ihm viel Herzeleid ein, er wurde zu einem unsteten Bürger, wie Gott es ihm prophezeit hatte.

Ich war schon oft erstaunt, wie scharf Gott bei Wut vorgeht. Moses tödlich endender Wutausbruch brachte ihm 40 Jahre Wüstentraining ein. Seine unüberlegte, vielleicht sogar durch den Ärger motivierte Handlung am Felsen, verhinderte seine Einreise ins gelobte Land (4. Mose 20,10-12). Die Israeliten forderte ihn heraus und *„machten ihn zornig, und er fing an, unbedacht zu reden"* (Psalm 106,33). In Paulus sehen wir einen Mann, der durch die Kraft Gottes Spannkraft behielt, obwohl er von allen Seiten bedrängt wurde (2. Korinther 4,8). Seinem Nachfolger Timotheus schreibt er, dass Leiter in der Gemeinde nicht streitsüchtig sein, stets besonnen und nüchtern auftreten sollen (1. Timotheus 3,2-3). Wenn wir nicht zu denen gehören wollen, die ihre „Explosionen" damit entschuldigen, dass wir „halt so wären", und die anderen uns „einfach so nehmen sollen, wie wir sind", müssen wir unbedingt auf Zeichen achten, die unsere emotionelle Unstabilität aufzeigen. Es ist gut, wenn wir jemanden haben, der uns auf gewisse Verhaltensweisen in unserem Leben aufmerksam macht. Vielleicht haben wir selber bestimmte eingebaute „Alarmlichter", die uns melden, wenn wir in Gefahr sind, Fehltritte zu tun, und die uns aufhorchen lassen.

Zeichen von emotionaler Unstabilität

Es gibt einen ganz eindeutigen Zusammenhang zwischen dem, was wir denken, wie wir diesen Denkvorgang verarbeiten und wie wir uns dann fühlen. Kurz gesagt: Gefühle sind eine Folge des Denkens.

> Gefühle sind eine Folge des Denkens.

Wenn wir in unserer Stimmung launenhaft werden, wird dies in unserem Verhalten bemerkbar. Floyd McClung[40] listet einige mögliche Merkmale von emotionaler Unstabilität in seinem Bestseller „Das Vaterherz Gottes" auf:

- **Schwarz-Weiß-Denken**: Alles oder nichts, entweder oder, schwarz oder weiß. Es gibt für uns keine Grauzonen mehr, keinen gangbaren Mittelweg, keine Kompromisse, nur Extreme.
- **Verallgemeinerungen** Alles, immer, überall, nie, jeder, niemand, ...Wenn etwas einmal passiert ist, haben wir das Gefühl, dass es immer passieren wird. „Das ist einfach typisch, der andere ist einfach so."
- **Mentales Filtern**: Wir konzentrieren uns nur auf das Negative. Das Positive und Ausgewogene blenden wir völlig aus. Bei einem Kompliment meinen wir, es wurde nur gesagt, um uns etwas aufzuheitern, weil der andere uns bedauert. Wenn wir gelobt werden, sagen wir schnell, was schiefgegangen ist. Hinter jeder Bemerkung sehen wir versteckte Kritik.
- **Zurückgezogenheit und Absonderung**: Wir sondern uns von anderen ab, vielleicht um unsere mangelnde Vergebungs- und Kooperationsbereitschaft gegenüber Leuten, die uns verletzt haben oder die anderer Meinung sind, zu verbergen.

---

[40] Auszugsweise aus: McClung, Floyd, *Das Vaterherz Gottes*, 8. Auflage, 1991, Jugend mit einer Mission Verlag, Frankfurt a.M., 1984, S. 113-116

- **Streitsucht:** Wir säen Uneinigkeit, zetteln Streit an und verurteilen andere. Dadurch versuchen wir, möglichst viele auf unsere Seite zu ziehen. Wir denken in Kategorien von „wir" und „sie". Ohne uns groß selber zu prüfen, sehen wir unseren Weg als den absolut richtigen und rechtfertigen dies oft damit, dass wir eben den „göttlichen" Weg gehen und die anderen im Irrtum sind. Die wirkliche Ursache unserer mangelnden Anpassung und Anteilnahme sind Stolz und eine Haltung Unabhängigkeit. Es geht dabei nicht um Meinungsverschiedenheiten, sondern um eine innere Einstellung.
- **Kritiksucht und Rückschlüsse ziehen:** Wenn wir uns von der Gruppe absondern, neigen wir leicht dazu, andere ungerechtfertigt zu kritisieren und sie im Grunde genommen zu verleumden und zu verurteilen. Wir ziehen voreilig Rückschlüsse, die nur auf Vermutungen beruhen und nicht auf die Tatsachen hin untersucht worden sind. Wir sehen etwas und vermuten gleich das Negative. Wir geben schnell einen Rat, ohne vorher der Sache auf den Grund gegangen zu sein. Es ist töricht, schnell ein Rezept zu geben, ohne eine gründliche Diagnose gestellt zu haben. *„Welche Schande, welche Dummheit, einen Rat zu erteilen, bevor man die Hintergründe kennt"* (Sprüche 18,13)! Gleichzeitig weigern wir uns, Korrektur und Belehrung anzunehmen. Wir werden dann auch ungeduldig und können nicht auf andere warten, die uns nicht zustimmen oder verstehen. Dabei verurteilen wir die Motive der anderen und verleumden sie.
- **Programmorientiertheit:** Wir vergöttern eine Methode, ein Prinzip oder ein Programm und betrachten sie wichtiger als die Ansicht der Menschen – besonders der Menschen, mit denen wir nicht übereinstimmen. Ideale werden wichtiger als Einheit oder die rechte, innere Einstellung.

- **Kraft borgen.** Wenn wir emotional unstabil und schwach sind, handeln wir nicht aus innerer Sicherheit, sondern wir borgen Kraft, wie es Stephen Covey erwähnt, von unserer Position, Größe, Erfahrung und unserem Intellekt.[41] Dadurch stärken wir nur unsere eigene Schwäche aber auch die Schwäche im Gegenüber, dadurch dass er sich nicht getraut, sich frei zu äußern, sondern nur sich zu ducken.
- **Manipulation:** Stolze und eigenwillige Menschen können andere manipulieren, indem sie sich weigern, mit bestimmten Leuten zusammenzuarbeiten, ihren eigenen Weg gehen, kritisch sind oder ständig verurteilen, was andere tun.
- **Ungeduld:** Wir glauben, unsere Methode ist die beste und weigern uns, auf andere zu warten, die uns nicht zustimmen oder nicht verstehen.
- **Misstrauen:** Wir beschuldigen andere, uns nicht zu vertrauen, aber oft ist dies nur eine Projektion unseres eigenen Misstrauens anderen gegenüber und ein Kennzeichen unserer eigenen Verletzlichkeit oder unserer Unabhängigkeit. Es ist mehr ein Ausdruck unserer eigenen Not als derjenigen der anderen.
- **Undankbarkeit:** Wir konzentrieren uns lieber darauf, was für uns getan werden sollte, anstatt zu sehen, wie viel schon für uns getan wurde.
- **Unbelehrbarkeit:** Wir verschließen uns anderen gegenüber und weigern uns, Zurechtweisung und Belehrung anzunehmen. Wir verhärten uns.
- **Mangelnde Loyalität:** Wenn wir mit jemandem nicht übereinstimmen, uns von ihm zurückziehen und ihn verurteilen, kann es leicht vorkommen, dass wir versuchen, die Achtung anderer vor ihm zu untergraben. Oder wir

---

[41] Covey, Stephen R., *Principle Centred Leadership*, Fireside, New York, 1991, S. 83

übernehmen Kritik gegen unsere Mitmenschen und treten nicht für sie ein.
- **Überreaktionen:** Wir haben unseren Körper nicht mehr unter Kontrolle, was sich z.b. in Impulsivität und einem scharfen Umgangston äußert.

Obige Merkmale sind Zeichen eines gestörten emotionalen Gleichgewichts, wozu oft auch auffällige körperliche Verhaltensweisen hinzukommen, z.b., ein schlechtes Selbstbild, Passivität, Perfektionismus, Abhängigkeiten (Essen, Arbeit, Alkohol, Internet) und sexuelle Störungen. Es kommt nicht selten vor, dass man junge, und intelligente, begabte Menschen sieht, die zwar gut ausgebildet worden sind und sich in ihrer Arbeit als fähig erwiesen haben, aber leider ihr Fehlverhalten nicht ablegen konnten und somit vorzeitig aus dem Dienst ausscheiden mussten.

Auch **Angstzustände** können unsere Emotionen aus den Bahnen werfen. Besonders in einer Zeit mit vielen Veränderungen, politischen Unruhen, Terrorismus und Naturkatastrophen – nichts scheint mehr konstant zu sein. Viele wissen nicht, ob sie den Anforderungen unserer Zeit gerecht werden. Angst raubt ihnen die Freude und es kann sogar zu gesundheitlichen Problemen führen. Oft haben wir Angst, weil wir innerlich nicht ruhig sind; wir wollen dem anderen etwas beweisen, wollen dazugehören und mit allen Mitteln andere zufriedenstellen. Wir werden zu Getriebenen, aus Angst, andere könnten uns nicht anerkennen. Wer kennt diese Erfahrung nicht. Dafür hilft eine Portion Mut. Nelson Mandela sagte: „Mut ist nicht die Abwesenheit von Angst, sondern der Triumph über sie."[42]

Ärger ist ein starkes emotionales Gefühl und ist nicht immer nur schlecht. Wir dürfen und sollen uns über die heutige soziale Un-

---

[42] Übersetzt aus: http://www.forbes.com/sites/mfonobongnsehe/2013/12/06/20-inspirational-quotes-from-nelson-mandela/#3073b09449d5 (eingelesen am 22.08.2016)

gerechtigkeiten und Boshaftigkeiten ärgern, das würde ich eine gesunde Unzufriedenheit nennen. Es würde uns aber schaden, wenn wir uns über Missstände aufhalten, ohne konstruktive Verbesserungsvorschlägen zu liefern. Es motiviert uns, etwas dagegen zu unternehmen und Dinge zu verändern. Gerne wäre ich dabei gewesen, um Jesus zu sehen, wie er die Geldwechsler aus dem Tempelhof trieb, wie er die Tische und Stühle umwarf und energisch sagte, *„Mein Haus soll ein Ort des Gebets sein, aber ihr habt eine Räuberhöhle daraus gemacht"* (Matthäus 21,13)!

Meistens ist Ärger jedoch unnötig und sogar schädlich, denn er kommt aus einem Herzen, das erfüllt ist mit Bitterkeit, Neid, Stolz und Eifersucht. David warnt davor in Psalm 37,8: *„Lass dich nicht zu Zorn und Wut hinreißen! Ärgere dich nicht, damit du nichts unrechtes tust."* Diese Art von Ärger zerstört nicht nur unsere Gesundheit, sondern auch unsere Beziehungen in der Ehe, Familie und unter Mitarbeitern.

Es kann vorkommen, dass wir uns ärgern, wenn wir uns mit anderen vergleichen und meinen, die Mitarbeiter sollten sich auch endlich so anstrengen wie wir. Wir haben das Gefühl, Märtyrer zu sein, weil wir auch nach Feierabend noch beschäftigt sind, und unsere Kollegen alle schon nach Hause gehen. Man könnte es das „Martha-Syndrom" nennen, wenn wir uns ärgern, dass die anderen sich zu Jesu Füßen ausruhen dürfen, während wir so hart arbeiten (Lukas 10,40-42).

Gott arbeitet an uns und ganz besonders dann, wenn wir Menschen sind, die in Verantwortung stehen. Oft bedeutet dies, dass er uns erst einmal in die Tiefe führt, dass es manchmal sogar Scherben gibt, bevor er aus unserem Leben reife Frucht hervorbringt.

Entmutigung

Ein Mann träumte, er wurde vom Teufel in dessen Waffenkammer geführt. Verschiedene Waffen wurden ihm vorgestellt. Jede hatte ihren Namen: Lüge, Ehebruch, Eifersucht, Habgier, Ehrgeiz, Machthunger ... dann kam der Teufel zu seiner schlimmsten Waffe. Er hatte sie besonders sorgfältig aufbewahrt. Sie war schon ganz abgegriffen vom häufigen Gebrauch und dem Mann schauderte, als er ihre spitzen Zacken und Widerhaken sah. „Mit dieser Waffe habe ich schon manche Königreiche bezwungen", sagte er ganz überzeugt. „Ich habe mit ihr Pastoren zu Fall gebracht und Christen haben an ihrem Glauben Schiffbruch erlitten. Diese Waffe heißt Entmutigung."

Ging es uns nicht allen schon so, dass wir uns fragten, wann Gott wohl eingreifen würde? Wir haben doch schon so lange dafür gebetet, sogar gefastet, aber die Lage verschlechterte sich nur noch mehr, und wir gaben auf und beteten nicht mehr – entmutigt. Der Teufel flüstert uns dabei ein: „Was nützt dir dieses Bibelstudium? Du vergeudest so viel Zeit damit. Es bringt dir ja überhaupt nichts, du bist nur noch mehr gereizt." Und wir hören auf ihn und geben auf – entmutigt. „Jetzt bist du schon wieder in dieser Sache zu Fall gekommen. Die schönen Reden der Prediger sind nur Theorie, du wirst es nie schaffen." Wir leihen ihm unser Ohr und suchen keine Hilfe – entmutigt. „Der andere ist einfach ein gemeiner Kerl. Er wird sich nie ändern. Geh ihm einfach, so gut du kannst, aus dem Weg. Wenn es nicht mehr geht, dann distanziere dich und verlasse die Gemeinschaft." Und wir haben den Mut nicht für eine nochmalige Versöhnung, weil die erste nicht gefruchtet hat. Wir resignieren und geben auf – entmutigt.

Zugegeben, es gibt Dinge in unserer verdorbenen Welt, die wir nicht einfach so verändern können. Manches muss ertragen und ausgehalten werden. Wir dürfen aber keinesfalls zulassen, dass der Ankläger unsere Aufmerksamkeit bekommt. Wenn wir uns davon bestimmen lassen, wird dies ganz sicher unserer Seele schaden (1. Petrus 2,11).

Daher wollen wir wieder Mut fassen und unsere müde gewordenen Hände stärken (Hebräer 12,12). Wir sind unseren Emotionen zum Glück nicht ausgeliefert. Wir sind nicht Opfer unserer Umstände. Wir sind vielmehr Verwalter von Gottes Schöpfung, unseres Lebens eingeschlossen.

Hilfreiche Tipps, um unsere Gefühle zu führen

Der Erneuerungsprozess unseres Glaubens schließt unser Denken und infolgedessen auch unsere Gefühle mit ein. *"Lasst euch von Gott durch Veränderung eurer Denkweise in neue Menschen verwandeln. Dann werdet ihr wissen, was Gott von euch will: es ist das, was gut ist und ihn freut und seinem Willen vollkommen entspricht"* (Römer 12,2). Die Spannung bleibt bestehen zwischen dem, was Gott tut und dem was wir tun. Letzten Endes sind wir völlig abhängige Geschöpfe. Wir sind bedürftig und können ohne Gottes Hilfe nichts tun, was für die Ewigkeit von Bedeutung ist. Gott sandte uns jedoch als Individuen in diese Welt, um Verantwortung zu übernehmen. Hier ist eine Liste von Möglichkeiten, wie wir unsere Emotionen führen können?

- Wir wollen die volle Verantwortung für unsere Gefühle übernehmen. Wir sind ihnen nicht auf Gedeih und Verderb ausgeliefert, sondern wir sind immer noch die Reiter, und die Zügel sind in unserer Hand.
- Und doch müssen wir auch anerkennen, dass wir nicht alles im Griff haben. Erneuerung und Heilung kommt vom Herrn. Wir dürfen unser Unvermögen anerkennen und uns als geistlich Arme Gott ausliefern (Matthäus 5,3). Er

kann erst wirken, wenn wir vor ihm kapitulieren. Wenn wir an unsere Grenzen kommen, erleben wir seine Kraft.
- Oft ist der Grund unserer schlechten Stimmung selbstverschuldet. Wenn wir uns im Ton vergreifen oder unrealistische Erwartungen haben, sollten wir schnell bereit sein, uns zu entschuldigen.
- Vergangene Siege geben uns Mut für kommende Stürme.
- Stürme sind Gelegenheiten, wo wir uns an reife Christen für Gebetsunterstützung wenden dürfen.
- Lernen wir, unsere Emotionen vor Gott auszubreiten, gerade unsere Ängste, Sorgen und unseren Ärger. Wir vertrauen ihm, dass er für uns in unserem Gefühlsleben beisteht (1. Petrus 5,7). Paulus fordert uns in Philipper 4,6 auf: „Sorgt euch um nichts, sondern betet um alles. Sagt Gott, was ihr braucht und dankt ihm. Ihr werdet Gottes Frieden erfahren [...] Sein Friede wird eure Herzen und Gedanken im Glauben an Jesus Christus bewahren."
- Immer wieder sind wir gefordert, die Perspektive nicht zu verlieren, dass Gott mit allem einen Plan hat. Die Jünger dachten an ein Gespenst, aber Jesus sagte, *„Ich bin es"* (Markus 6,49-50). Diese Not, die ich oder jemand anderes gerade durchmachen, ist schwer. Aber ich darf wissen, dass Gott damit ein Ziel verfolgt. Er ist noch nicht fertig mit mir. Er formt mich in sein Bild. *„Ihr wolltet mir Böses tun"*, sagte Joseph zu seinen Brüdern. *„Aber der Herr hat es zum Guten gewendet"* (1. Mose 50,22). Eigentlich war es eine bodenlose Unverschämtheit von Seiten seiner Brüder, aber Joseph erkannte Gott darin. Welch eine reife Lebenseinstellung! Er konnte die widrigen Umstände aus Gottes Hand nehmen.
- Die Ewigkeitsperspektive rückt alles ins rechte Licht. Wir werden für die Ewigkeit vorbereitet, deshalb wollen wir

Missstände, Krisen und Nöte als Chance nehmen, geistlich zu wachsen und zu reifen.
- Wir vergeben ganz bewusst, und wenn es sein muss, immer wieder, bevor oder ohne dass der andere sich entschuldigt. Wut und Selbstmitleid sind ganz natürliche Gefühlsregungen, die in uns hochkommen können. Aber Gott gibt uns ein Versprechen, wie in Römer 12,19, dass er sich der Sache selber annehmen will. Der Vergebungsprozess ist letztendlich ein Loslassen in die Hand Gottes. Vergeben ist somit ein Befreit-werden aus Groll und Frust. Welche Entlastung!
- Vergessen wir nicht, dass wir von Gott unendlich geliebt sind, dass wir wunderbar gemacht sind und dass er mit uns Geschichte schreibt. Dies entlastet uns und lässt uns aufatmen.
- Wir wollen uns nicht zu sehr mit uns selber beschäftigen, sondern uns die Augen öffnen lassen für die Nöte anderer. Sehr oft werden dann unsere eigenen Nöte sehr klein.
- Wie man denkt, so fühlt man sich. Deshalb denken wir richtig, wir denken biblisch und beherzigen Philipper 4,8: *„Konzentriert euch auf das, was wahr und anständig und gerecht ist. Denkt über das nach, was rein und liebenswert und bewunderungswürdig ist, über Dinge, die Auszeichnungen und Lob verdienen."*
- Suchen wir nach Dingen, für die wir dankbar sein können? Wenn man sich Zeit zum Nachdenken nimmt, dann gibt es unendlich viele Dinge, die uns zum Danken veranlassen werden. Es gibt immer Menschen, die weniger haben als wir, denen es schlechter geht als uns, die mehr Leid ertragen müssen als wir.
- Wir gehen in der Natur spazieren, hören entspannende Musik und lassen uns von Gottes genialer Schöpfung inspirieren, um uns nach innen und außen zu erfrischen.

Dabei buchstabieren wir wichtige Zusagen Gottes und saugen sie in uns auf.
- Wenn möglich, betreiben wir Sport. Körperliche Übungen reduzieren Stress und beugen Depressionen vor.
- Vielleicht haben wir zu wenig Schlaf. Wir suchen eine gute Balance zwischen Arbeit und Ruhe. Wenn wir gereizt und nervös sind, ziehen wir uns nach Möglichkeit zurück, um zu ruhen. Wir sind bestrebt, unsere Frustration unter keinen Umständen an unseren Kindern und an unserem Partner auszulassen.

Vergessen wir nicht: Leiden sind ein unverzichtbarer Bestandteil unseres Wachstums (2. Korinther 6,3-10). Oftmals wachsen wir erst durch Schmerzen. Diesen Wachstumsschmerz merke ich hautnah an meinen heranwachsenden Kindern, wenn sie manchmal über Schmerzen in ihren Beinen klagen. Dann tröste ich sie mit den Worten: „Sei froh, du bist am Wachsen." Auch bei körperlichen Übungen zeugt Schmerz manchmal von Wachstum. Oder beim Studieren, wenn die Augen müde werden oder der Kopf manchmal schmerzt. Wir investieren in Beziehungen, sind manchmal verletzt, aber wir geben nicht auf, sondern vergeben und wachsen stattdessen dadurch. Manchmal ist es nötig, etwas über die Schmerzgrenze zu gehen, um diese Grenze zu erweitern. „Nöte bereiten gewöhnliche Menschen oft auf ein ungewöhnliches Schicksal vor," sagt C.S. Lewis.[43]

> „Nöte bereiten gewöhnliche Menschen oft auf ein ungewöhnliches Schicksal vor,"
> C.S. Lewis.

Das braucht Geduld. Es gibt keine Abkürzung zu geistlichem Wachstum, so wie auch eine Pflanze Zeit braucht, um zu wachsen. Geben wir uns die nötige Zeit?

In Zeiten von Stress kommt unsere Ungeduld oftmals an die Oberfläche. Dann kann es sein, dass wir Dinge sagen, die wir

---

[43] Übersetzt aus: https://en.wikiquote.org/wiki/Talk:C._S._Lewis (eingelesen am 22.08.2016)

nicht wirklich sagen wollten und die mit der Realität nicht viel zu tun haben. Wir übertreiben – manchmal sogar maßlos. Das Leben hat unendlich viele Möglichkeiten, uns Geduld zu lehren. Wir warten z.b. auf einen Kunden oder wir hören aufmerksam der langwierigen Geschichte eines Kindes zu. Geduld lernen wir nur durch Warten. Geduld zeigt sich im Leiden (Jakobus 5,11) und ist etwas, das wir, laut dem Hebräerbriefschreiber, jetzt wirklich brauchen, damit wir weiterhin nach Gottes Willen handeln können (Hebräer 10,36).

Von Abraham Lincoln liest man, wie er einen guten Weg gefunden hatte, um seine Emotionen unter Kontrolle zu halten. Er schrieb jeweils einen bitterbösen Brief an die Person, die ihn verletzt hatte, dann trug er diesen Brief in seiner Brusttasche herum, bis er die Sache verdaut hatte. Danach zerriss er den Brief und warf ihn fort. So blieb er der „Reiter" seiner Emotionen.

Was tun bei Kritik?

Zeiten der Kritik sind Zeiten des In-sich-hinein-Horchens; denn selten ist Kritik völlig unbegründet und aus der Luft gegriffen. Zugegeben, es gibt perfide, lügenhafte Anschuldigungen – leider. Aber beim genaueren Hinschauen beinhalten sie oft zumindest ein Körnchen Wahrheit, auch wenn uns dieses Körnchen ärgert. Besonders schlimm ist Kritik aus den eigenen Reihen. Es ist fast unumgänglich, dass wir uns dabei betrogen fühlen. In solchen Zeiten heißt es, besonders auf der Hut zu sein und kein Selbstmitleid zuzulassen, um nicht bitter zu werden. So sollen wir hingegen die Anklage mit dem Gegenteil überwinden, mit Liebe, Demut und Lernbereitschaft. Wir bemühen uns um eine offene Einstellung, indem wir die Kritik nicht allzu persönlich nehmen, so nach dem Motto: „Wenn du uns helfen kannst, die Dinge besser zu machen, dann sind wir dankbar für jeden Hinweis, auch in Form von Kritik." So bleiben wir auf der Sachebene. Auf keinen Fall wollen wir uns davon entmutigen lassen. Noch schlimmer wäre es, wenn wir dagegen ausschlagen und skrupellose Maßnahmen zu unserem Schutz ergreifen würden. Wir würden eine große Chance für Wachstum verpassen, denn Kritik schützt uns nämlich vor Arroganz und Stolz. Besser, wenn wir hingegen ruhig bleiben und nicht überstürzt handeln (Prediger 10,4). Eine harte Situation kann man am besten mit Sanftheit überwinden, wobei aber nicht Schwachheit gemeint ist, sondern Güte und Milde.

Und zu guter Letzt: Durch Kritik bekommen wir die Möglichkeit, über uns selbst zu lachen und die Dinge nicht allzu ernst zu nehmen.

Emotionale Reife

David war auf einem Höhenflug. Als junger Leiter hatte er gelernt, wie man eine Mannschaft in den Krieg führt. Es gab eine Erfolgsgeschichte nach der anderen.

Dann kam der Tag, der seine emotionale Reife auf eine harte Probe stellte. Die Truppe kam heim und sie entdeckten, dass Feinde ihr Lager geplündert hatten. Alles war ihnen weggenommen worden, sogar ihre eigenen Frauen (1. Samuel 30,3). Dies wäre eigentlich genug zu verdauen gewesen für David, aber es wurde sogar noch schlimmer. Seine Gefährten waren müde und hungrig und sehnten sich nach ihren Familien. Einige kamen fälschlicherweise zum Schluss, dass David an allem schuld sei. Davids schlimmste Befürchtung wurde schließlich wahr: sie wollten ihn steinigen.

An wen wandte sich David in dieser lebensbedrohlichen Situation? Woher sollte er Kraft und Trost bekommen? Bei den Soldaten? Bei den Offizieren? David wusste, dass keiner ihm helfen konnte. Er musste selber damit klarkommen.

In dieser kritischen Lage sucht er Hilfe am richtigen Ort. Er geht zu Gott – und findet Hilfe. Dort kann er wieder klarsehen, weg von dem Stress des Kampfes und der Opposition. Dort kommt sein Inneres wieder in Ordnung. *„Er stärkte sich in seinem Gott"* (1. Samuel 30,6).

> Emotionelle Reife zeigt sich also bei Menschen, die zwar Gefühle zulassen, sich aber nicht von ihnen beherrschen lassen, sondern sie in die richtigen Bahnen lenken, wie ein Reiter sein Pferd zügelt.

David lernte, sich auf das Zentrum zu konzentrieren, was seine große Stärke zeigt in seiner Position als Leiter. Wer es ihm nicht gleich tut, bleibt haltlos und ziellos – wie ein Schiff ohne Anker. Emotionelle Reife zeigt sich also bei Menschen, die zwar Gefühle zulassen, sich aber nicht von ihnen beherrschen lassen, sondern sie in die richtigen Bahnen lenken, wie ein Reiter sein Pferd zügelt.

Tiefer wurzeln

1. Empfinden Sie Ihre Emotionen als Geschenk oder eher als Last?

2. Gab es Momente in Ihrem Leben, die ein Aufhorchen erforderten?

3. Erkennen Sie Zeichen von emotioneller Unstabilität in Ihrem Leben? Welche Zeichen würden zutreffen?

4. An welche Erlebnisse denken Sie, die Sie stark entmutigt haben?

5. Welche Tipps helfen Ihnen am meisten, um Ihre Gefühle zu führen?

Seine Beziehungen führen – die soziale Dimension

Er war ein kleiner Mann, unscheinbar, kränklich, und doch hat er mir Eindruck gemacht, unser Diakon Luke, wie er da vor der Gemeinde stand und seine Bekanntmachungen durchgab. Wenn es um Mithilfe bei gemeinnützigen Aufgaben ging, sagte er am Schluss immer so schön in der Pidginsprache: „Du selbst mit deinem Gott" Und zeigte dabei zum Himmel. Damit wollte er sagen: „Ob du dich hier einbringen willst oder nicht, und was letztendlich dein Beitrag ist, das ist eine Sache zwischen dir und deinem Gott, er wird dich dafür zur Rechenschaft ziehen, nicht ich." So war er aus dem Schneider. Leider werden solche Aussagen in unserer individualistisch geprägten Gesellschaft heute oft als Ausrede benutzt: „Es geht doch die Anderen gar nichts an. Das ist meine ganz persönliche Sache." Man versteckt sich dahinter und will keine Verantwortung in der Gruppe mehr übernehmen. *„Sollte ich meines Bruders Hüter sein?",* hat schon Kain gesagt (1. Mose 4,9). Aber im Endeffekt betrifft es eben doch die ganze Gemeinde, wie der Einzelne sich als Christ verhält.

Geistliches Wachstum geschieht nicht im Vakuum, sondern ist zutiefst in Beziehungen eingebettet. Wir wachsen in der Demut, wenn wir anderen dienen. Wir ziehen Geduld an im Umgang mit den Schwachen. Wir gewinnen Weisheit, wenn wir anderen zu Füßen sitzen. Mut kommt auf beim Zuhören von tapferen Erlebnissen und wir lernen, Mitgefühl zu empfinden, wenn wir Benachteiligten helfen. Menschen brauchen Beziehungen. Soziale Isolation, plötzlicher Verlust von Zuwendung und chronische Einsamkeit sind nicht zu unterschätzende Faktoren, wenn es um Todesursachen geht. Wir leben, indem wir geben und empfangen. Wer sich distanziert, um sich damit zu schützen, der verliert im Endeffekt das Leben.

Für eine gute Predigt braucht man heutzutage nicht mehr unbedingt in eine Kirche oder in ein Gemeindehaus zu gehen. Man bekommt sie im Fernsehen oder auf unzähligen Internetportalen zu hören und kann dabei gemütlich seinen Kaffee trinken oder sogar frühstücken. Man findet zu jedem Thema etwas und kann dabei viel Gewinn daraus ziehen. Nur einen Haken hat die Sache: Man vernachlässigt dabei einen wichtigen Aspekt des Lebens als Christ, nämlich den der Gemeinschaft mit anderen Christen. Den Fernseher kann man schlecht umarmen, sagt Joel McCraw. Manche isolieren sich und merken nicht, dass sie so dem Privileg und der Notwendigkeit geistlichen Wachstums beraubt werden.

Psychologen sind sich in einem einig: Eine reife Person investiert in Beziehungen. Sie nimmt andere an, pflegt tiefe Gemeinschaft und respektiert den Nächsten. Besonders für Leiter ist Sozialkompetenz unverzichtbar. Gerade darin ist ersichtlich, wie gesund ihre Wurzeln sind. Der Charakter eines Menschen kommt in der Gemeinschaft viel deutlicher zum Ausdruck als in Isolation.

Gemeinschaft bewusst suchen

Als introvertierter Mensch bin ich geneigt, große Gruppen zu meiden. Ich merke aber immer wieder – besonders im Nachhinein – wie sehr Gemeinschaft bereichert. Von den ersten Christen lesen wir, wie sie sich nacheinander gesehnt haben. Sie machten es zur Priorität, an ihren Treffen dabei zu sein (Apostelgeschichte 2,42). Mit den Jahren blieben jedoch vermutlich etliche Leute diesen Zusammenkünften fern, weshalb der Hebräerbriefschreiber die Christen in Jerusalem erneut dazu ermutigen musste, die Gemeinschaft mit anderen Gläubigen nicht zu vernachlässigen. Gerade dort wurden sie im Glauben ermutigt und gelehrt (Hebräer 10,25). Es bleibt kein Zweifel – ohne Gemeinschaft leidet das geistliche Wachstum.

In seiner Biographie schreibt Nelson Mandela, dass das Apartheid-Regime einen großen Fehler gemacht habe, indem es versäumt hatte, die politischen Gefangenen zu trennen. Dadurch konnten die Gleichgesinnten unter den Gefangenen einander ermutigen und lehren und die Ideologie, die jene verfolgten, starb nicht aus, wie sich das Regime erhofft hatte, sondern es wurde erst richtig entfacht. Aus dieser Zeit her stammt der Ausdruck „Universität hinter Gittern". Das Zusammentreffen der Gefangenen wirkte wie Zunder. Auch wir Christen sind gemeinsam unterwegs und wir brauchen einander, damit das Feuer weiterbrennen kann!

Geistliche Freundschaft

Soo-Inn Tan, ein Pastor aus Singapore, ermutigt zu geistlichen Freundschaften. In seinem Buch „3-2-1: Following Jesus in Threes" erklärt er seine einfache Formel: *Drei* Leute treffen sich für *zwei* Stunden *einmal* im Monat.

> Drei Leute treffen sich für zwei Stunden einmal im Monat.

Das Konzept ist sehr einfach, es ist machbar, und es ist absolut notwendig. Christusähnlichkeit kommt nicht aus der Isolation, sondern durch Freundschaften, in denen man sich gegenseitig erbauen soll. Dazu gehören drei wichtige Aspekte: Liebe, Unterstützung und Herausforderung.

Ich kann mir vorstellen, dass manch gravierende Verfehlungen unter Menschen mit Verantwortung nicht passiert wäre, hätten sie in solche Freundschaften investiert. Nahm nicht Jesus immer wieder seine drei Freunde mit sich, Petrus, Jakobus und Johannes? Wäre es bei David wohl zum Ehebruch gekommen, wenn er seinen Freund Jonathan noch gehabt oder sich öfters mit Nathan, dem Propheten, getroffen hätte? Ich denke besonders an Leiter, die müde und einsam und dadurch vermehrt verletzbar sind. Bei wertvollen Leuten, die schon viele Jahre im Dienst stehen, tritt plötzlich Machtmissbrauch auf, sexuelle Übergriffe kommen ans Licht und Mangel an Bereitschaft zur Korrektur werden erkannt. Ehrliche Freundschaften hätten eventuell heilsam wirken und die Sache schon im Keim ersticken können. Was ist der Grund, dass Leiter oft alleine sind? Könnte es sein, dass sie nicht wollen, dass ihre Schwächen bekannt werden, obwohl ja eigentlich jeder weiß, dass sie wie jeder anderen auch nicht perfekt sind? Sie meinen vielleicht, dass sie immer den Starken und Weisen spielen müssen. Allgemein wird gesagt, dass es an der Spitze der Leiterschaft sehr einsam ist. Wohl gibt es Zeiten oder Bereiche, wo Leiter Schweigepflicht üben müssen und nicht mit Hinz und Kunz über ihre Probleme reden können, aber es ist gefährlich, wenn es soweit kommt, dass sie unnahbar werden.

Wenn wir Freundschaften mit Menschen des gleichen Geschlechts pflegen, öffnen wir uns der Möglichkeit des Wachstums. Dort können wir unsere Empfindungen, Ängste, verrückten Gedanken und Visionen offenlegen. Wir gehen dabei nicht nur nett und lieb miteinander um, sondern trauen uns auch, einander auf fehlgeleitete Gedanken aufmerksam zu machen. Korrektur tut oft weh, aber sie sorgt dafür, dass wir auf Kurs bleiben.

Besonders bei wichtigen Entscheidungen sind die Ratschläge eines Freundes Gold wert (Sprüche 27,9). Mit 30 Jahren stand ich vor einer Weggabelung, die mein Leben auf einen komplett anderen Kurs hätte führen können. Neben meinen Gebeten, die ich zum Himmel schickte, schickte ich auch eine E-Mail mit derselben Frage an drei reife Freunde und bekam drei gleiche

Antworten zurück: „Mache dort weiter, wo du bist." Dies setzte mich an die Ruhe und letztendlich kam es gut.

Daniel eilte nach Hause und berichtete seinen Freunden, was geschehen war (Daniel 2,17). Er musste etwas loswerden, er wollte es nicht in sich hineinfressen, denn es musste raus. So suchte er nach Rat, nach Unterstützung und nach Stärkung. Sein Glaube wurde dadurch fest. Geben wir es doch zu, wir halten es nicht alleine durch. David brauchte Jonathan, Ruth verließ Naomi nicht, und Paulus hielt sich zu Silas.

Als Freund eignet sich aber nicht jedermann, deshalb sollen wir unsere Freunde weislich aussuchen (1. Korinther 15,33). Folgende Fragen können uns dabei helfen:

- Wer hat einen festen Standpunkt im Glauben und vertritt ihn nach außen?
- Wer kennt mich wirklich, und ist trotzdem mein Freund?
- Wer inspiriert mich und malt mir das große Bild vor Augen?
- Wer hat Zeit für mich, ist interessiert und besorgt?
- Wer leidet und betet mit mir?
- Wer hat den Mut, mich zurechtzuweisen?

Umgekehrt kommen wir nicht umhin, gewisse Qualitäten in uns zu fördern, die eine Grundlage für authentische Freundschaften sind.

- Wir wollen offen und verletzbar sein, was ein hohes Maß an Vertrauen in den Nächsten erfordert.
- Wir geben Verfehlungen zu, bekennen sie, ohne zu warten, bis jemand davon weiß und uns darauf aufmerksam macht.
- Wir sind belehrbar und nehmen gerne Rat an. Besonders bei hartnäckigen Versuchungen verpflichten wir uns, uns

gegenseitig zu informieren, damit keine Heimlichtuerei uns in unserem Wirkungsbereich limitiert oder wir uns Versuchungen aussetzen.
- Andere dürfen uns sagen, dass wir zu viele Überstunden machen, dass wir kurz vor einem Burnout sind oder unser Familienleben leidet.
- Wir sind zugänglich und haben ein offenes Ohr. Wir sind ehrlich gegenüber dem Nächsten und der Wahrheit verpflichtet, auch wenn dies weh tut. Wir sind dafür besorgt, dass der andere sich positiv entwickelt, dass unser Freund sich nicht mit dem Mittelmäßigen zufrieden gibt.

Wir haben bestimmt alle schon die Erfahrung gemacht, dass wir innerlich total aufgewühlt waren. Nachdem wir das Problem mit jemandem besprochen haben, fühlten wir uns wieder ziemlich wohl, obwohl die Situation sich nicht geändert hatte. Ein Heilungsprozess fand statt, weil jemand besorgt war, zugehört und geholfen hat – ein therapeutischer Effekt.[44]

Beziehungen bauen

Beziehungen können gebaut werden, indem man mehr zuhört und weniger redet. Man sagt, Gott habe uns bewusst zwei Ohren und nur einen Mund gegeben. Wenn wir kluge Fragen stellen, zeigen wir Interesse am Nächsten. Es geht hier nicht um Fragen, mit denen das Gegenüber einfach mit „Ja" oder „Nein" antworten kann, sondern mit den sechs „W"-Fragen, Was? Wann? Wer? Wo? Wie? Und Warum? Beim aufmerksamen Zuhören sollte man auf Blickkontakt achten, denn dadurch zeigt man dem anderen, dass man verstanden hat, z.B. indem man nickt oder Gegenfragen stellt. Und man gibt Anerkennung da-

---

[44] Rozell, Jack, V., *Human Relations – An Independent Study Textbook*, ICI University, Missouri, fifth edition 1997, S. 198

durch. Wer fragt, der leitet. Und er bekommt immer eine Antwort.

Wer Menschen führt, auf andere Einfluss ausüben und motivierend sein will, muss wissen, wie man mit Menschen umgeht. Dabei sind es meist die negativen Erfahrungen, so ungemütlich sie auch scheinen, an denen man am meisten wächst.

Dabei geht es oft um praktische Dinge. Fangen wir bei den Namen an. Wir hatten zu unserer jährlichen Missionarskonferenz einen Redner von einer anderen Missionsorganisation eingeladen, der praktisch niemanden von uns kannte. Aber er redete jeden von uns mit Namen an, als wenn das die normalste Sache der Welt wäre. Wie schaffte er das nur? Er ging gezielt auf unsere Leute zu, und seine erste Frage war jeweils: Wie heißt du? Dann prägte er sich den Namen ein, oft mit Hilfe einer Eselsbrücke, und benutzte ihn danach. Das hat mich beeindruckt. Wenn wir uns den Namen unseres Gegenübers merken, drücken wir damit Wertschätzung und Interesse aus. Am schnellsten merkt man sich einen Namen beim regen Gebrauch. Dies tun wir vor allem bei Menschen, mit denen wir sonst nicht oft zusammen sind.

Haben wir nur unter Christen Beziehungen, oder gibt es auch außerhalb unserer Glaubensüberzeugungen Menschen, mit denen wir unser Leben teilen können? Die meisten Wachstumsschübe oder Lernmomente erleben wir in spannungsgeladenen Situationen.

> Die meisten Wachstumsschübe oder Lernmomente erleben wir in spannungsgeladenen Situationen.

Deshalb dient es zu unserer Reife, wenn wir mit Andersdenkenden konfrontiert werden und unseren Standpunkt vertreten müssen. Und wie steht es mit Freunden in unterschiedlichen Altersklassen? Sind wir wie „Onkel" oder „Tante" für die Kinder oder Jugendlichen in unsere Nachbarschaft, die uns „anhimmeln" und fragen, wann wir eigentlich einmal wieder vorbeikommen? Es braucht oft nicht viel, um solche Beziehungen zu knüpfen, Z.B. den Namen kennen, Interesse zeigen und Zeit haben.

Folgende Beziehungen sind mir wichtig und ich will meine Zeit in sie investieren. Deshalb setze ich mir folgende Ziele:

- Menschen in meinem „Haus" gehen vor. Die traditionelle Ehe ist die Energiequelle der Gesellschaft. Wenn Ehen zerbrechen, geht auch die Gesellschaft kaputt. Wenn meine Zentrale in Unordnung ist, bin ich nicht effektiv im Dienst. Stattdessen stehe ich hinter meinem Ehepartner und mein Partner steht hinter mir. Ich nehme regelmäßige Auszeiten mit meiner Frau, mindestens einen Abend in der Woche. Ich bringe ihr Wertschätzung entgegen und lasse sie immer wieder wissen, dass sie die wichtigste Person in meinem Leben ist. Ich höre ihr gut zu und komme nicht gleich mit fertigen Lösungen.
- Ich bleibe verbunden mit meinen Kindern, zeige ihnen meine Liebe, habe ein offenes Ohr und beschütze sie. Ich lasse sie wissen, dass ich immer für sie da bin, egal was kommt. Ich fördere sie zu dem, was Gott mit ihnen beabsichtigt hat, nämlich Jesus ähnlicher zu werden. Ich nehme mir für jedes einzelne Zeit, indem ich immer wieder nur mit einem Kind etwas unternehme.
- Ich ehre meine Eltern und sorge für sie, bin in Kontakt mit der erweiterten Familie und lasse nicht zu, dass ein Keil zwischen uns kommt.
- Ich bete für meine Kollegen und lerne, wie ich sie ermutigen kann. Ich arbeite mit einer dienenden Einstellung und bin aufmerksam, wenn andere von ihren Nöten erzählen.
- Ich halte Ausschau nach Menschen, in die ich investieren kann.

Menschen mit sozialer Kompetenz sind fair, freundlich, liebenswert und großzügig. Sie pflegen gesunde Beziehungen mit ihren Mitmenschen, die aus einer gesunden Beziehung mit Gott fließen. Dabei kommen wir nicht daran vorbei, über das größte Gebot zu sprechen. Es wird auch zu Recht die goldene Regel genannt (Matthäus 7,12). Es geht um das Gebot der Liebe.

Liebe ausleben

Beziehungen leben nicht von abstrakten Gesetzen, sondern von gelebter Liebe. Bei der echten Liebe, ich meine derjenigen, die von Gott kommt, geht es nicht primär um Gefühle, sondern um viel mehr: nämlich darum, wie wir uns entschließen, miteinander umzugehen. Das griechische Wort für göttliche Liebe ist Agape. Diese *Agape*-Liebe können wir nicht produzieren. Ihren Ursprung finden wir nur in Gott, der sie uns gerne gibt, damit wir sie an andere weiterschenken können. Als Christen müssen wir sie nicht ständig von Gott erbetteln, denn laut Römer 5,5 erfüllt sie unsere Herzen, weil der Heilige Geist darin Wohnung genommen hat. Wir müssen sie *nur* betätigen und ausleben.

Wenn der Mensch, wie es das evolutionistische Weltbild behauptet, sich höher entwickeln würde, hätten wir schon längst eine bessere Welt. Dem ist leider nicht so, ganz einfach deshalb, weil es uns an dieser göttlichen Liebe fehlt, oder wir sie nicht in Anspruch nehmen. Sonst hätten wir keine Beziehungsprobleme. Die *Agape*-Liebe befähigt uns, selbst unsere Feinde zu lieben. Sie sucht nicht ihren eigenen Vorteil, sondern zeigt sich in der Opferbereitschaft.

> Die Agape-Liebe befähigt uns, selbst unsere Feinde zu lieben. Sie sucht nicht ihren eigenen Vorteil, sondern zeigt sich in der Opferbereitschaft.

Sie ist in Jesus Christus personifiziert (Johannes 3,16) und wird durch uns ausgelebt (1. Johannes 3,16). Das 13. Kapitel des 1. Korintherbriefes ist eine Lobeshymne auf die Liebe und zeigt, dass wir noch gewaltig zu wachsen haben. Wer diesen Abschnitt zu hundert Prozent befolgen kann, ist überaus selbstdiszipliniert, hat die Fülle des Heiligen Geistes in sich und wirkt schon fast übermenschlich. Keine noch so hochwertige Moral kommt an dieses Maß heran.

Eine Missionarin, die in Afrika gewirkt hatte, kam in den Heimataufenthalt nach England und durfte plötzlich nicht mehr ausreisen. Die Leitung offenbarte ihr den bedauerlichen Grund: „Sie sind nicht beziehungsfähig." Denn sie kam weder mit den Einheimischen klar, noch mit ihren Missionarskollegen. Die Missionarin ließ nicht locker, sie wollte unbedingt wieder ausreisen. Daraufhin willigte die Leitung mit einer Bedingung ein: sie müsse ihnen versprechen, jeden Morgen 1. Korinther 13 zu lesen und über das Kapitel nachzudenken. Sie versprach es, und so langsam konnte man tatsächlich eine positive Veränderung feststellen. Wenn ich mich recht an die Geschichte erinnere, wurde die Mitarbeiterin durch diese Übung nicht nur einigermaßen erträglich, sondern viel mehr als das – nämlich ein sehr wertvolles Teammitglied, das letztendlich viel Segen bewirkte. Niemand dachte schließlich mehr daran, sie nach Hause zu schicken.

Wir sind berufen, Friedensstifter zu sein (Matthäus 5,9). Dort wo Bosheit regiert, antworten wir mit Zuneigung. Der Gehässigkeit begegnen wir mit Geduld und Wohlwollen. Dem Feindseligen vergeben wir. Vergeben ist keine menschliche Fähigkeit, wir praktizieren sie nicht automatisch, sie muss bewusst „angezogen" und ausgelebt werden.

Vergeben

„Mutige Menschen haben keine Angst zu vergeben, um Frieden herzustellen", sagte Nelson Mandela.[45] Vergebung ist in höchstem Grad eine Willenssache und deshalb stark abhängig von unserer Fähigkeit, uns selber zu führen. Menschen mit hoher Sozialkompetenz weisen dies unter anderem in ihrer Vergebungsbereitschaft aus, wobei sie dies nur deshalb können, weil Gott ihnen zuerst vergeben hat. Das Kreuz von Jesus ist die Kraftquelle wahrer Vergebung.

> „Mutige Menschen haben keine Angst zu vergeben, um Frieden herzustellen."
> Nelson Mandela

Viele haben eine falsche Vorstellung von Vergebung. Vielleicht fangen wir ausnahmsweise mit einer Aufzählung an, was Vergebung nicht ist:

- die Verfehlung gut zu heißen, sie unter den Tisch zu kehren und so zu tun, als ob sie doch nicht so schlimm sei. Sünde ist und bleibt Sünde.
- zu vergeben und zu vergessen. Es gibt Dinge, die wir nicht vergessen können. Nur Gott limitiert sich und will nicht mehr an die Sünde denken (Hebräer 10,17). Wir können jedoch eine vergebende Einstellung einnehmen. Trotzdem zielt die Vergebung darauf hin, die bereinigten Dinge hinter sich zu lassen und zu vergessen.
- zu warten, bis die andere Person sich entschuldigt. Gott beweist uns seine große Liebe dadurch, dass er Christus sandte, um für uns zu sterben, als wir noch Sünder waren (Römer 5,8).
- die Abwesenheit von Ärger. Aber mit Gottes Hilfe können wir unseren Ärger unter Kontrolle halten.

---

[45] Übersetzt aus: http://www.brainyquote.com/quotes/quotes/n/nelsonmand447223.html (eingelesen am 24.08.2016)

- die Abwesenheit von Konsequenzen. Es könnte durchaus nötig sein, dass der Täter ins Gefängnis muss, trotz meiner Vergebungsbereitschaft.
- sofortige Wiederherstellung von Vertrauen. Wir sind nicht verpflichtet, dem anderen völlig zu vertrauen, aber wir sind verpflichtet, ihm zu vergeben. Wir arbeiten zwar daran das Vertrauensverhältnis wieder herzustellen, aber der andere muss seinen Teil dazu beitragen, damit eine Vertrauensbasis wieder möglich wird.

Vergebung bedeutet, dass wir uns nicht selbst rächen, sondern dass wir die Rache Gott überlassen (Römer 12,19). Wir vergelten nicht Böses mit Bösem (1. Thessalonicher 5,15), wir erweisen dem „Täter" stattdessen Gutes (Lukas 6,35) und wir freuen uns nicht darüber, wenn er ins Unglück gerät (Sprüche 24,17). Wir beten für ihn (Matthäus 5,44). Und wir tragen unseren Teil dazu bei, weiter in Frieden zu leben (Römer 12,18). Vergebungsbereitschaft ist eine Einstellungssache. Manchmal ist Vergeben sehr schwer und, es kann uns unglaublich fordern. Es kostet etwas, aber sobald wir vergeben, übergeben wir die Person, die uns verletzt hat, in Gottes Hand. Wir bleiben sonst ihre Gefangene. Vergebung befreit uns von den Ketten der Opferrolle.

> Vergebung bedeutet, dass wir uns nicht selbst rächen, sondern dass wir die Rache Gott überlassen.

Wenn wir uns in einer Situation befinden, in der uns Vergebung schwerfällt, wollen wir mit Gottes Hilfe diese vier Sätze im Gebet täglich aussprechen:

- Obwohl es mich etwas kostet, ich vergebe.
- Obwohl die Person mich wieder verletzen könnte, ich vergebe.
- Obwohl ich schon oft geweint habe, ich vergebe.

- Obwohl die Welt mir sagt: „Du hast alles Recht zu hassen", ich vergebe.

Und wenn ich dann den Entschluss gefasst habe zu vergeben, muss ich die Sache niemandem mehr erzählen, außer vielleicht meinem Seelsorger. Mein Verhalten soll beim Täter weder Angst schüren noch Schuldgefühle erwecken. Ich versuche durch mein Verhalten, ihn davor zu bewahren, sein Gesicht zu verlieren. Ich vergebe nicht nur einmal, sondern übe mich, wenn nötig täglich in der Vergebung und grabe nicht lange Zeit später wieder eine alte Geschichte aus.

Wer vergibt, wie Jesus es uns vorgelebt hat, der legt den Grundstein für tragfähige Beziehungen. Vergebung geschieht vor allen Dingen im Herzen, sollte aber wenn möglich auch nach außen kommuniziert werden – zuerst durch unser Verhalten, aber auch durch Worte, wo es angebracht ist, jedoch nicht um uns selbst großzumachen, sondern um Gottes Gnade vorzuleben.

> Wer vergibt, wie Jesus es uns vorgelebt hat, der legt den Grundstein für tragfähige Beziehungen.

Kommunizieren

Kommunikation ist wohl eine der grundlegendsten Fähigkeiten im Leben. Um gute Beziehungen aufzubauen und Konflikte zu lösen ist sie unentbehrlich. Kommunikation bewirkt gegenseitiges Verstehen. Oft stehen wir vor dem Problem, eine Botschaft so zu vermitteln, dass mein Gegenüber sie auch versteht. Daneben muss ich lernen, so zuzuhören, damit ich meinen Nächsten verstehe. So einfach ist es, könnte man meinen. Warum gibt es dann so viele Konflikte, Missverständnisse und Irrtümer? Effektive Kommunikation ist eben mehr als Reden und Zuhören, sie ist ein komplexer Prozess und harte Arbeit. Dies soll uns nicht entmutigen, denn wer gut kommunizieren kann, erspart sich

> Je größer das Vertrauen ist, umso besser funktioniert das Verstehen und Verstanden-Werden.

die noch härtere Arbeit des Lösens von Konflikten. Gegenseitiges Vertrauen ist ein wichtiger Aspekt dabei. Je größer das Vertrauen ist, umso besser funktioniert das Verstehen und Verstanden-Werden.

Die weisen Sprüche Salomos haben über Kommunikation viel zu sagen. Hier einige Kostproben:

„Die Lippen des Gerechten leiten viele" (Sprüche 10,21 LÜ2009).

„Wer unüberlegt redet, der verletzt andere, die Worte der Weisen aber sind wie Balsam" (Sprüche 12,18).

„Rede nicht zu viel, denn das führt zur Sünde. Sei klug und halte dich mit deinen Worten zurück" (Sprüche 10,19).

„Ein weiser Mensch macht nicht viele Worte" (Sprüche 17,27).

„Der Gottesfürchtige denkt bevor er redet; der Gottlose aber platzt mit kränkenden Worten heraus" (Sprüche 15,28).

„Worte sättigen die Seele wie Speise den Magen; das rechte Wort eines Menschen stillt alle Wünsche" (Sprüche 18,20).

Wer klatscht, plaudert auch Geheimnisse aus, deshalb triff dich nicht mit Leuten, die zu viel reden" (Sprüche 20,19).

Besser gliedern Es gibt ganz einfache Grundregeln, die für eine effektive Kommunikation wichtig sind:

- Das Gespräch muss gut vorbereitet werden
- Jede Kommunikation hat neben der Sachebene auch eine Beziehungsebene. Dies gilt es zu bedenken.

- Sachliche Informationen werden klar und verständlich weitergegeben. Der Angesprochene hört zu und zieht nicht gleich Rückschlüsse. Bei Unklarheiten wird nicht wahllos interpretiert und es werden auch nicht Unterstellungen gemacht, sondern es wird sachlich nachgefragt.
- Auf der Beziehungsebene werden Gefühle direkt angesprochen, man drückt aus, wie man etwas empfindet und wahrnimmt, ohne das Gesagte zu beurteilen.
- Man ist sich bewusst, dass Kommunikation nicht nur durch Worte erfolgt, sondern auch durch Mimik und Körperzeichen.
- Der Gesprächspartner muss sich ernst genommen fühlen. Man versucht, sich in die Lage des anderen zu versetzen und fragt sich: „Wie würde ich reagieren, wenn ich in seiner Situation wäre?"
- Man hört aufmerksam und aktiv zu und schaut nicht immer wieder auf die Uhr oder sieht nach, wenn sich eine Nachricht auf dem Handy anmeldet.
- Man versucht, zuerst zu verstehen, wie es Stephen Covey sagt, bevor man von anderen verstanden wird.[46]
- Dazwischenreden ist sehr unhöflich. Man lässt den anderen ausreden, auch wenn einem schon eine passende Antwort auf der Zunge liegt.
- Man bleibt bei der Wahrheit und übertreibt nicht.
- Wenn Kritik angebracht werden muss, muss die Sache gut im Gebet vorbereitet werden, es sollten ICH-Botschaften und keine DU-Botschaften formuliert werden.
- Man geht vom Besten aus bei seinem Gegenüber und glaubt, dass er sein Bestes gibt.
- Man versucht nicht nur die Worte, sondern das Grundanliegen herauszuhören.

---

[46] Covey, Stephen R., *The 7 Habits of Highly Effective People*, Fireside, New York, 1990, 235-260

Wenn Sie das nächste Mal mit Menschen zusammen sind, setzen Sie sich das Ziel, die andere Person mit ihrem echten Anliegen zu verstehen, ihre Gedanken und auch ihre Gefühle. Kommentieren Sie und stellen Sie Rückfragen. Wiederholen Sie ihre Worte und geben Sie eine Zusammenfassung, wie Sie diese verstanden haben, denn Sie müssen immer wieder davon ausgehen, dass Sie sie missverstanden haben könnten.

Wenn die Beziehung gerade angespannt ist, können gut gemeinte Ratschläge das Gegenteil bewirken, sie können sogar als Verurteilung und Ablehnung bewertet werden. Viel effektiver ist es, einen günstigeren Moment abzuwarten.

Die Macht der Zunge

An unserem Körper gibt es ein kleines, schwer zu kontrollierendes Organ – die Zunge. Alle guten Vorsätze, unsere Beziehungen positiv zu gestalten, ohne dabei aber unsere Zunge im Griff zu haben, enden letztendlich in einem Fiasko. Selbstkontrolle ist in hohem Maße auch Zungenkontrolle.

> Selbstkontrolle ist in hohem Maße auch Zungenkontrolle.

Jakobus geht sogar so weit, dass er sagt: *„Wer seine Zunge im Zaum hält, der kann sich auch in anderen Bereichen beherrschen"* (Jakobus 3,2). Mit dem gleichen Mund, schreibt er, können wir Gott loben und andere ermutigen, aber zugleich eine *„Welt voll Ungerechtigkeit sein",* die *„alles beschmutzen und das ganze Leben zerstören kann, wenn sie von der Hölle selbst in Brand gesteckt wird"* (Jakobus 3,6). Das soll bei uns auf keinen Fall so sein. Wir können noch so lange bekennende Christen sein und trotzdem unsere Zunge nicht dem Heiligen Geist zur Kontrolle übergeben haben. Vielleicht wartet er immer noch darauf.

Bedenken wir: was wir sagen, können wir nicht mehr zurückholen, so wie es die Autofabriken mit den defekten Autos tun. Vielleicht kennen Sie die Geschichte des schwarzen Huhnes: Eine Frau kam zu ihrem Pfarrer und entschuldigte sich für die bösen Worte, die sie über ihn verbreitet hatte. Der Pfarrer vergab der Frau, verlangte von ihr aber, dass sie ein schwarzes Huhn schlachten und dann wieder zu ihm kommen sollte samt Huhn und Federn. Die Frau war froh, dass sie etwas zur Wiedergutmachung tun konnte und stand am nächsten Tag wie verlangt vor der Tür des Pfarrers. Dieser bedankte sich für das Huhn und gab ihr dabei nochmals eine Aufgabe. Er bat die Frau, mit der Tüte voller Federn durchs Dorf zu gehen und vor jeder Haustüre, an der sie schlecht über ihn geredet hatte, ein paar der Federn abzulegen. Mit dem Rest solle sie auf den Kirchturm steigen und die Tüte von oben entleeren. Dann solle sie sich nochmals bei ihm melden. Sie dachte, was das für eine komische Aufgabe sei, aber sie machte es genau so, wie der Pfarrer gesagt hatte. Fröhlich flatterten dabei die Federn im Wind worauf man sie bald nicht mehr sah. Zufrieden kam die Frau wieder an die Haustüre und erklärte: „Herr Pfarrer, ich habe alles erledigt." Er erwiderte ihr jedoch mit einem wehmütigen Blick: „Nun habe ich noch eine letzte Aufgabe für Dich. Gehe und sammle alle Federn wieder ein." Die Frau senkte darauf den Blick und sagte: „ Das kann ich nicht, denn es ist unmöglich." Da wurde ihr klar, was sie getan hatte. Aber der Pfarrer sagte freundlich: „Ich habe dir vergeben! Aber denke immer daran, dass man böses Reden nicht ungeschehen machen kann. Was gesagt ist, ist gesagt." Wir können uns zwar entschuldigen, doch das Gesagte kann nicht rückgängig gemacht werden, auch wenn es uns noch so leid tut. Wir sind deshalb mit dem Sprichwort gut beraten: „Denke einmal, bevor du etwas tust, denke zweimal, bevor du etwas sprichst." Petrus sagt: *„Wenn du ein glückliches Leben führen willst, dann hüte deine Zunge vor bösen Worten und verbreite keine Lügen"* (1. Petrus 3,10).

Die Bibel ist voll von Warnungen wegen übler Nachrede und Klatsch. Wir sollen uns davon trennen (1. Petrus 2,1). Menschen, die ihre Zunge nicht zügeln können, bekennen durch ihr Geschwätz, dass sie charakterlich schwach und nicht sehr an erbauenden Beziehungen interessiert sind. In dem Moment, an dem wir negativ über andere reden, stellen wir uns automatisch über sie und uns dadurch in ein besseres Licht. Wir können geschwätzigen Leuten nicht vertrauen, denn genauso wie sie über andere herziehen, werden sie in unserer Abwesenheit auch über uns reden. Manchmal dient es, wenn wir liebevoll, aber entschieden zu verstehen geben, dass wir uns von Schwatzsucht distanzieren (Titus 3,9). Und doch merken wir immer wieder, dass wir selber immer noch dagegen kämpfen müssen.

Am Ende einer Konferenz fuhr eine Gruppe wieder zurück ins Hotel, um sich für den Weiterflug nach Hause bereit zu machen. Bei der Ankunft im Hotel merkte eine Teilnehmerin, dass sie ihre Handtasche im Zentrum vergessen hatte und sie ging wieder zurück. Während ihrer Abwesenheit machte der Gruppenleiter eine kritische Bemerkung über sie: „Typisch, mal wieder." Beim Erreichen des Flughafens am nächsten Morgen, merkte derselbe Gruppenleiter zu seiner Bestürzung, dass er seine Tasche mit Pass und Flugticket im Hotel vergessen hatte. Jetzt musste die ganze Gruppe auf ihn warten und zwar noch länger als am Vortag. Bei seiner Rückkehr entschuldigte er sich bei der Teilnehmerin vor der ganzen Gruppe – er hatte seine Lektion auf peinliche Art gelernt.

Stolz überwinden

Es gibt kaum eine perfidere Art als im Bereich der eigenen Ehre angetastet zu werden. Satan wollte damit sogar Jesus versuchen, als dieser in der Wüste war. Wie groß wäre Jesus wohl herausgekommen, wenn er sich wirklich von der Zinne des Tempels gestürzt hätte?

Als König Nebukadnezar – die Geschichte können Sie im Buch Daniel nachlesen – eines Tages spazieren ging, rühmte er sich und sagte: *„Ist es nicht ein großartiges Babel, das ich allein durch meine gewaltige Macht zur königlichen Residenz erbaut habe? Gereicht sie mir nicht zu Ruhm und Ehre"* (Daniel 4,27). Natürlich ist diese Aussage offensichtlich arrogant und naiv. Aber auch bei uns melden sich manchmal die kleinen „Nebukadnezars" und möchten beachtet und gelobt werden. Doch es scheint, als wären wir darin viel schlauer: Wir sprechen Dinge in einer Art und Weise an, so dass sie nicht gleich arrogant wirken, manchmal sogar negativ über uns selber, aber auch nur deshalb um Komplimente zu ergattern. Sprüche 12,23 sagt dazu: *„Ein weiser Mensch preist sein Wissen nicht an, die Narren aber posaunen ihren Unsinn aus."*

Ich habe schon oft von einflussreichen Menschen gelesen, die es sich zum Ziel machten, jeden Tag einen gemeinnützigen Dienst zu tun, der aber von anderen unbemerkt bleiben soll. Ich habe versucht, diesen Vorsatz zu übernehmen und merkte bald, dass es ganz schön gegen das Ego geht. Ich tue es aus dem alleinigen Grund, weil ich Gott damit ehren will. Sei es, z.B. den Müll vom Gehweg aufzuheben, die Tafel zu wischen, etwas im Verborgenen zu spenden, bewusst den Mund zu halten über persönlichen Erfolg oder Verzicht. Es ist zutiefst biblisch, wenn wir unsere Taten nicht zur Schau stellen (Matthäus 6,1).

> Es ist zutiefst biblisch, wenn wir unsere Taten nicht zur Schau stellen (Matthäus 6,1).

Oft merken wir gar nicht, wie wichtig uns die eigene Ehre ist, bis jemand eine negative Bemerkung über uns macht, uns kritisiert oder uns nicht beachtet. Müssen wir dann die Dinge möglichst schnell wieder gerade stellen, uns rechtfertigen und verteidigen? Wenn ja, liegt es meist an unserem verletzten Stolz. Unser Ego wehrt sich. Es gibt nichts Hemmenderes für geistliches Wachstum als Stolz und Arroganz, und nichts ist förderlicher als Demut. Dalls Willard schreibt: „Um unseren Hunger nach Anerkennung zu bezwingen, bedarf es oft eines hohen Maßes an göttlicher Gnade. Wenn wir jedoch diese Übung praktizieren, dann wird es uns immer mehr zu einem Bedürfnis, verborgen und unbekannt zu bleiben. Wir lernen sogar, es hinzunehmen, dass wir missverstanden werden, ohne dabei unseren inneren Frieden, unsere Freude und unsere Entschlossenheit zum Guten zu verlieren."[47] Wir wachsen in unseren Beziehungen, wenn wir nicht Sklave werden von dem, was andere von uns denken. Wir wollen vielmehr daran interessiert sein, was Gott über uns denkt und dass er in allem geehrt wird (Philipper 1,20).

Wege, um uns vor Stolz zu schützen können folgende sein:

- Uns bewusstmachen, dass alles, wirklich alles, nicht unser Verdienst ist, sondern ein Geschenk Gottes. „Was mich betrifft, so bewahre Gott mich davor, mit irgendetwas anzugeben. Rühmen will ich mich nur einer Sache: des Kreuzes von Jesus Christus" (Galater 6,14).
- Nach Erfolgen besonders wachsam sein. „Stolz kommt vor dem Verderben und Hochmut kommt vor dem Fall" (Sprüche 16,18).
- Maß halten in unserer Selbsteinschätzung (Römer 12,3).
- Dienste tun, ohne dabei bemerkt zu werden (Matthäus 6,1).
- Ständiges Ausschau halten nach Möglichkeiten, um anderen ehrliche Anerkennung zu geben. „Konzentriert euch auf [...] Dinge, die Auszeichnung und Lob verdienen" (Philipper 4,8).

---

[47] Willard, Dallas, *Das Geheimnis geistlichen Wachstums*, Gerth Medien, Asslar, 2002, S.207

Fast jeder kennt Mount Rushmore in South Dakota, wo die Porträtköpfe der vier ersten amerikanischen Präsidenten in eine Felswand eingemeißelt sind. Fast niemand kennt jedoch Doane Robinson, den Künstler, der hinter diesen prachtvollen Skulpturen steckt. Das Monument wird bewundert und gepriesen, er aber ist ein vergessener Mann. Genauso sollte es laut Jesus sein. Auch wir bekommen immer wieder die Möglichkeit, hinter den Kulissen zu wirken. Andere sehen unsere Taten und loben Gott (Matthäus 5,16). Dies schützt uns davor, stolz zu werden.

Um geistlich zu wachsen brauchen wir Beziehungen, die uns stärken, erbauen, herausfordern oder auch korrigieren. Christen in Isolation verkümmern stattdessen mit der Zeit. Um dies zu verhindern, braucht es freundschaftliche Beziehungen der Liebe und Demut.

Tiefer wurzeln

1. Welche Möglichkeiten bieten sich uns zum geistlichen Wachstum, wenn wir bewusst Beziehungen pflegen?

2. Haben Sie geistlich gesinnte Freunde? Wonach richten sich diese aus?

3. Wie gestalten Sie ihre Freundschaft? Wie oft treffen Sie sich?

4. Wo können Sie im Moment die Agape-Liebe anwenden?

5. Unter welchen Konditionen vergibt uns Gott (Matthäus 6,15)?

6. Leben Sie in der Vergebung? Fallen Ihnen gerade Menschen ein, denen Sie vergeben sollten? Tun Sie es!

7. In welchen Zeiten müssen Sie auf der Hut sein, dass Ihre Zunge nicht außer Kontrolle gerät?

8. Was halten Sie von der Idee, bewusst Taten der Liebe zu tun, ohne dabei entdeckt zu werden?

Seine Zeit sinnvoll gestalten

Bei der Schöpfung wurde der Mensch dazu beauftragt, über alles zu „herrschen", was ihm Gott zur Verfügung gestellt hatte (1. Mose 1,26). Zeit ist darin eingeschlossen und soll treu verwaltet werden. Trotzdem vergessen wir nur allzu leicht, dass sie uns lediglich anvertraut, ja eigentlich nur geliehen worden ist. Zur Verwaltung dieses kostbaren Guts gehört es, dass wir uns überlegen, wie viel wir davon Gott aus Dankbarkeit zurückgeben wollen. Natürlich gehört *alles* ihm, jedoch kann das Segensprinzip vom Geben des Zehnten als Hilfe dienen, das sich durch die ganze Heilige Schrift hindurch zieht (5. Mose 26,12; Lukas 18,12; Hebräer 7,2-10), und nicht nur unseren Geldbeutel betrifft. Selbst in der Gesetzgebung findet dieses Prinzip seinen Ausdruck (3. Mose 27,30-33). Ich bin dankbar, dass ich schon als Kind etwas davon gelernt habe, wie man Gott seinen Anteil wieder zurückgibt, was mir heute hilft, meine Zeit entsprechend zu budgetieren und bewusst den zehnten Teil davon an Gott zurückzugeben.

Bei einem sinnvollen Zeitmanagement geht es vor allem um ganz praktische Dinge des Alltags. Dies reicht bis in unsere Privatsphäre hinein. Deshalb betrifft es den Bereich der „Wurzeln". Ein reicher Ertrag ist letztendlich auf gutes Zeitmanagement zurückzuführen.

Unsere Zeit im Griff haben

Kennen Sie die beiden Nachrichten über Zeit? Sie lauten so: „Die schlechte Nachricht ist, die Zeit fliegt nur so dahin. Die gute Nachricht ist, Sie sind der Pilot" (Michael Altshuler). Die Zeit fliegt dahin. Wir können sie nicht aufhalten, wir können sie nicht einmal manipulieren. Sie ist eine Konstante. *„Alles hat sei-*

> Wir managen deshalb nicht die Zeit, sondern unser Leben und unsere Aufgaben. Es geht vielmehr um unsere Berufung, als um die verstrichenen Minuten.

ne Zeit, alles auf dieser Welt hat seine ihm gesetzte Frist" (Prediger 3,1). Es ist von Gott so verordnet und wird bis ans Ende der Zeit so bleiben. Das Einzige, was wir tun können ist, uns so einzurichten, dass wir das Beste aus dieser Zeit herausholen. Wir managen deshalb nicht die Zeit, sondern unser Leben und unsere Aufgaben. Es geht vielmehr um unsere Berufung, als um die verstrichenen Minuten.[48] Es scheint, dass uns die Zeit zerrinnt, wenn wir einfach zuschauen oder unserem Leben keine Führung geben. Ein Pilot muss seine Instrumente ständig im Blick haben und wenn der Kurs nicht mehr stimmt, braucht es eine Kurskorrektur, sonst wird er selbst bei einem korrekten Start nicht ans Ziel gelangen. Durch das Lesen dieses Buches bringen Sie zum Ausdruck, dass Sie Ihre Instrumente im Blick behalten und als „Pilot" Verantwortung übernehmen wollen, um Ihrem Leben Richtung und Ziel zu geben. Zeitmanagement ist also nichts anderes als Selbstmanagement.

„Kaufet die Zeit aus", werden wir in Epheser 5,16 aufgefordert. Darin wird deutlich, dass wir die uns zur Verfügung stehenden Gelegenheiten weislich nutzen sollen, um unsere Zeit nicht unnötig zu verschwenden. Der Psalmist betete dazu folgendes: *„Lehre uns, unsere Zeit zu nutzen, damit wir weise werden"* (Psalm 90,12). Demnach hat Zeiteinteilung etwas mit Weisheit und Reife zu tun. Zeitmanagement könnte man völlig falsch verstehen. Wir könnten darunter eine abgehetzte Person sehen, die fieberhaft jede Sekunde ausnutzen möchte, um möglichst viel zu erledigen. Selbst der Schlaf ist für sie vergeudete Zeit – ja, sie findet ihn gar nicht mehr, weil die noch unerledigten Arbeiten sie beschäftigen. Sie merkt nicht, dass sie in

---

[48] In meinem Buch *Adlertyp – heraus aus dem Hühnerhof! Entdecken und entwickeln Sie Ihr Leitungspotential*, finden Sie ein ganzes Kapitel wie Sie ihre Berufung finden können.

das „Martha-Syndrom" gekommen ist: „Du hast viel Sorge und Mühe" (Lukas 10,41). Sie realisiert nicht, dass wertvolle Momente, wie auf dem Boden zu sitzen und für einige Minuten mit dem dreijährigen Sohn zu spielen, auch zu effektivem Zeitmanagement gehören. Gerade was wir in unserer Freizeit tun, entscheidet darüber, wie wir uns entwickeln. Oder wie es Alexis Carrel ausdrückt: „Es kommt nicht darauf an, dem Leben mehr Jahre zu geben, sondern den Jahren mehr Leben."[49]

„Wenn man zu lange überlegt, ob man etwas tun soll, wird daraus oft ein „Nichttun" desselben. (Eva Young). Egal welcher Typ Mensch wir sind, Zeitmanagement können und sollen wir lernen.

Während der Zeit meines Fernstudiums, das ich in der freien Zeit neben der normalen Tätigkeit absolvierte, konnte ich, was Zeiteinteilung angeht, viel lernen. In Wirklichkeit handelt es sich beim Zeitmanagement ganz einfach um die Kunst, das Wichtige vom Dringlichen zu unterscheiden. Es geht um weises Verwalten unserer Zeit. Es geht um unsere Hingabe an etwas und um die Disziplin, es durchzuziehen, ohne dabei aus der Balance zu geraten. Beim Zeitmanagement geht es vor allem darum, die verschiedenen Lebensbereiche so zu führen und zu organisieren, dass die zur Verfügung stehende Zeit sinnvoll und optimal genutzt wird, damit dieser Satz von Karen Lamb bei Ihnen letztendlich nicht zutrifft: „In einem Jahr werden Sie sich wünschen, Sie hätten heute angefangen."

Wir müssen lernen, Entscheidungen zu treffen, ob gewisse Dinge im Leben eine hohe Priorität haben oder nicht. Es wird eine Geschichte erzählt von einer Familie, die ein Picknick machte, während der

> Wir müssen lernen, Entscheidungen zu treffen, ob gewisse Dinge im Leben eine hohe Priorität haben oder nicht.

---

[49] Carel, Alexis: http://zitate.net/alexis-carrel-zitate (eingelesen am 24.08.2016)

5-jährige Sohn unbemerkt zum See ging und plötzlich spurlos verschwunden war. Keiner der Erwachsenen konnte schwimmen. Gerade, als sie sich nach Hilfe umsahen, kam ein Mann vorbei. Der erkannte die Situation und rettete den Jungen. Als er aus dem Wasser stieg mit dem Kleinen auf dem Arm, fragte die Mutter ganz irritiert: „Wo ist denn Johnnys Mütze?" Wir sind entsetzt und fragen uns, wie wichtig wohl die Mütze in dieser Situation war. Es kann vorkommen, dass wir uns in Kleinigkeiten verlieren und das große Bild nicht mehr sehen. Wir sind wegen Unbedeutendem unzufrieden und danken nicht für das Bedeutende. Wir verschwenden Zeit für dringenden Kleinkram und verlieren die Perspektive für unseren Hauptauftrag.

Kevin Kashman rät deshalb, den Fokus weg von Zeitmanagement und eher auf Energiemanagement zu richten.[50] Wenn wir durch genügende Spannkraft das Gefühl haben, dass wir über einer Sache stehen, dann fühlen wir uns auch nicht als Sklaven der Zeit. Unser Durchhaltevermögen und unsere Elastizität kommen im stressigen Alltag unter Druck, nicht aber unsere Zeit. Stresssituationen, Spannungen und Belastungen bringen uns vorwärts, sofern es keine Dauerzustände sind. Um diese zu vermeiden, suchen wir immer wieder Zonen, wo wir unserer inneren Batterie erneut Energie zuführen können. Da ist unsere Kreativität gefragt, damit uns dies gelingt.

Beim Zeitmanagement geht es auch um Prioritäten, Werte und Beziehungen. Wenn ich z.B. zu einer Sitzung unbegründet zu spät komme, signalisiere ich damit, dass ich entweder keine Lust auf die Sitzung habe, desorganisiert bin oder dass ich die Anwesenden nicht wertschätze – ich vergeude ja ihre Zeit. Wenn ich nur fünf Minuten verspätet bin und es sind zwölf Leute anwesend, so habe ich eine ganze Stunde Zeit vergeudet. Ich

---

[50] Kashman, Kevin, *Leadership from the Inside Out: Becoming a Leader for Life*, Berrett-Koehler Publishers, San Fransisco, 2008, S. 127

persönlich richte mich gerne nach folgenden fünf Regeln, die ich als hilfreich empfinde, um meine Zeit weise zu nutzen.

Fünf Regeln zur effektiven Zeitplanung

Jeder nimmt seine Zeit anders wahr, deshalb lässt sich beim Zeitmanagement nicht alles verallgemeinern. Ich brauche mich nicht stressen zu lassen, wenn meine Kollegin einen Vortrag schneller vorbereiten kann als ich. Ich suche nach Menschen, die anders mit ihrer Zeit umgehen als ich, um von ihnen zu lernen. Trotzdem sind die folgenden klassischen Methoden gute Ausgangspunkte. Es gibt aber noch eine Menge an Literatur, die einem dabei weiterhelfen kann.

Erste Regel: Zielsetzung

Setzen Sie sich **Ziele**. Es gibt persönliche Lebensziele, wie auch Ziele für die Arbeit. Schreiben Sie diese auf. Die persönlichen Ziele können die fünf Bereiche der persönlichen Lebensführung (Geist, Körper, Verstand, Emotionen, Beziehungen) miteinschließen. Vielleicht wollen Sie sich für das kommende Jahr vornehmen, die Jahresbibel zu lesen, um eine Gesamtübersicht über Gottes Plan mit der Menschheit zu bekommen. Notieren Sie sich, wie Sie sich sportlich betätigen wollen, anstatt abzuwarten, bis ihr Körper sich unliebsam meldet und der Arztbesuch unausweichlich ist. Sie planen, welche Weiterbildung Sie bis zu welchem Zeitpunkt abschließen wollen. Ihre Zeiteinteilung wird sich vermutlich nach diesem Ziel richten. Es gibt z.B. Kurzzeitziele, Jahresziele, 5- und 10-Jahresziele.

Damit die Ziele nicht irgendwelche undefinierbaren Luftschlösser bleiben, ist die **SMART**-Methode zur Durchführung sehr hilfreich.

- **S – Spezifisch.** Ein Ziel sollte schriftlich festgehalten, präzise und klar sein. Ein bisschen gesünder leben oder geistlich wachsen ist ein ehrenwertes Ziel, aber zu vage ausgedrückt und letztendlich Wunschdenken. Viel besser ist: „Ich mache am Montag, Donnerstag und Samstag einen halbstündigen Dauerlauf, oder Ich stelle meinen Wecker 15 Minuten früher um zu beten."
- **M – Messbar.** Kann ich mein Ziel in Zahlen ausdrücken, oder ist es sonst irgendwie nachvollziehbar und überprüfbar? Nur so kann ich auch, wenn nötig, Gegensteuer geben. Natürlich ist die „Erhöhung der Mitarbeiterzufriedenheit" schwer messbar, und doch kann man es an Merkmalen erkennen.
- **A – Attraktiv** und anspruchsvoll. Ziele sollten eine Herausforderung darstellen und mich aus dem „Schneckenhaus" hervorholen.
- **R – Realistisch.** Allem berechtigten Eifer zum Trotz müssen Ziele auch erreichbar sein. Ich frage mich, ob ich die nötigen Ressourcen habe oder nicht. Nüchtern sein und den normalen Menschenverstand zu gebrauchen ist angebracht. Dies schließt aber ein gewisses Wagnis und Risiko nicht aus. Nelson Mandela sagte einmal: „Es scheint immer unmöglich zu sein, bis es getan ist."[51]
- **T – Terminiert.** Die Ziele sind auf einen konkreten, festen Zeitraum bezogen. Aber Vorsicht! Geben Sie sich genügend Zeit.

Ein Wort der Vorsicht: Planen Sie bewusst Unterbrechungen ein, sonst werden Sie durch Ihre zu straffe Zeitplanung unnötig unter Druck gesetzt. Geben Sie sich von vornherein etwas mehr Zeit, denn meistens gibt es unvorhergesehene Dinge, die einen aufhalten. Manchmal regt man sich über Unterbrechungen auf, die aber oft Gott gewollte Gelegenheiten sind, um für andere

---

[51] Mandela, Nelson: http://www.tegos.eu/de/News/Inspiriert-durch-Nelson-Mandela-tegos-in-Afrika.htm (eingelesen am 24.08.2016)

Menschen ein Segen zu sein. Auch Jesus ließ sich immer wieder von Menschen unterbrechen, sie waren ihm wichtig. Auf der anderen Seite konnte er es sich leisten, sich immer wieder von der Menge zurückzuziehen (Lukas 5,16).

Zweite Regel: Prioritätensetzung

„Ich habe dafür keine Zeit." Diese Pseudo-Entschuldigung habe ich angefangen, aus meinem Wortschatz zu streichen. Zeit haben wir alle gleich viel, aber was wir damit tun, sind normalerweise die Dinge, die uns einfach wichtig sind. Dafür finden wir (fast) immer Zeit. Trotzdem gäbe es so viel, was mich interessieren würde und was ich gerne tun würde, doch, wenn ich keine Prioritäten setze, ertrinke ich letztendlich im Angebot der Möglichkeiten. Dabei hilft es mir, die kleinen, aber kraftvollen Wörter **„Ja"** und **„Nein"** konstruktiv einzusetzen. Wenn wir zu etwas Ja sagen, sagen wir automatisch zu etwas anderem Nein. Es gibt zwar leider auch chronische Nein-Sager, die nicht mehr offen sind für Neues und sich in ihrem Schneckenhaus verkrochen haben, aber die meisten leiden eher darunter, nicht „Nein" sagen zu können. Sie sind in der Gefahr auszubrennen.

> Wenn wir zu etwas Ja sagen, sagen wir automatisch zu etwas anderem Nein.

Wir fühlen uns unheimlich geschmeichelt, wenn wir für einen Dienst angefragt werden, und um niemanden zu enttäuschen sagen wir „Ja". Aber die Gefahr dabei ist, dass dadurch die uns am nächsten Stehenden, z.B. in unserer Familie, letztendlich darunter leiden, weil wir zu ihnen indirekt „Nein" gesagt haben. Eine gesunde Balance ist somit gefragt. Es ist nicht immer einfach, solche Entscheidungen zwischen Ja und Nein zu fällen. Man muss beide Seiten abwägen und dies erfordert unsere ganze Aufmerksamkeit, vor allem wenn es um größere Dinge geht. Dazu braucht es ausreichenden Schlaf und körperliche Fitness.

Manchmal muss ich mir eine Entscheidung auch richtiggehend abringen, weil sie nicht von alleine gefällt wird.

Work-Life-Balance ist ein Modewort geworden. Es geht dabei um eine gute Balance zu finden zwischen Arbeit und Ruhen. Aber ich finde diesen Ausdruck etwas irreführend, da er den Eindruck erweckt, dass Arbeit nicht zum Leben gehöre oder die Arbeit und das Leben sich sogar gegenseitig ausschließen. Eigentlich geht es vielmehr darum, die verschiedenen Bereiche im Leben, sei es die Familie, unser geistliches Leben, die Gesundheit oder eben die Arbeit in einer guten Balance zu halten. Wem es gelingt, ein gesundes Gleichgewicht zwischen Ruhe- und Arbeitsphasen zu schaffen, wird auf längere Sicht leistungsfähig bleiben. Diese Ausgewogenheit zwischen An- und Entspannung muss bewusst gestaltet werden. Die „8-8-8 Methode" ist eine simple Gedächtnisstütze. Nehmen wir einmal an, wir könnten uns acht Stunden Schlaf gönnen (was ja super ist) und wir arbeiteten acht Stunden pro Tag (Samstag miteingeschlossen), dann haben wir immer noch – sage und schreibe – acht Stunden pro Tag zur freien Verfügung, dazu noch den ganzen Sonntag. Könnte es sein, dass wir oft mehr Zeit haben als wir denken?

Sehr hilfreich ist es, einmal während einer Woche aufzuschreiben, wie wir unsere Zeit verbringen. Das Resultat könnte ziemlich schockierend sein. Allgemein zerrinnt viel kostbare Zeit vor dem Fernseher und beim Internet-Surfen. Ein Zeitbudget kann helfen, Tätigkeiten der Woche nach Priorität zu ordnen und Zeiträuber zu erkennen. So kann ich meine Zeit schon weit im Voraus planen und bleibe der „Pilot", der nicht planlos durch die Gegend fliegt.

Mary Slessor musste im 19.Jh mit nur elf Jahren von sechs Uhr morgens bis um sechs Uhr abends arbeiten. Sie konnte sich aber trotzdem nebenher noch weiterbilden, weil ihr Ziel darin bestand, einmal Menschen in Afrika helfen zu können.

Von David Livingstone wird berichtet, dass er mit zehn Jahren in einer Baumwollspinnerei vierzehn Stunden am Tag arbeitete. Sicherlich hätte er genügend Entschuldigungen gehabt, nicht nebenher noch zu studieren. Aber nichts hielt ihn davon ab; als 16-Jähriger konnte er lateinisch lesen und mit gerade einmal 27 Jahren beendete er ein Studium in Medizin und Theologie.[52] Wer hat gerade gesagt, er habe keine Zeit?

Ich schreibe solche Geschichten nicht, um uns unter Druck zu setzen. Man muss bedenken, dass diese Leute nicht von technischen Entwicklungen und unmittelbarem Konsumstreben so abgelenkt waren wie wir. Trotzdem, eine erstaunliche Leistung! Unsere heutige Generation ist viel mehr angehalten, Prioritäten zu setzen. Deshalb müssen wir uns Zeitzonen schaffen, in denen wir frei von Ablenkungen sein können. Wir müssen lernen, uns ganz **bewusst zurückzuziehen** und uns Zeiten freizuhalten, in denen wir ungestört an wichtigen Aufgaben arbeiten können. Und wenn es täglich nur eine Stunde wäre.

> Wir müssen lernen, uns ganz bewusst zurückzuziehen und uns Zeiten freizuhalten, in denen wir ungestört an wichtigen Aufgaben arbeiten können.

Um mit unserer Zeit klar zu kommen, müssen wir unbedingt lernen, zwischen **wichtigen und dringenden Tätigkeiten** zu unterscheiden. Oft lassen wir uns vom Dringenden hetzen, doch die Frage ist, wie wir es schaffen können, diesem Hamsterrad zu entkommen.

1. Der Reihenfolge nach sollten wir zuerst **wichtige** und **dringende** Tätigkeiten erledigen. Damit gemeint sind z.B. Aufgaben mit einem Zeitplan und Sitzungen, die wirklich nötig sind.

---

[52] Diese beiden Beispiele werden von Oswald Sanders erzählt in: *Spiritual Leadership*, Bible Moody Institute, Chicago, 1994, S. 95

2. Dann versuchen wir, so viel Zeit wie möglich freizuhalten für strategisch **wichtige,** aber **nicht dringende** Tätigkeiten. In dieser Zeit setzen wir Ziele und arbeiten darauf hin. Wir machen Pläne, investieren in Beziehungen, „schärfen unsere Säge", studieren und arbeiten an Langzeitprojekten, die effektiv sind. In diese Rubrik gehören auch Auszeiten.
3. Drittens gibt es **dringende,** aber **nicht wichtige** Dinge. Oft leiden wir hier unter der Tyrannei des Dringenden, und wir müssen uns zu einer Entscheidung zwingen, ob eine Tätigkeit wirklich zu unserem Auftrag gehört, ob wir sie zu einem späteren Zeitpunkt tun können oder ob wir sie delegieren sollen. Delegieren hat etwas mit Vertrauen zu tun. Wir müssen nicht in jedem Gremium dabei und auch nicht rund um die Uhr erreichbar sein.
4. Zuletzt sollten wir alle **unwichtigen** und auf keinen Fall dringenden Dinge von unserer To-Do-Liste streichen. Dazu gehören Aufgaben, die uns einfach geschäftig machen, die uns Zeit rauben und zu nichts führen.

Die altbewährte **To-Do-Liste** hat nicht ausgedient, auch wenn sie nicht jedermanns Ding ist. Sie hilft mir, täglich oder wöchentlich – je nach Tätigkeiten – aufzuschreiben, was nicht vergessen werden darf. Durch ein paar Minuten Planung am Anfang oder Ende des Tages können wir uns Stress ersparen. Dabei ist es hilfreich, das Blatt in A, B und C aufzuteilen. A steht für Dinge, die unbedingt heute gemacht werden sollten. B sind Tätigkeiten, die wichtig sind, die aber auch morgen gemacht werden können. Und C steht für wünschenswerte, nette Dinge, die man tun kann, wenn die Zeit reicht. Gerne überlege ich mir jeweils monatlich, was dran ist. Es gibt gute Hilfsmittel, auch Agenden, die uns helfen können, Termine nicht zu vergessen.

Verblüffend simpel, aber äußerst kraftvoll kann im Gegenzug eine **Not-To-Do-Liste** sein. Wenn man z.B. an einem speziellen Projekt arbeitet, das volle Konzentration erfordert, ist es sinnvoll, nebenher nicht seine wertvolle Zeit mit dem ständigen Lesen von Nachrichten in sozialen Netzwerken und privaten E-Mails oder ungezieltem Surfen zu verplempern. Denn bei einer Unterbrechung der Konzentration braucht es zusätzliche Zeit, um wieder zum Projekt zurück zu finden. So sind schon einmal wesentliche Zeitfresser ausgeschaltet.

Wer seine **Leistungskurve** kennt, kann seine Tätigkeiten besser einplanen. Die meisten sind am Vormittag produktiver, deshalb sollten Arbeiten, die hohe Konzentration bedürfen, in dieser Zeit eingeplant werden.

Dritte Regel: Tun Sie es jetzt

Dieses Prinzip ist verblüffend einfach, wird aber trotzdem nicht oft angewendet, denn wer kennt das denn nicht: Wir wissen, dass etwas getan werden sollte, schieben es aber immer wieder vor uns her, weil die Arbeit unangenehm und lästig ist. Sie steht wie ein Berg vor uns. „Ich tue es dann morgen", mag unsere Ausrede sein. Aber die rechte Motivation dazu und die richtige Zeit werden nie kommen. Dann trifft zu was Donald Gardner sagt: „Wissen Sie, was passiert, wenn Sie jemandem, der immer alles aufschiebt, eine Aufgabe geben? Nichts!" Wie mit einem Schneepflug werden diese Tätigkeiten vor uns hergeschoben und mit der Zeit kommen immer mehr dazu. Sie bleiben im Hinterkopf und erzeugen unbewussten Stress. Wenn dann aber wirklich alle Stricke reißen, erledigen wir die Sache schließlich unter Druck, um den Abgabetermin einzuhalten. Wir hätten aber viel freier und sorgloser gelebt, wenn wir die Arbeit von vornherein gleich erledigt hätten. Es braucht oft die gleiche Energie, eine Aufgabe auf die Seite zu legen oder hinauszuschieben, als sie gleich zu erledigen. Deshalb empfehle ich, Papiere oder Briefe generell nur einmal in die

> Es braucht oft die gleiche Energie, eine Aufgabe auf die Seite zu legen oder hinauszuschieben, als sie gleich zu erledigen.

Hand zu nehmen und gleich zu entscheiden, was damit getan wird. E-Mails, für die man schon eine Antwort parat hat, sollte man unmittelbar schreiben und abschicken. Schnelle und doch wohlüberlegte, Entscheidungen müssen eingeübt werden.

Tun Sie es jetzt. Es gibt also viele kleine Dinge, die man sofort erledigen kann und soll, auch wenn sie unangenehm sind. Der Aufwand, sie zu verschieben, ist größer, als sie gleich zu erledigen. „Heute" heißt die Medizin, die auch in Hebräer 3 immer wieder erwähnt wird. Damit bekommen Sie den „Aufschieberitis-Virus" in den Griff. In den meisten Fällen kann man aber einen späteren Zeitpunkt festlegen, wobei die Betonung nicht auf „später", sondern auf „Zeitpunkt festlegen" liegt.

Wenn ich eine Aufgabe vor mir habe, die meine volle Konzentration erfordert, helfen mir späte Nacht- oder frühe Morgenstunden, um absolut ungestört zu sein. Ich bemühe mich aber, dass sie nicht allzu oft vorkommen.

Aufgaben, die zu groß sind und einen zu erdrücken drohen, können in einzelne Schritte zerlegt und dann nacheinander abgearbeitet werden. Diese Teilerfolge sorgen wiederum für Motivation und Freude für die nächsten Schritte. Man kann dadurch auch den Fortschritt besser verfolgen. Wenn möglich, erledigt man gleichartige Tätigkeiten in Arbeitsblöcken, beispielsweise kann man einige Telefonate nacheinander in einem Zug erledigen. Das ist wesentlich effizienter als sie über den Tag zu verteilen.

Effektive Zeitmanager bevorzugen Monotasking, d.h. sie widmen sich konzentriert einer Tätigkeit nach der anderen. Auch wenn dies nicht immer möglich ist und ein hektischer Alltag hingegen immer wieder Multitasking erfordert, so finden sie regelmäßig Phasen, in denen sie sich konzentriert *einer* Tätigkeit widmen können. Bringen Sie eine Aufgabe möglichst zu Ende, denn bei jeder Unterbrechung müssen sie sich beim nächsten Mal erneut in das Thema hineindenken und vergeuden dadurch wertvolle Zeit.

Man muss nicht alles wissen, man muss nur wissen, wo suchen. Dieses Prinzip ist sehr hilfreich in Sachen Zeiteinteilung. Im heutigen Informationszeitalter ist es eine Kunst, Plattformen zu finden, wo man relevante Informationen schnell, qualifiziert und kompakt findet.

Vierte Regel: Seien Sie nicht allzu perfekt

„Für Gott ist nur das Beste gut genug!" Das hört sich edel an, kann aber auch ein Versuch sein, unseren Hang zum Perfektionismus zu verbergen. Perfektionisten haben es nicht leicht. In ihnen ist der Drang, mehr zu machen, als nötig. Sie feilen an unnötigen Details herum und vergeuden kostbare Zeit. Es gibt Tätigkeiten, die verlangen Perfektion – klar. Aber bei den *meisten* Dingen im Leben reicht ein „gut" vollkommen aus.

Das Streben nach Perfektion kann lähmen und sogar zu einer Belastung werden. Perfektionisten haben das rechte Maß nicht mehr und wissen nicht, wann sie aufhören sollen. Oft fehlt ihnen der Blick fürs Ganze, und sie verlieren sich stattdessen in unnötigen Details. „Man könnte es immer noch besser machen", ist ihre Devise. Sie haben Mühe loszulassen und legen immer noch eine Schippe oben drauf. Ein gesunder Ehrgeiz bringt uns vorwärts, aber die Besten müssen wir nicht sein. Wir brauchen auch Mut zur Lücke, Mut zu entspannter Unvollkommenheit. Außenstehende sehen ohnehin meist nicht, ob eine Arbeit „nur" gut erledigt oder perfekt gemacht wurde.

> Wir brauchen auch Mut zur Lücke, Mut zu entspannter Unvollkommenheit.

Der Unterschied zwischen einer guten und einer perfekten Arbeit besteht in der Regel in einem enormen zeitlichen Mehraufwand. Fachleute reden sogar von 80 Prozent mehr Zeit für eine perfekte Arbeit wie für eine gut erledigte Arbeit. Nach dem Pareto Prinzip bringen die ersten 20 Prozent zeitlichen Inputs bereits 80 Prozent des Ergebnisses. Um etwas perfekt zu machen, erfordert eine unheimlich große Zeitinvestition.[53]

Wie aber bekommt man seinen Perfektionismus in den Griff? Folgende Bereiche gilt es zu beobachten und neue Verhaltensmuster einzuüben:

- Ursachen für Perfektionismus: Ist es eine Angst vor Fehlern, ein Bedürfnis nach Anerkennung oder Unlust, eine neue Aufgabe anzupacken?
- Das Analysieren einschränken: Probleme nicht „zu Tode analysieren" und dabei Detail-verliebt werden. Dadurch macht man die Dinge unnötig kompliziert.
- Entscheidungen treffen: Entscheiden Sie bei täglichem Kleinkram bewusst etwas schneller, auch wenn es noch viele Pros und Kontras gibt, die man ins Feld führen könnte.
- Zufriedenheit einüben: Immer wieder versuchen, nicht perfekt zu sein.
  z.B. eine E-Mail verschicken, ohne sie vorher noch ein paar Mal durchzulesen.
- Akzeptanz, Gelassenheit: Wir leben in einer gefallenen Welt, und werden erst im Himmel wirklich perfekt sein. Gott erwartet Einsatz und gute Arbeit, nicht Perfektion.

Der Amerikaner James Plueddemann berichtet von seinem strengen deutschen Großvater, der immer sagte: „Etwas, das

---

[53] In meinem Buch *Adlertyp – heraus aus dem Hühnerhof* ist das 80/20 Prinzip genauer erklärt. Ich habe schon sehr viel von diesem Prinzip profitiert. Es braucht manchmal Mut, etwas Gut sein zu lassen.

es wert ist, getan zu werden, ist es auch wert, gut getan zu werden." Dieser Spruch hatte bei James nicht das erreicht, was sein Großvater sich erhofft gehabt hatte, denn er entschied sich daraufhin, viele Tätigkeiten gar nicht erst zu probieren, weil er Angst davor hatte, sie nicht wirklich gut machen zu können. Während seiner Doktorarbeit gab ihm dann sein Mentor eine bessere Version dieses Sprichwortes: „Es lohnt sich, eine lohnende Arbeit dürftig zu tun … beim ersten Mal … und viel besser beim zweiten Mal." Er betonte, die wichtige Lektion dieser Aussage ist zu fragen: „Ist die Arbeit es wirklich wert, getan zu werden?" Und wenn ja: „Können wir aus unseren Fehlern etwas lernen?"[54]

> „Es lohnt sich, eine lohnende Arbeit dürftig zu tun … beim ersten Mal … und viel besser beim zweiten Mal."

Fünfte Regel: Zeitfresser reduzieren

Es gibt Menschen, die mit vielen Zeitmanagement-Regeln vertraut sind, aber ihre Zeitfresser nicht in den Griff bekommen und auf der Stelle treten. Zeitdiebe rauben uns nicht nur Zeit, sie demotivieren und lähmen auch. Hier sind ein paar mögliche Zeitfresser:

> Zeitdiebe rauben uns nicht nur Zeit, sie demotivieren und lähmen auch.

- Ständiges Nachprüfen von E-Mails.
- Planloses Surfen, ohne etwas gezielt zu suchen.
- Soziale Netzwerke. Ich habe es mir zur Regel gemacht, nur zwei- bis dreimal die Woche für nicht mehr als zehn Minuten ins Facebook zu gehen.
- Sich vom Fernseher berieseln lassen. Zeitung und Magazine, die man meint, ganz durchlesen zu müssen.
- Computerspiele.

---

[54] Plueddemann, James, *Leading Across Cultures*, IV Press, Downers Grove, 2009, S. 31

Medienkompetenz ist hier das Stichwort. Aber es gibt noch mehr Zeitfresser:

- Arbeitsumgebung: Wer gestört wird, hängt seinem Zeitplan schnell hinterher.
- Sich keine Zeit für Erhol-Phasen zu nehmen. Dies klingt paradox, aber der Körper macht nicht auf Dauer mit und holt sich seine Erholung irgendwann selbst, aber vielleicht nicht in einer freundlichen Art, sondern durch Krankheit oder Erschöpfung.
- Perfektionismus bei unwichtigen Aufgaben.
- Ungeplante freie Zeit.
- Lange Klatschrunden, die alles andere als aufbauend sind (1. Timotheus 4,7).
- Unstrukturiertheit. Entweder man sucht ein Dokument im Büro oder man sucht ein Werkzeug im Keller. Nach einer Studie des Stuttgarter Frauenhofer-Instituts werden rund zehn Prozent der Arbeitszeit durch ständiges Suchen nach dem richtigen Dokument in chaotischen Dateiverzeichnissen verschwendet.[55] Ordnung ist das halbe Leben. Ein Hauptgrund für vergeudete Zeit ist die Unordnung. „Gott ist nicht ein Gott der Unordnung" (1. Korinther 14,33).
- Ich habe schon hochbegabte Leute getroffen, deren Kreativität und Können ich bewunderte, die aber nicht viel auf die Reihe bekamen wegen ihrer Unordnung.
- Schlecht organisierte Menschen können z.B. folgende Merkmale aufweisen:
- Sie schaffen es nicht, ihre E-Mails zu beantworten.

---

[55] https://books.google.com.pg/books?id=lEi7likto6EC&pg=PT137&lpg=PT137&dq=-zehn+Prozent+der+Arbeitszeit+durch+st%C3%A4ndiges+Suchen&source=bl&ots=-1Q7q4J4hhe&sig=sjmdLOGj3sWkqeAm-qnjHN1nvQY&hl=de&sa=X&ved=0ahUKEwjL0KCO1NrÒAhXDnZQKHce2AYAQ6AEIGzAA#v=onepage&q=zehn%20Prozent%20der%20Arbeitszeit%20durch%20st%C3%A4ndiges%20Suchen&f=false (eingelesen am 24.08.2016)

- Die auszufüllende Steuererklärung liegt immer noch auf dem Tisch, und zwar unter einem großen Stapel von unerledigtem Papierkram.
- Das Auto wurde schon seit Wochen nicht mehr gereinigt.
- Sie kommen immer zu spät.
- Sie bezahlen ihre Rechnungen oft erst nach der ersten Mahnung.
- Viele unfertige Projekte liegen herum.
- Erhöhte Flächen dienen als Ablage und sind nach dem Aufräumen nach kurzer Zeit wieder vollbelegt.
- Sie suchen stundenlang nach wichtigen Dokumenten.

Erkennen Sie ihre eigenen Zeitdiebe und erstellen Sie einen Plan, wie Sie diese bekämpfen wollen.

Von Chronos zu Kairos

Diese zwei griechischen Wörter für Zeit sagen unheimlich viel darüber aus, welche Perspektive wir einnehmen sollen, wenn es um unsere Zeit geht. Bei Chronos geht es mehr um die Zeitachse, um Sekunden und Minuten, und um den Ablauf der Zeit, während es bei Kairos um den passenden, günstigen Zeitpunkt geht. Chronos könnte versinnbildlicht werden mit einem Arbeitspferd, das mit Scheuklappen und einem eingeschränkten Horizont den ganzen Tag einfach eine Furche nach der anderen pflügt. Kairos hingegen mit einem Habicht, der mit scharfem Sinn die Gegend überfliegt, um ein Gesamtbild von der Lage zu bekommen. Wir müssen lernen, den Kairos-Blick zu bekommen.

Die Sekunden und Minuten sind nicht immer gleich wertvoll. Manchmal sind wir so sehr in unserem Alltagstrott drin, dass wir Kairos-Momente verpassen. Vielleicht stört uns gerade ein Kunde mit einer Frage, die entscheidend wäre für sein Leben. Wenn wir in diesen fünf Minuten das Herz dieser Person für die Menschenliebe Gottes erwärmen könnten, waren dies vielleicht die fünf wertvollsten Minuten des Tages. Lassen wir nicht zu, dass unser Fleiß die Kairos-Momente erstickt. Wie der Habicht, suchen wir nach Kairos-Gelegenheiten und kaufen die Zeit (*kairos*) aus, wie es Paulus schreibt (Epheser 5,16).[56]

Potenzial nutzen

Der Autor und Dozent John Erskine (1879-1951) erzählte, wie er im Alter von 14 Jahren ganz wertvolle Lektionen für sein Leben gelernt hatte. Seine Klavierlehrerin fragte ihn einmal, wie viel er geübt habe. Er meinte, dass er für mindestens eine Stunde vor dem Instrument gesessen sei. „Mache das nicht!" warnte die Lehrerin. „Wenn du erwachsen wirst, hast du dann keine langen Zeitabschnitte zur Verfügung. Finde und nutze die freien Minuten und übe vor der Schule einige Minuten, wenn du nach Hause kommst, zwischen deinen Aufgaben. Verteile das Üben den Tag über, dann wird die Musik Teil deines Lebens." Erskine befolgt diese hilfreiche Anweisung und bekennt später, dass er dadurch zu einem erfolgreichen Schriftsteller wurde. Sein bekanntes Werk „Helen of Troy" schrieb er in der Straßenbahn, auf der Hin- und Rückfahrt zur Universität.[57]

Gordon MacDonald schreibt in seinem Bestseller „Ordne Dein Leben" von Samuel Taylor Coleridge, der ein extremes Beispiel von Disziplinlosigkeit war. Niemals ist aus einem so großen Geist so wenig geworden. Er fing vieles an, konnte es aber nie durchziehen. Er war sehr talentiert und hatte die Gabe des Dichtens. Nur eine Gabe fehlte ihm: die Gabe, konzentriert und konsequent zu arbeiten. In seinem Kopf schwirrten alle möglichen

---

[56] Diese Gedanken sind entnommen aus einem Artikel von: „*A Biblical View of Time: Shifting from Chronos to Kairos*": http://www.lifeofasteward.com/chronos-kairos/ (eingelesen am 27.12.2015)
[57] Our Daily Bread, 2012, 20 April, RBC Ministries, Grand Rapids

Ideen für Bücher herum, und er sagte von sich selbst: „Sie sind alle fertig, sie müssen nur noch geschrieben werden." Aber die Bücher kamen aus seiner Gedankenwelt nie aufs Papier, weil er sich nicht der Disziplin unterzog, sich hinzusetzen und seine Gedanken aufzuschreiben.[58]

Coleridge ist ein gutes Beispiel für Menschen die in ihrem Leben keine klaren Prioritäten haben. Sie verzetteln sich im täglichen Allerlei und geben an, dass sie gestresst sind und keine Zeit haben. Vielleicht wäre es für Sie einmal an der Zeit, ihre Pflichten in „dringend" und „wichtig" zu unterteilen. Wenn man ehrlich mit sich selber ist, könnte vieles ausgemistet werden, was sich immer wieder als scheinbar wichtig aufdrängt. Es wäre schade, wenn wir am Ende unseres Lebens beklagen müssten, dass wir uns in Nebensächlichkeiten verloren haben und für die wichtigen Dinge im Leben „keine Zeit" hatten. Die wichtigen Dinge haben oft die Angewohnheit, sich nicht aufzudrängen. Sie müssen absichtlich von uns ausgewählt und hervorgeholt werden. Dafür ist ein persönliches Leitbild von großer Hilfe. Niemand wird sich am Sterbebett gewünscht haben, er wäre länger im Büro gewesen oder hätte noch mehr dringende Sachen erledigt.

> Die wichtigen Dinge haben oft die Angewohnheit, sich nicht aufzudrängen. Sie müssen absichtlich von uns ausgewählt und hervorgeholt werden.

„Hast du eigentlich Zeit dafür?", war meine Frage an den Geschäftsmann, der mich zum Ausgehen einlud. Ich wusste, dass er bis über die Ohren zu tun hatte, dennoch war seine Antwort schlicht und einfach: „Ich habe Zeit." Die Zeit sinnvoll einzuteilen hat nichts mit Hast zu tun. Unsere moderne Zeit ist von Hast geprägt. Wir meinen, wir hätten keine Zeit und überfliegen die Dinge nur noch. Unsere Beziehungen zeugen von einer Flüch-

---

[58] MacDonald, Gordon, *Ordne Dein Leben*, Projektion J und Bundesverlag, 1992, S. 65

tigkeit. Da ist keine Zeit für Romanze und langsames Reden. Wir fragen schnell, ob mit den Kindern alles in Ordnung sei, und schon wenden wir uns anderem zu. Manchmal müssen wir bewusst langsam gehen. Jemand sagte: „Das mit der Andacht im Stuhl für fünfzehn Minuten habe ich in acht Minuten geschafft." Das ist wohl nicht ernst gemeint?

Menschen fragen uns, und wollen dabei freundlich wirken: „Du hast gerade viel zu tun, nicht wahr?" Die Frage scheint harmlos zu sein, aber in meinen Gedanken kommt eine subtile Botschaft zum Ausdruck, dass ich nur wertvoll bin, wenn ich eine ganze Liste von Dingen herunterleiern kann, die ich tue – auch wenn ich kurz vor dem Zusammenbruch stehe. Diese Einstellung drängt mich dazu, mich mit Nebensächlichkeiten geschäftig zu halten, damit ich wenigstens arbeitsam wirke. Letztendlich geht es ja nicht darum, wesentlich mehr zu tun, sondern mehr Wesentliches zu tun.

> Letztendlich geht es ja nicht darum, wesentlich mehr zu tun, sondern mehr Wesentliches zu tun.

Zum Abschluss noch ein Zitat von Ulrich Schaffer: „Vielleicht ist nichts so spannend, wie die Gestaltung der leeren Momente, der freien Plätze, der unverstellten Räume, der unbewohnten Gegenden deines Lebens. Fülle sie nicht mit dem, was andere dir anbieten, nicht mit dem Überfluss der Welt, nicht mit Spielzeugen, die dich ablenken, nicht mit den Dingen, die dich arm machen oder mit Gedanken, die dich gefangen setzen, nicht mit dem bunten Abfall, der dich entwürdigt. Gib der Kleinlichkeit nicht nach. Nimm wahr, dass du auch aus Löchern bestehst, die nicht gestopft werden müssen, die aber mit Bedeutung gefüllt werden können. Weite ist deine Berufung."[59]

---

[59] Schaffer, Ulrich, *Weil du einmalig bist*, Verlag Ernst Kaufmann, Lahr, 1999

Tiefer wurzeln

1. Wie empfinden Sie Ihre Kompetenz als „Pilot" Ihrer Zeit?

2. Wie würden Sie Ihre Ziele in diesen fünf Bereichen definieren? Seien Sie dabei konkret und stellen Sie sicher, dass Ihre Ziele SMART sind.

Geistlich	
Körperlich	
Mental	
Emotional	
Sozial	

3. Reflektieren Sie über Ihr Empfinden beim „Nein"-Sagen. Kommen bei Ihnen dabei immer Schuldgefühle hoch? Wie werden Sie das Problem angehen, um sich Ihre Zeit freizuhalten?

4. Machen Sie doch gleich nächste Woche den Versuch, alles aufzuschreiben, was Sie tun. Wo müssen Sie Anpassungen machen, damit Sie ihrem Auftrag gerecht werden?

5. Lesen Sie nochmals, was der Unterschied zwischen Wichtigem und Dringendem ist. Was sind für Sie wichtige Dinge?

6. Haben Sie eine Neigung zum Perfektionismus? Wie können Sie dieses Problem angehen?

7. Erstellen Sie eine Liste Ihrer Zeitfresser und notieren Sie, was Sie gegen sie unternehmen wollen.

Sein Geld weise verwalten

„Über Geld spricht man nicht, man hat es." Diese altmodische deutsche Redewendung kennt fast jeder. Und auch wenn es eigentlich nur ein dummer Spruch ist, spiegelt er doch eine tief verwurzelte Einstellung wider, die sich leider ziemlich hartnäckig gehalten hat. Selbst in christlichen Kreisen ist Geld ein Tabuthema, obwohl es in der Bibel sehr viel angesprochen wird. Prediger getrauen sich oft nicht, dieses Thema in den Mund zu nehmen, aus Angst, es könnte ihnen als Spendenaufruf ausgelegt werden. Wenn aber Jesus in fast der Hälfte seiner Gleichnisse über Geld redet,[60] wie können wir dann behaupten, es wäre nicht angebracht, darüber zu reden? Wenn Paulus sehr viel über Geld schreibt, wie können wir dann behaupten, wir sollten es nicht ansprechen? Jesus brauchte Geld (Johannes 13,29), Paulus konnte viel haben oder auch Mangel leiden (Philipper 4,11-12), der reiche junge Mann konnte es nicht loslassen (Lukas 18,23), und Ananias und Saphira kostete ihre Einstellung zum Geld und die daraus resultierende Lüge sogar das Leben. (Apostelgeschichte 5). Immer wieder geht es ums Geld. Es ist ein Thema, das die Bibel oft aufgreift und das eine Relevanz aufweist, der wir uns nicht entziehen dürfen.

Weil also die Bibel dieses Thema so wichtig nimmt, will ich mich ihr anschließen mit der Behauptung: Über Geld *muss* man sprechen! Man hat es auch nicht einfach so, sondern muss es sich in den meisten Fällen hart verdienen. Aber wer richtig damit umzugehen weiß, hat normalerweise genug und kann es auch sinnvoll einsetzen – nicht nur für das eigene Wohl. So wird der ungerechte Mammon schließlich zu einem Segensspender, durch den Gott geehrt werden kann.

---

[60] http://www.preachingtoday.com/illustrations/1996/december/410.html (eingelesen am 24.08.2016)

> Wie wir unser Geld verwalten, ausgeben und investieren, hat letztendlich eine tief greifende Auswirkung auf unser geistliches Leben.

Wie wir unser Geld verwalten, ausgeben und investieren, hat letztendlich eine tief greifende Auswirkung auf unser geistliches Leben. Nicht umsonst erwähnt Paulus bei der Auswahl von Verantwortungsträgern in der Urgemeinde im Brief an Timotheus: „Er darf kein Trinker oder gewalttätiger Mensch sein, sondern er soll freundlich und friedliebend sein und **darf nicht am Geld hängen**" (1. Timotheus 3,3).

Erstaunlich ist, dass dieses Thema im Lehrplan der Schulen kaum Platz findet. Wie sollen denn unsere Kinder lernen, mit Geld umzugehen, wenn sie nicht unterwiesen werden? Unser Umgang mit Geld widerspiegelt unsere ganze Lebenseinstellung. Deshalb gehört auch dieser Privatbereich zu unseren „Wurzeln". Wie wir unsere Finanzen verwalten, sagt unheimlich viel über uns selbst aus. Es entscheidet auch, ob unser Leben vom Segen begleitet oder von Unzufriedenheit und Zukurzkommen geprägt ist.

Vom ungerechten Mammon

„Menschen machen falsches Geld, und das Geld macht falsche Menschen."[61] Dieser Ausspruch von Karl Farkas zeigt die potentiell zerstörerische Macht des Geldes auf. Geld macht verrückte Dinge mit uns, wenn wir nicht die Kunst erlernt haben, es zu beherrschen. Wir betrügen bei der Arbeit, lassen öffentliche Gelder in die eigene Tasche wandern, machen bei jedem Gewinnspiel mit und hinterziehen die Steuern. Der griechische Finanzminister Evangelos Venizelos teilte in Athen mit, dass durch säumige Steuerzahler dem Staat bis 2015 rund 37 Milli-

---

[61] http://gutezitate.com/zitat/169491 (eingelesen am 24.08.2016)

arden Euro an Einnahmen entgangen seien. Stellen wir uns vor, was man mit diesem Geld alles hätte erreichen können, wenn es in den richtigen Händen gewesen wäre. Nach Weltbank-Berechnungen muss durchschnittlich jeder Mensch rund sieben Prozent seiner Arbeitsleistung für Schäden durch Korruption aufbringen. Das ist eine viel zu hohe Summe!

Geld ist ein schlechter Herr, aber ein hilfreicher Diener. Deshalb dürfen wir uns nicht davon beherrschen lassen, sondern müssen es zu unserem Untergebenen machen.

> Geld ist ein schlechter Herr, aber ein hilfreicher Diener.

Sonst begeben wir uns in Gefahr, letztendlich alles um des Geldes wegen zu tun – selbst das Betrügen. Schon Salomo sagte: *„Unehrlich erworbener Besitz stürzt ganze Familien ins Unglück, aber wer sich nicht bestechen lässt, wird leben"* (Sprüche 15,27). Wenn wir auf unehrliche Art und Weise zu Geld kommen, werden wir unfähig sein, es zu kontrollieren. Wir werden es sehr schnell wieder loswerden und verschwenden, denn es wird uns zwischen den Fingern zerrinnen. Da es uns nicht gehört, werden wir uns in der Regel nicht recht an ihm erfreuen können und nichts übrig haben. Von dieser Erfahrung hören wir immer wieder in Lebensberichten von ehemaligen Kriminellen in Papua-Neuguinea. Sie erzählen, wie sie auf den Straßen Überfälle verübt und dabei große Summen Geld erworben haben. Oft wurde das Geld noch am gleichen Abend in Alkohol umgesetzt und am nächsten Morgen war nichts mehr davon übrig, außer einem brummenden Kopf, und nicht selten Streit. Auch amerikanische Geschäftsleute haben nach jahrelanger Erfahrung festgestellt, dass sich nur auf eine einzige Weise überleben und expandieren lässt: nämlich, wenn man ehrlich ist. Undurchsichtige Firmen wird es immer geben, aber sie halten sich nicht auf Dauer. Was immer diese Firmen tun, es wird ihnen nicht zum Vorteil gereichen, wenn sie nicht eine ehrliche Leistung erbringen.

Während dem Schreiben dieser Zeilen ist der Abgasskandal von VW täglich in den Schlagzeilen. Der Konzern muss mit einer Strafzahlung in Milliardenhöhe rechnen, weil ein paar Jahre davor eine Software in Dieselmotoren eingebaut worden ist, die den Schadstoffausstoß manipulierte. Dieser Betrug einiger Ingenieure bringt den ganzen Konzern mit über 600 000 Angestellten in eine existenzbedrohende Krise. *„Es ist besser, arm und gerecht zu sein",* sagt Salomo, *„als reich und ungerecht"* (Sprüche 16,8).

Der französische Schriftsteller, Antoine de Saint-Exupéry, sagte: „Wer nur um Gewinn kämpft, erntet nichts, wofür es sich lohnt zu leben."[62] Meistens fragen wir uns in der Mitte eines erfolgreichen Lebens, ob das wirklich alles gewesen sei. Voltaire sagte einmal: „In der einen Hälfte des Lebens opfern wir unsere Gesundheit, um Geld zu erwerben. In der anderen Hälfte opfern wir Geld, um die Gesundheit wiederzuerlangen." Unser Geld muss uns dienen, nicht wir ihm.

Die Bibel warnt uns mehrfach davor, Sklaven des Reichtums zu werden. Das Buch Prediger empfiehlt uns: *„Es ist besser, du bist mit dem zufrieden, was du hast, als wenn du immer nach noch mehr Dingen verlangst"* (Prediger 6,7). Das von Jesus benutzte Wort „Mammon" bezeichnet in der aramäischen Sprache den Reichtum, der den Menschen wie ein Abgott zu Geiz und Habgier verführt. In diesem negativen Sinn wird der Reichtum zur lebensbestimmenden Maxime. „Der, der alles nur für Geld tut, wird schließlich für Geld alles tun" (Norbert Blüm). *„Ihr könnt nicht zwei Herren dienen. Denn man wird immer den einen hassen und den anderen lieben oder dem einen gehorchen, den anderen aber verachten. Ihr könnt nicht Gott und dem Geld zugleich dienen"* (Lukas 16,13).

---

[62] Antoine de Saint-Exupéry, französischer Schriftsteller, 1900 – 1944

Es geht hier vor allem um die Einstellung zum Geld. König David aus der Bibel genoss großen Reichtum, aber er machte eine weise Empfehlung: *„Wenn du reich wirst, mach den Reichtum nicht zum Wichtigsten in deinem Leben"* (Psalm 62,11). Wenn wir unser Herz daran hängen, dann sind wir wieder bei den schlechten Wurzeln angelangt, und die Liebe zum Geld gehört sicherlich auch dazu. Davon schreibt schon Paulus: *„Denn die Liebe zum Geld ist die Wurzel aller möglichen Übel; so sind manche Menschen aus Geldliebe vom Glauben abgewichen und haben sich selbst viele Schmerzen zugefügt"* (1. Timotheus 6,10; Hervorhebung vom Autor).

Der Mammon treibt einen dazu, immer mehr zu wollen. Es ist komisch, dass unser Wunsch nach mehr Geld im gleichen Maß größer wird je besser wir mit Finanzen versorgt sind. Wie der Landwirt in der Geschichte von Jesus, rackern wir uns ab, die Millionengrenze zu erreichen, und merken dabei nicht, dass jederzeit der Tod vor der Tür stehen kann. Dessen Geld besitzt *ihn* eher, als dass *er* es besitzt. Jesus kommentiert dazu: *„Ihr seht, wie dumm es ist, auf der Erde Reichtümer anzuhäufen und dabei nicht nach Reichtum bei Gott zu fragen"* (Lukas 12,21). Oder wie es ein Philosoph ausrückt: „Das Geld, das man besitzt, ist das Instrument der Freiheit, das Geld, dem man nachjagt, ist das Instrument der Knechtschaft."[63]

Die beste Medizin gegen den Drang des Hortens ist das Geben. So schlicht und einfach es klingt, so schwierig kann es manchmal sein, aber diese Medizin wirkt auf jeden Fall. Beim Geben zeigt sich unser Wurzelwerk. „Es gibt Leute, deren Herz gerade in dem Maß schrumpft, wie ihre Geldbörse sich erweitert."[64]

---

[63] Jean-Jaques Rousseau, französischer-schweizerische Philosoph, Dichter und Musiker, 1712 – 1778
[64] Aristoteles Onassis, griechischer Reeder, 1906 - 1975

„Bekehrtes" Geld

Martin Luther sagte einmal: „Es gibt drei Bekehrungen, die Bekehrung des Herzens, des Verstandes und des Geldbeutels." Unsere Einstellung zum Geld muss eine Umwandlung erleben. Wir können den Mammon nicht bekämpfen, deshalb benutzen wir ihn und machen uns dadurch Freunde (Lukas 16,9). Wir verdienen unser Geld auf ehrliche Weise, wir üben korrekte Haushalterschaft und sind großzügig im Geben. Es ist dann nicht mehr der „Mammon-Götze", der uns beherrscht und knechtet, sondern ein „bekehrter Diener", mit dem wir unser Leben bestreiten, und das Reich Gottes bauen und Gott ehren können. In diesem Sinn ist das Geld nicht mehr „dreckig", sondern es wird zu einem umgewandelten, sehr nützlichen Mittel, das gewaltige Dinge in der Welt bewirken kann.

> Es ist dann nicht mehr der „Mammon-Götze", der uns beherrscht und knechtet, sondern ein „bekehrter Diener", mit dem wir unser Leben bestreiten, und das Reich Gottes bauen und Gott ehren können.

Es wird erzählt von einem Mann, der gerade getauft werden sollte. Als er darauf hingewiesen wurde, dass er noch seinen Geldbeutel in der Tasche habe, sagte er schlicht: „Mein Geld muss auch ‚neu' werden." Wir werden vom Hebräerbriefschreiber folgendes gelehrt: *„Hängt euer Herz nicht ans Geld und begnügt euch mit dem, was ihr habt. Denn Gott sagte: ‚Ich werde dich nie verlassen und dich nicht im Stich lassen'"* (Hebräer 13,5). Der brasilianische Fußballspieler, Lucimar da Silva Ferreira, erkannte dies indem er sagte: „Viele Fußballfans denken, dass wir Profis glücklich sind, weil wir viel Geld verdienen und uns somit alles kaufen können. Das ist aber ein großer Irrtum! Die Dinge, die im Leben wirklich glücklich ma-

> Das ist aber ein großer Irrtum! Die Dinge, die im Leben wirklich glücklich machen, kann man mit keinem Geld der Welt kaufen.

chen, kann man mit keinem Geld der Welt kaufen. Ich spreche hier vor allem von dem Gefühl und dem Wissen, bei Gott ein echtes Zuhause zu haben und nicht mehr auf der Suche nach dem Sinn des Lebens zu sein."[65] Wenn unser Geld „bekehrt" ist, können wir es einsetzen für Dinge, die im Leben zählen.

Vom Segen der Genügsamkeit

Ein Tourist darf in einem Kloster bei Kartäuser-Mönchen übernachten. Er ist erstaunt über die spartanische Einrichtung der Zellen und fragt die Mönche: „Wo habt ihr eure Möbel?" Schlagfertig fragt ein Mönch zurück: „Ja, wo haben Sie denn Ihre?" - „Meine?", erwidert der Tourist verblüfft, „ich bin ja nur auf der Durchreise!" - „Eben", werfen die Mönche ein, „das sind auch wir."

Kann es sein, dass wir geneigt sind, zu vergessen, dass wir Durchreisende sind. Ein Sehnen nach der Ewigkeit ist in unsere Herzen gelegt (Prediger 3,19). *„Wie der Mensch in die Welt gekommen ist, so verlässt er sie auch wieder. Was bringt es ihm am Ende, dass er sich um Wind gemüht hat"* (Prediger 5,15)? Wir sind mit leeren Händen geboren und werden die Welt auch wieder mit leeren Händen verlassen. Dinge, die wir kaufen, gehören uns nur für eine kurze Zeit. Dazu kommt noch, dass alles vergänglich ist, es verfällt, verrostet, und landet letztendlich irgendwann im Schrott. Es ist alles vergänglich! Glaubende sehen das, was ihnen zugesagt ist, von weitem und freuen sich darauf. Denn sie erkennen und bezeugen, dass sie hier auf der Erde nur Gäste und Fremde sind (Hebräer 11,13). Als Kind von Missionaren bin ich nirgendwo wirklich sesshaft geworden und habe das Gefühl, dass diese Tatsache mir nicht fremd ist. Ich zähle mich

---

[65] http://www.soulsaver.de/sport/lucio_2/ (eingelesen am 25.08.2016)

zu den Internationalen und weiß, dass Gott mir eine Heimat bereitet hat. Da will ich hin!

Ich bin kein Asket – ich genieße gerne. Aber genießen muss nicht unbedingt viel Geld kosten. Auch führen im Gegenzug gewisse Entbehrungen nicht zwangsläufig zum Unglücklich sein. Im Gegenteil! Freiheit liegt in der Einfachheit. Und es gibt immer noch Werte, die man nicht mit Geld kaufen kann. Philosophen und Denker bezeugen dies. Platon (427 – 347 v.Chr.) z.B. sagte: „Ist der Mensch mäßig und genügsam, so ist auch das Alter keine schwere Last, ist er es nicht, so ist auch die Jugend voller Beschwerden."[66] Auch Epikur (341 – 271 v. Chr.) meinte: „Reich ist man nicht durch Besitz, sondern durch das, was man mit Würde zu entbehren weiß."[67] Und zuletzt Plutarch (45 – 125 n. Chr.): „Wer wenig bedarf, kommt nicht in die Lage, auf vieles verzichten zu müssen."[68]

In dem empfehlenswerten Buch „Das Geschenk der Einfachheit" empfiehlt Richard Foster, uns möglichst von der Konsumgesellschaft abzukoppeln. Wir sollten Aufstand machen gegen die moderne Werbemaschinerie. Qualität des Lebens sollen wir höher achten als Quantität, z.B. indem wir die Einsamkeit suchen, ein ernstes und vergnügtes Gespräch an einem langen Abend der Vergnügungsindustrie vorziehen oder bei einem Spaziergang der Schöpfung näher kommen. Wir sollen uns zu den Einfachen zählen, so wie Albert Einstein, der gefragt wurde, warum er in der dritten Klasse der Eisenbahn reisen würde. Seine Antwort: „Weil es keine vierte Klasse gibt!"[69] Foster erklärt: „Einfachheit bedeutet nicht unbedingt, dass alles billig

---

[66] http://www.gutzitiert.de/zitat_autor_platon_thema_jugend_zitat_31195.html (eingelesen am 24.08.2016)
[67] http://www.zitate-online.de/sprueche/historische-personen/19571/reich-ist-man-nicht-durch-das-was-man-besitzt.html (eingelesen am 24.08.2016)
[68] http://www.gutzitiert.de/zitat_autor_plutarch_1597.html (eingelesen am 24.08.2016)
[69] http://www.spiegel.de/spiegel/print/d-43067969.html (eingelesen am 24.08.2016)

sein muss. Einfachheit ist eher von dem Bestreben nach Dauerhaftigkeit, Zweckmäßigkeit und Schönheit bestimmt."[70]

Ein großer Gewinn ist, wenn man sich genügen lässt (1. Timotheus 6,6). Schlichtheit ist der Ausdruck eines erfüllten Lebens. „Ein reifer Mensch weiß, dass ungehemmte Verschwendung die Seele verdirbt, sodass sie schließlich kein Interesse mehr daran hat, auf Gott angewiesen zu sein, ihn anzubeten und ihm zu dienen", schreibt Dallas Willard.[71] Ein einfacher Lebensstil beschränkt sich auf Dinge, die wirklich notwendig sind und nicht auf Dinge, mit denen man andere durch Schönheit und Luxus zu beeindrucken versucht. „Es gibt so viele schöne Dinge – die man nicht braucht" (Elfriede Dyk).

> Ein einfacher Lebensstil beschränkt sich auf Dinge, die wirklich notwendig sind und nicht auf Dinge, mit denen man andere durch Schönheit und Luxus zu beeindrucken versucht.

Fünf Regeln, mein Geld richtig zu verwalten

Was für einen Betrieb selbstverständlich ist, wird in vielen Privathaushalten oftmals ignoriert: das Erstellen eines Finanzplanes. Aus diesem Plan ist ersichtlich, wohin das Geld letztendlich fließt, wofür man es ausgibt und wie viel man noch sparen könnte. Dabei ist es gar nicht so kompliziert wie es den Anschein macht.

Es macht daher Sinn, einmal inne zu halten, Papier und Stift zu nehmen oder eine Excel Datei zu öffnen und für einen Monat über alle Ausgaben Buch zu führen. So bekommt man eine Ahnung, wie viel man braucht und kann planen. Es gibt viele Hilfs-

---

[70] Foster, Richard, *Das Geschenk der Einfachheit – Wege zu einem erfüllten Leben*, 1985, R. Brockhaus Verlag Wuppertal, S. 117-122
[71] Willard, Dallas, *Das Geheimnis geistlichen Wachstums*, Gerth Medien, Asslar, 2002, S. 203

mittel, um einen Haushaltsplan zusammenzustellen, auf die ich hier nicht alle eingehen kann.

Ihr Plan muss realisierbar sein. Erkundigen Sie sich unbedingt auch bei Ihrem Ehepartner, was er davon hält. Wenn Unstimmigkeiten da sind, werden Sie es schwer haben, den Plan zu verwirklichen – oder glücklich verheiratet zu bleiben. Gewisse Umfragen haben ergeben, dass gerade Geld der Streitpunkt Nummer eins ist in einer Beziehung. Diese möglichen Regeln können Ihnen bei der Umsetzung helfen:

Erste Regel: Zuerst Gott

„Wenn ihr für ihn lebt und das Reich Gottes zu eurem wichtigsten Anliegen macht, wird er euch jeden Tag geben, was ihr braucht" (Matthäus 6,33). Sein Guthaben in das Reich Gottes zu investieren, ist wie wenn man Gott Geld borgt. *„Wer dem Armen hilft, leiht dem Herrn – und er wird ihm zurückgeben, was er Gutes getan hat"* (Sprüche 19,17). Gottes Mathematik ist etwas anders als die unsere. Wenn wir etwas weggeben, dann haben wir logischerweise weniger. Bei Gott haben wir hingegen mehr. Dies wird in Sprüche 11,24 erwähnt: *„Wer großzügig gibt, wird dabei immer reicher; wer aber sparsamer ist, als er sein sollte, wird immer ärmer dabei."* Und Jesus sagt dasselbe: *„Wenn ihr gebt, werdet ihr erhalten. Was ihr verschenkt, wird zusammengepresst und gerüttelt, in einem vollen, ja überreichlichen Maß zu euch zurückfließen"* (Lukas 6,38).

Ich unterstütze das Prinzip des Zehnten vom Bruttolohn als Anhaltspunkt. Das Prinzip des Zehnten finden wir schon vor dem Gesetz bei Abraham, der Melchisedek den Zehnten von seinem Reichtum gab (1. Mose 14,20). Später lesen wir, wie das Prinzip des Zehnten den Stamm der Leviten und die Priesterfamilie in ihrem geistlichen Auftrag unterstützte. Es scheint, dass sie nie Mangel hatten. Im Neuen Testament wird dieses alttestamentliche Gesetz zwar nicht mehr als solches aufgeführt, doch Jesus erwähnte es einmal in einer Wortwahl, die darauf schließen lässt, dass er davon ausgeht, dass dieses Prinzip selbstverständlich eingehalten wird: *„Ihr sollt den Zehnten geben, gewiss, aber ihr dürft die viel wichtigeren Dinge darüber nicht vernachlässigen"* (Matthäus 23,23; Hervorhebung vom Autor). Grundsätzlich werden wir dazu angehalten, mit Freuden zu geben, was wir uns in unserem Herzen vorgenommen haben (2. Korinther 9,7). Das kann sicher über den Zehnten hinausgehen. Ich las einmal einen Satz, den ich zwar nicht nachprüfen kann, den ich aber für sehr wahrscheinlich halte: „Wenn jeder Christ den Zehnten geben würde, dann hätte die christliche Gemeinde und die Mission genug."

„Wenn ich mein monatliches Gehalt aufgeteilt habe, dann habe ich nicht mehr genug für den Zehnten", erklärte ein Mann dem Pastor. Daraufhin erwiderte dieser: „Sie gehen es falsch an. Sie dürfen nicht den Zehnten als Letztes geben wollen, nachdem Sie alles schon verteilt haben. Sie müssen ihn gleich am Anfang auf die Seite legen, dann werden Sie sehen, Sie werden genug haben."

Von John Wesley ist uns in Bezug auf das Geben ein interessantes Beispiel überliefert: John Wesley verdiente im ersten Jahre seines Dienstes 30 Pfund, wovon er 28 behielt und 2 weitergab. Im zweiten Jahr verdiente er 60 Pfund, wovon er 28 behielt und 32 weitergab. Im dritten Jahr verdiente er 120 Pfund. Von 28 Pfund bestritt er seinen Lebensunterhalt, den Rest gab er weiter. Dies drückt seine Philosophie über den Umgang Geld aus, die kurz und knapp lautet: „Make all you can. Save all you can. Give away all you can" (Verdiene so viel du kannst, spare so viel du kannst, gebe so viel du kannst).[72]

---

[72] J.Herbert Kane, *Life and Work on the Mission Field*, Grands Rapids, Michigan: Baker Book House Company, 1980, S. 65

> Das Prinzip des Zehnten Gebens ist für mich wie die Muttermilch des Lebens als Christ.

Das Prinzip des Zehnten Gebens ist für mich wie die Muttermilch des Lebens als Christ. Ich wurde schon als Kind darin gelehrt und es ist mir „ins Blut" übergegangen. Meine Eltern gaben mir kein Geld mit für das Opferkässchen in der Sonntagsschule. Von dem monatlichen Taschengeld von fünf Euro tat ich 50 Cent weg für Gott. Das war für mich obligatorisch, und ist bis heute eine Gewohnheit geblieben. Nicht mit den fünf Euro, aber mit dem Zehnten. Ich bin meinen Eltern heute noch dankbar, dass sie mir dieses Prinzip mitgegeben haben. Das Geben des Zehnten war meine erste Geldanlage, und da weiß ich, dass ich gut investiert habe.

Das Geben muss eingeübt werden, Denn es fällt einem nicht einfach zu. Es hilft, sich bewusst zu machen, dass es töricht ist, auf dieser Welt Güter anzuhäufen. Mit der richtigen Einstellung können wir mit Freuden Schätze im Himmel anlegen. Da kann es auch einmal heilsam sein, über die Schmerzgrenze hinaus zu geben. Es geschieht nicht aus Pflicht, sondern um Gott zu ehren und ihm zu dienen.

Bei einem speziellen Anlass wurde für ein Projekt gesammelt. Die Besucher kamen alle nach vorne und warfen etwas in den Opferteller. Zuletzt kam ein Mädchen nach vorne, zog ihren kostbaren Ring vom Finger und legte ihn in den Teller. Sie wurde von den Diakonen beobachtet, und als sie nach dem Geldzählen feststellten, dass mehr als genug gegeben wurde, riefen sie das Mädchen zu sich. „Wir sahen, dass es dir schwerfiel, uns den Ring zu geben. Wir geben ihn dir wieder zurück." Sie schaute die lieben Herren etwas verwirrt an und meinte: „Ich habe ihn doch nicht euch gegeben, sondern dem Herrn. Er gehört ihm, ich nehme ihn nicht mehr zurück!"

Zweite Regel: Sparen

Als Jugendlicher trug ich Werbeprospekte aus, um damit meine geplante Pilotenausbildung zu finanzieren. Diese kam zwar nie zur Ausführung, aber das Geld war gut gespart und nicht verloren. In meiner Lehrzeit wohnte ich dann zuhause und hatte daher wenige Auslagen. Ich wurde von meinen Eltern gelehrt, nicht unnötig Geld auszugeben und hatte daher immer etwas Erspartes, ohne extra knauserig zu sein. Ich konnte es nicht begreifen, dass meine Kollegen schon am vorletzten Tag des Monats auf die Bank rannten, um zu sehen, ob der neue Lohn schon eingebucht worden sei. Für sie bewahrheitete sich regelmäßig der Spruch: „ Zu dumm, wenn am Ende des Geldes noch so viel „Monat" übrig ist." Durch sie wurde mir bewusst, dass unsere Gesellschaft sich so allmählich von der Spar-Kultur weg, zu einer Ausgebe-Kultur bewegte. Schade! Dem Schwaben in mir tat das weh und ich wurde umso dankbarer für meine Eltern, die mir dieses nicht nur schwäbische, sondern vor allem biblische Prinzip weitergegeben hatten.

Geldratgeber empfehlen, 10-20% vom Bruttoeinkommen gleich in ein Sparkonto überweisen zu lassen. Unseren angehenden Pastoren empfehlen wir das 10-20-70 Prinzip: 10% für das Reich Gottes zu geben, 20% zu sparen, und die restlichen 70% für die alltäglichen Bedürfnisse zu brauchen. Natürlich ist dies nicht in jedem Fall realisierbar, aber mit etwas Übung und Kreativität, durchführbarer als man denkt. Vergessen Sie dabei nicht, auch in Ihre persönliche Entwicklung durch Schulungen und Bücher zu investieren.

> Das 10-20-70 Prinzip: 10% für das Reich Gottes zu geben, 20% zu sparen, und die restlichen 70% für die alltäglichen Bedürfnisse zu brauchen.

Geld zu sparen, um sich etwas anzuschaffen, hat einen motivierenden Effekt, da man auf ein Ziel hinarbeitet. Etwas anzuschaffen, und dann auf Raten abzuzahlen ist mühsam, da man es ja schon besitzt. Sagte nicht schon Salomo: *„Schnell erworbener Reichtum ist auch schnell wieder dahin; Reichtum, der hart erarbeitet wurde, wird noch größer"* (Sprüche 13,11). Wenn mein Sohn für ein Fahrrad arbeitet, ist er bereit, Überstunden zu machen und setzt sich voll ein. Hingegen wenn er das Fahrrad schon besitzt und trotzdem dafür arbeiten soll, um es abzuzahlen, wird seine Motivation nicht allzu hoch sein.

Dritte Regel: Nicht mehr ausgeben als man verdient

Diese Regel ist so grundlegend, dass sie häufig übersehen wird. Wenn wir Geld ausgeben wollen, müssen wir es erst haben. Wir geben aus, was wir haben und nicht das, was wir meinen, irgendwann einmal haben zu werden. Wir müssen unsere Ausgaben unserem Verdienst anpassen. Wir sollen unseren Lebensstandard auf einem Niveau halten, bei dem das Einkommen letztendlich größer ist als die Ausgaben.

Wir sollen nicht impulsiv ausgeben. Wenn Sie eher der Typ sind, der normalerweise spontan und ohne lange Überlegung etwas kauft, sollten Sie es sich womöglich zukünftig angewöhnen, vor einem Einkauf erstmal einige Tage Bedenkzeit verstreichen zu lassen, vor allem bei Online-Einkäufen. Wenn es sich um einen kleinen Artikel handelt, genügen unter Umständen wenige Stunden oder Minuten oder sogar nur eine kurze Pause. Dieses Prinzip gilt natürlich nur für Dinge, die Sie zwar haben möchten, aber nicht unbedingt brauchen. Also nicht für Lebensmittel, Haushaltsbedarf und dergleichen. Bei einem neuen Auto, einem Computer usw. sollten Sie eine längere Zeit verstreichen lassen, bevor Sie sich zum Kauf entschließen. Lassen Sie sich nicht von einer Fernsehwerbung hinreißen, sondern wenden Sie die Zeit auf, um Preise und Qualitäten miteinander zu vergleichen. Wenn Sie so vorgehen, schützen Sie sich davor, Dinge zu kaufen, die Sie gar nicht brauchen oder die Sie billiger hätten haben können.

Mit der Kreditkarte sollten wir nur Dinge kaufen, die wir sonst auch kaufen würden, wenn wir Bargeld dabei hätten. Verwenden Sie also Kreditkarten nur dann, wenn nur Sie ihren Gebrauch genau unter Kontrolle haben. Gehen Sie zu leichtfertig mit Kreditkarten um, ist es besser, Sie schließen sie weg und nutzen sie nur im äußersten Notfall.

Vierte Regel: Keine Schulden machen

Schulden sollten wir meiden wie die Pest. Laut Studien ist fast jeder zehnte Deutsche hoch verschuldet und jeder dritte hat schon einmal Schulden gemacht.[73] Die Zahl ist rasant am Steigen, vor allem bei jungen Erwachsenen. Früher war das Schuldenmachen verpönt, heute hingegen ist es verbreitet: Der Konsum nimmt in Deutschland immer weiter zu, und das oftmals eben auf Kredit. Erwähnt werden vor allem TV-Geräte und Autos, die auf Raten gezahlt werden. Es ist salonfähig geworden, auf Kredit zu kaufen. Als Hauptursache für die Überschuldung sehen Prüfer vor allem unangemessenes Konsumverhalten, das stark auf dem Vormarsch ist.

Kennen Sie diese Falle: „Kaufen Sie jetzt, zahlen Sie später." Oder: „Das kostet doch pro Monat nur ein paar Euro mehr", ist das Lieblingsargument vieler Verkäufer, aber diese wenigen Euro können Ihren finanziellen Niedergang einleiten. Vergessen Sie nicht, dass alles, was Sie für Haus oder Auto in Raten anschaffen, vom Moment Ihrer Bestellung an im Wert sinkt, Sie aber trotzdem den vollen Preis bezahlen müssen – manchmal sogar noch mit Zinsen.

> „Gehe lieber ohne Abendbrot ins Bett, als dass du mit Schulden aufstehst."
> Benjamin Franklin

Der amerikanische Staatsmann, Benjamin Franklin (1706 – 1790), sagte dazu: „Gehe

---

[73] http://www.faz.net/aktuell/finanzen/meine-finanzen/finanzieren/creditreform-meldet-steigende-verschuldung-der-verbraucher-13251225.html (eingelesen am 25.08.2016)

lieber ohne Abendbrot ins Bett, als dass du mit Schulden aufstehst." Und nicht lange darauf sagte Abraham Lincoln (1809 – 1865): „Süßer schmeckt, was sauer verdient ist." Hören wir noch auf solche zeitlosen Zitate?

Manchmal sind Schulden fast unvermeidlich und sie sind auch legitim, wenn das Zurückzahlen sichergestellt ist. Wer sich z.B. 120.000 Euro von der Bank borgt, um ein Haus zu bauen, hat nicht unbedingt 120.000 Euro Schulden, sondern 1.000 pro Monat, wenn er sein Haus in zehn Jahren abgezahlt haben will. Dazu zahlt er noch der Bank Zinsen vom geliehenen Geld. Er muss natürlich sicherstellen, dass er über ein regelmäßiges Einkommen verfügt, das ausreicht, um die monatlichen Raten zu zahlen. Er muss sich an diese Abmachung halten, ansonsten wird er zu einem Sklaven seines Geldes, der in seinen Schulden stecken bleibt. und steckt bald in Schulden. Solche „Schulden" sollten Sonderfälle bleiben.

Fünfte Regel: Geldfresser reduzieren

Geldfresser müssen zuerst erkannt werden. Dazu hilft z.B., alles aufzuschreiben, was man in einem Monat ausgibt. Oft erschrickt man über Ausgaben, bei denen man nicht viel dabei dachte. Geldfresser sind bei jedem Menschen natürlich unterschiedlich. Hier ist eine Liste möglicher Geldfresser:

- Oft zum Essen ausgehen
- Den Automaten im Büro zu sehr beanspruchen: Heute ein Kaffee, morgen eine heiße Schokolade…
- Ohne Liste einkaufen gehen oder mit hungrigem Magen Lebensmittel einkaufen
- Immer das Neuste haben müssen
- Mit anderen vergleichen und denken, „Was der hat, sollte ich auch haben."

- Sie kennen vielleicht den Spruch: „Wir kaufen Dinge, die wir nicht brauchen, von Geld, das wir nicht haben, um Menschen zu beeindrucken, die wir nicht mögen."
- Wir lassen uns von der Werbung und der Konsumgesellschaft manipulieren. Ist es wirklich ein Bedürfnis oder ist es nur ein Wunsch?

Auf der anderen Seite liegt aber auch eine Gefahr im übertriebenen Sparen, was man auch als Geiz bezeichnen könnte. Man kann so besessen davon sein, dass die Menschen um uns herum uns schließlich als habsüchtig und engherzig empfinden.

Wir dürfen großzügig geben, ohne dabei unseren Haushaltsplan über den Haufen zu werfen. Großzügigkeit ist ein Wert, der nicht mit Geld bezahlt werden kann. Es geht da um Dienst, um Beziehungen und nicht um Zahlen.

George Carver wurde Doktor der Pflanzen genannt. Er gab sich mit Wenigem zufrieden. Als man ihm eine Lohnerhöhung anbot, lehnte er dankend ab. Er meinte, er hätte genug, um zu leben, mehr bräuchte er nicht. Oft unterstütze er junge Studenten mit seinem Lohn. Er korrigierte ihre Arbeiten und legte einen ausgefüllten Scheck bei.[74]

Wollen wir horten oder helfen? Als England im August 1914 in den ersten Weltkrieg zog, meldeten sich täglich 30.000 Männer zur Armee. In den Nachrichten kamen immer wieder Meldungen von Toten und Verwundeten. Die Opferbereitschaft war groß. Leute verkauften sogar ihre Autos oder die Arbeitspferde der Regierung. Die Nation blickte wirtschaftlich einer ungewissen Zukunft entgegen. Der damals 40-jährige Oswald Chambers ermutigte die Christen: „Wir müssen auf der Hut sein, dass wir uns vor dem gegenwärtigen Unheil vom Krieg nicht in unsere

---

[74] Elliot, Lawrence, *Der Mann, der überlebte*, Friedrich Bahn Verlag, Konstanz, 1974, 195-220

> Das Vertrauen zu Gott öffnet unsere Herzen und Hände für andere und wir werden befreit, zu geben.

eigene Welt abschotten und die Anforderung von unserem Herrn an uns nicht nachkommen, um unsere Mitmenschen in der Fürbitte, in der Gastfreundschaft und Anteilnahme zu dienen."[75] Die Angst klammert sich an unser Vermögen und sie neigt zum Horten. Das Vertrauen zu Gott öffnet jedoch unsere Herzen und Hände für andere und wir werden befreit, zu geben.

Tiefer wurzeln

1. Warum sollten wir über Geld reden?

2. Überlegen Sie sich, was der „Mammon" mit ihnen macht. Wo neigen Sie zu finanzieller Ungerechtigkeit?

3. Wie sieht „bekehrtes Geld" bei Ihnen aus?

4. In welchen Bereichen können Sie noch mehr Genügsamkeit praktizieren?

5. Wie viel geben Sie Gott?

6. In welchen der fünf Regeln finden Sie Potenzial, um Ihr Geld besser zu verwalten?

7. Wo sind bei Ihnen Geldfresser?

---

[75] Übersetzt aus: http://www.fbcdupo.org/files/rogerreid/spire033014.PDF (eingelesen am 25.08.2016)

Bilanz ziehen – das Ziel im Auge behalten

Es ist die Zeit vor der Russischen Revolution. Soldaten patrouillieren überall und kontrollieren die Straßen. Ein Priester ist unterwegs und wird von einem pflichtbewussten Soldaten mit gezogenem Gewehr angehalten: „Wer sind Sie? Wohin gehen Sie? Warum gehen Sie dorthin?" Der Priester lässt sich von dem Soldaten nicht aus der Ruhe bringen. Nachdem er alle Fragen beantwortet hat, fragt er: „Was verdienen Sie eigentlich für Ihren Job?" Etwas erstaunt über diese Frage antwortet der Soldat: „Fünfundzwanzig Kopeken pro Monat." Entschlossen meint der Priester darauf: „Ich mache Ihnen ein Angebot. Ich zahle Ihnen fünfzig Kopeken pro Monat, wenn Sie sich mir jeden Tag in den Weg stellen und mich mit diesen drei Fragen konfrontieren."[76]

Wann mussten Sie zum letzten Mal darüber Auskunft geben, wer Sie sind, wohin Sie gehen und warum? Waren Sie dem „Soldaten" dankbar, der Ihnen diese Fragen stellte oder haben Sie sich über seine Unverschämtheit geärgert? Es geht im Leben darum, regelmäßig Bilanz zu ziehen. Nur dadurch können wir sicherstellen, dass wir noch auf dem richtigen Kurs sind. Wie viel sind Ihnen diese Fragen wert? Menschen mit dem Anliegen vorwärtszukommen, schrecken nicht davor zurück, sich immer wieder ungemütliche Fragen zu stellen. Aber im Allgemeinen haben wir sehr clevere Ausreden gefunden, um solchen Fragen auszuweichen. Erst, wenn wir anfangen, uns für unser Inneres – oder eben das Wurzelwerk – zu interessieren, und authentische Antworten zu diesen Fragen suchen, können wir wirklich aufblühen und

> Menschen mit dem Anliegen vorwärtszukommen, schrecken nicht davor zurück, sich immer wieder ungemütliche Fragen zu stellen.

---
[76] Cashman, Kevin, *Leadership from the Inside Out – Becoming a Leader for Life*, Berret-Koehler Publishers, San Fransisco, 2008, S. 33

Frucht bringen. Diese Antworten liegen jedoch jenseits von uns selbst. Sie liegen in Gott, der durch den Glauben in uns wohnt und sein Leben durch seinen Geist in uns ausleben will. Gerade wenn wir uns für eine Aufgabe unfähig vorkommen, schenkt der Glaube uns die Sicherheit, dass wir mit Gott über der Sache stehen. Wir überleben nicht nur in unserer Reaktion auf Krisen, sondern agieren als Menschen, die ihre Umgebung verändern. Menschen mit Charakter fliehen nicht vor der Situation. Genauso braucht ein Baum keine Angst zu haben, wenn er tief verwurzelt ist. Im Gegenteil – der Sturm erinnert ihn daran, seine Wurzeln noch tiefer auszustrecken. Stellen Sie Sich vor, Nelson Mandela hätte gesagt: „Ich glaube, die Probleme hier werden etwas zu groß, ich muss Südafrika zügig verlassen. Die Leute scheinen es einfach nicht zu verstehen. Ich begebe mich in ein bequemeres Land." Südafrika wäre heute nicht dieses Land, das es durch Mandelas mutige Einflussnahme geworden ist.

Jede gute Firma macht regelmäßig eine Bestandsaufnahme ihrer Finanzen, ihrer Verkäufe und Erträge, um herauszufinden, wie viel Profit bei ihrer Arbeit gemacht wurde. Warum nicht auch für unser persönliches Leben Bilanz ziehen? Geistliches Wachstum ist in seiner Natur nicht leicht zu messen. Viel einfacher wäre es, die Einhaltung gewisser Vorschriften zu kontrollieren. Trotzdem ist es möglich und ganz sicher den Aufwand wert, es zu versuchen. Deshalb werden wir ermutigt, immer wieder in die Einsamkeit zu gehen – sei es regelmäßig für ein paar Stunden, oder sogar ein bis zwei Tage im Jahr, um zu reflektieren und uns neu auszurichten. Diese Erkenntnis kommt vor allem von Menschen, die eine gewisse Lebenserfahrung mit sich bringen.

Erneuerung – die „Säge schärfen"

Zwei Waldarbeiter, nennen wir sie Herrn Geschäftig und Herrn Klug, machen sich gemeinsam auf den Weg, um ein Stück Wald zu roden. Herr Geschäftig ist bekannt für seine Unermüdlichkeit und er macht sich sofort an die Arbeit. Er gönnt sich kaum eine Pause, während Herr Klug sich erst einmal in aller Ruhe unter einen Baum setzt. Herr Geschäftig beobachtet ihn verstohlen, traut sich aber nicht, genau hinzuschauen geschweige denn zu fragen, was er da mache. Er arbeitet wie besessen weiter und wundert sich dabei, dass Herr Klug sich immer wieder hinsetzt. Was er wohl die ganze Zeit macht? Ausruhen? Trinken? Sich positive Kraft zusprechen? Natürlich beobachtet er ihn auch bei der Arbeit und das verwundert ihn noch mehr. Denn anstatt hinterherzuhinken, kommt Herr Klug ungewöhnlich schnell vorwärts, trotz seiner vielen Pausen. Am Ende des Tages ist er ganz erstaunt, dass Herr Klug wesentlich mehr Bäume gefällt hat als er selbst. Herr Geschäftig kann seine Neugier nun nicht länger zurückhalten und fragt seinen Kollegen, warum er so viele Pausen gemacht habe und wie es sein könne, dass er trotzdem produktiver gewesen sei als er. Herr Klug antwortet darauf ganz ruhig: „Ich habe meine Säge geschärft." Heute hat Herr Geschäftig etwas Wesentliches dazugelernt.

Zu reflektieren und zwischendurch „die Säge zu schärfen", ist keine Zeitverschwendung sondern eine kluge Investition unserer Zeit und hilft uns, Kräfte zu sparen. Vor allem Leute, die sehr aktiv sind, haben Mühe, die Tatsache zu akzeptieren, dass regelmäßig Bilanz ziehen Sinn macht. Sie wollen nicht das Gefühl haben, ihre Zeit zu verschwenden. Es fühlt sich unangenehm an, wenn man mit Tempo arbeitet und dann auf einmal ausgebremst wird, z.B.

> Zu reflektieren und zwischendurch „die Säge zu schärfen", ist keine Zeitverschwendung sondern eine kluge Investition unserer Zeit und hilft uns, Kräfte zu sparen.

durch Krankheit oder Vorgesetzte. Manchmal zwingt uns Gott regelrecht dazu, den Fuß vom Gaspedal zu nehmen. Salomo trifft den Nagel auf den Kopf, wenn er behauptet: *„Wenn man einer stumpfen Axt nicht rechtzeitig die Klinge schärft, kostet die Arbeit mehr Kraft. Weisheit sorgt vor und bringt Vorteile"* (Prediger 10,10).

Wie wäre es, wenn wir freiwillig immer wieder den Fuß vom Gas nehmen würden, um einen Rastplatz aufzusuchen, anstatt zu warten bis wir dazu gezwungen werden? Jeder braucht einmal eine Auszeit, damit er danach wieder mit vollem Schwung weitermachen kann. Manchmal sind wir zu kurzsichtig, dieses Naturgesetz zu verstehen. Wir können einfach nicht ohne Unterbruch durchhalten. Unsere Seele braucht immer wieder eine Feile, mit der sie sich schärfen kann. Sie braucht eine Tankstelle, an der sie sich volltanken oder ein Ladegerät, an dem sie sich aufladen kann. Wir sollten mit dem Sägen nie so beschäftigt sein, dass wir das Schärfen der Säge vergessen; oder mit dem Fahren so eingenommen sein, dass wir keine Zeit zum Tanken haben.

Manche von uns mussten die schmerzliche Erfahrung machen, dass wir vielleicht nicht nur an unsere Grenzen gestoßen sind, sondern darüber hinaus: dass wir jämmerlich versagt haben. Wenn man emotional ausgelaugt ist, ist man besonders anfällig für Versuchungen. Das heimliche Verlangen nach Ehre und Anerkennung steigt immer wieder in uns hoch und will sich in unserer Gedankenwelt einnisten. Sexuelle Reize lauern uns auf, als ob alles in der Welt darauf abzielte, uns zu Fall zu bringen. Wir verlieren den Blick für das Reich Gottes mit seinen ewigen Werten und begnügen uns stattdessen mit irdischen, zum größten Teil sinnlosen oder sogar schädlichen Zerstreuungen. Es ist nur Gottes Güte, dass er uns immer wieder zum Zentrum unseres Daseins zurückbringt – nämlich: dass wir in Christus sind, und nur in Verbindung mit ihm können wir etwas erreichen. Wenn wir uns von ihm entfernen, geht nichts mehr, zumindest nichts Sinnvolles.

Jedes Auto muss immer wieder in den Service, damit es fahrtüchtig bleibt und uns zuverlässig zum Ziel bringt. Was der TÜV für eine gute Einrichtung ist, wurde mir erst in Papua-Neuguinea so richtig bewusst. Ich sehe hier genug Autos, die bei Nacht „einäugig" oder sogar mit dem Warnblinker herumfahren, die in einem verlotterten Zustand sind und bei denen man sich fragt, wie sie es geschafft haben, die Sicherheitsplakette zu bekommen, die hier wohlweislich halbjährlich fällig ist. „Warum auch Zeit und Geld für den Service vergeuden", fragt sich der Papua: „Der Untersatz fährt ja noch, und so lange er nicht auseinanderfällt, mich zum Ziel bringt und vor allem viel Geld einbringt, ist doch alles in Ordnung." Wenn ich mir einen sogenannten PMV, das hier übliche öffentliche Verkehrsmittel, aussuche, der mich ins Hochland bringen soll, schaue ich mir Fahrzeug und Fahrer im Vorfeld genauer an und überlege mir, wie viel Wert wohl auf Autoservice gelegt wurde, bevor ich mich diesen beiden anvertraue. Zu viele Autos überall am Straßenrand zeugen davon, dass Wartung nicht immer so wichtig genommen wird. Natürlich liegt es auch noch am Können des Fahrers, aber vieles könnte durch regelmäßige Wartung vermieden werden.

Somit ist es ungeheuer wichtig, regelmäßig im Blick auf unser Leben eine Bilanz zu ziehen. Manche leben nur so dahin und denken nur daran, irgendwie bis zur Rente durchzuhalten. Ich bin ein überzeugter Vertreter von Auszeiten. Dies kann bedeuten, dass ich mir am Wochenende mehr Zeit für mein Tagebuch reserviere oder jeden Morgen etwas früher aufstehe, um in die Stille zu gehen, zu lesen, zu hören und zu beten. Wenn wir uns zurückziehen, sollte es aber nicht nur eine Leerlaufphase sondern eine Zeit des Reflektierens sein. Dabei hilft es, über folgende oder ähnliche Fragen nachzudenken:

- Wer bin ich? Wer bin ich in Christus?
- Was treibt mich innerlich an?
- Wo gehöre ich hin und was glaube ich?
- Was vermisse ich in meinem Leben im Moment?
- Lebe ich noch nach meinen Werten?
- Welche Gaben sind mir von Gott gegeben, die ich noch besser einsetzen könnte?
- Suche ich nach Diensten, die von niemandem bemerkt werden?
- Was würde ich tun, selbst wenn ich nicht dafür bezahlt werden würde?
- Für was wäre ich bereit zu sterben?
- Welche Schritte muss ich heute unternehmen, um meiner Bestimmung (wieder) näher zu kommen?
- Welches Opfer ist nötig, um meine Ehe zu erhalten oder zu beleben?
- Welche Ziele habe ich in der Beziehung zu meinen Kindern?

Es ist hilfreich, diese Gedanken in ein Notiz- oder Tagebuch aufzuschreiben und gelegentlich wieder durchzugehen. Paulus war es wichtig, dass sich sein Inneres ständig erneuerte, damit er Christus ähnlicher werden konnte (Kolosser 3,10). Er kam immer wieder zu seiner geistlichen „Tankstelle" zurück, um dort Gottes Liebe „aufzutanken", die ihn dann motivierte, weiterzumachen (2 Korinther 5,14).

Ein wesentlicher Bestandteil der persönlichen Lebensführung ist diese regelmäßige Überprüfung in den genannten Bereichen – geistlich, körperlich, mental, emotional und sozial. Paulus gibt uns den Rat, diese Gemeinschaft immer wieder zu prüfen: „Prüft euch, ob euer Glaube echt ist" (2. Korinther 13,5). Nur so ist man letztendlich vorbereitet für die Herausforderungen unserer Zeit. Man muss dabei aber auf der Hut sein vor destruktiver Selbstbespiegelung, die einen immer wieder auf Defizite hinweist. Mängel in unserer Selbstführung können wir nur durch die fortwährende Gemeinschaft mit Jesus angehen.

Planen Sie Auszeiten nicht erst dann, wenn Sie mitten in den Problemen stecken, denn dann haben Sie keine Energie mehr dazu. Schärfen Sie Ihre Säge vorher und ständig, auch wenn Sie das Gefühl haben, dass Sie es nicht unbedingt nötig hätten.

Ein persönliches Leitbild entwerfen

Um fokussiert zu leben, ist es hilfreich, ein persönliches Leitbild zu entwickeln. Stellen Sie sich vor, Sie steigen in ein Taxi. Der Fahrer braucht nur fünf Minuten, um Sie zum gewünschten Zielort zu bringen. Der sonderbare Taxichauffeur fragt Sie auf halbem Weg: „Sagen Sie mal, wozu sind Sie eigentlich auf dieser Erde?" Sie wundern sich über diese Frage und suchen nach Worten. Ihnen bleiben nur noch zwei Minuten zur Antwort, aber es kommt Ihnen nichts Schlaues in den Sinn. Sie stammeln ein paar unklare Worte und da sind Sie auch schon angekommen. Schnell steigen Sie aus und verabschieden sich von dieser unangenehmen Szene. Peinlich? Den Taxifahrer werden Sie vielleicht nie mehr treffen, aber hier geht es um viel mehr! Nach dem Aussteigen merken Sie erst, dass Sie sich noch nie im Leben ernsthaft überlegt haben, was Ihre Bestimmung ist. Sie leben einfach so in den Tag hinein. Fangen Sie heute an, sich über diese Frage den Kopf zu zerbrechen. Sie werden diesem Taxifahrer ihr Leben lang dankbar sein.

Ich schlage Ihnen vor, dass Sie sich hinsetzen und mit Blatt und Stift folgende Fragen bewegen und aufschreiben, was Ihnen dazu in den Sinn kommt:

- Wer will ich sein?
- Was will ich tun?

- Auf welchen Grundsätzen und Werten beruhen mein Leben und mein Handeln?

Bevor Sie den Gedanken an ein persönliches Leitbild verwerfen, sollten Sie wenigstens noch Lukas 4 lesen. Darin ist das Leitbild von Jesus niedergeschrieben. Es ist seine persönliche Verfassung, eine Grundaussage darüber, wer er war und warum er auf diese Erde gekommen ist: *„Er hat mich gesalbt, um den Armen die gute Botschaft zu verkünden. Er hat mich gesandt, Gefangenen zu verkünden, dass sie freigelassen werden, Blinden, dass sie sehen werden, Unterdrückten, dass sie befreit werden und dass die Zeit der Gnade des Herrn gekommen ist"* (Lukas 4,18-19).

Einmal sagte er einer kanaanitischen Frau, dass er zuerst zu den Juden gesandt worden ist (Matthäus 15,24). Das war seine Berufung. Er hätte noch viel mehr tun können, aber er wollte den Willen seines Vaters tun und dem Zweck seines Kommens treu sein. Ein klares Bild davon zu haben, was unsere Berufung ist, hält uns somit fokussiert.

Leitbilder allein machen uns nicht effektiv. Sie helfen uns aber, uns auf das zu konzentrieren, was uns wichtig ist. Sie haben den sinnvollen Zweck, uns in unseren täglichen Entscheidungen zu inspirieren. Vor allem in stressigen oder schwierigen Zeiten ist es wichtig, einen inneren „Fixstern" zu haben.

Paulus war sich klar über den Zweck seines Daseins. (Philipper 1,21). Jeden Morgen stand er auf mit dem Ziel, Christus bekannt zu machen, ihn zu verherrlichen und dessen Sache zu fördern – das war sein Lebensmotto.

> Ein persönliches Leitbild ist eine aussagekräftige Kurzfassung von dem, was für Sie von zentraler Bedeutung ist.

Ein persönliches Leitbild ist eine aussagekräftige Kurzfassung von dem, was für Sie von zentraler Bedeutung ist. Es ist ein Ausdruck Ihrer Vision und Ihrer Werte, an dem Sie alles andere im Leben messen können. Diese Grundaussage ist die Basis für alle Ihre Entscheidungen und Aktivitäten. Sie gibt Ihrem Leben Struktur und eine organisierte Richtung, bleibt immer sichtbar, und kann immer wieder auf ihre Aktualität überprüft werden, damit Sie sich nicht von anderen Dingen zu sehr in Anspruch nehmen lassen. Wie das Wort schon ausdrückt: das selbstformulierte **Bild** soll mich in meinen Entscheidungen und Handlungen **leiten**. Es dient als Leitplanke, die man von Zeit zu Zeit nachjustieren kann, die einen aber immer auf der Spur hält, wie ein Leuchtturm, der den richtigen Weg weist.

> Beim Leitbild geht es weniger um ein Erfinden, sondern eher um ein Entdecken.

Beim Leitbild geht es weniger um ein Erfinden, sondern eher um ein Entdecken. Geschrieben wird es nicht über Nacht. Man schreibt und feilt daran vielleicht ein ganzes Leben lang. Es wird nicht in Stein gemeißelt. Am Anfang braucht man einige Wochen oder Monate, bis ein grobes Gerüst entstanden ist, dann sollte man es jährlich anpassen; anschauen und verinnerlichen sollte man es öfters. *„Denn es ist gut, sich diese Sprüche zu merken, damit du sie jederzeit aufsagen kannst"*, empfiehlt Salomo (Sprüche 22,18). Der ganze Prozess ist vermutlich genauso wichtig wie das Produkt selber.

Beginnen Sie mit Ihrem Ende, rät Stephen Covey:[77] Stellen Sie sich vor, Sie gehen zu ihrer eigenen Beerdigung. Sie kommen an, steigen aus dem Auto aus, Sie laufen zum Gebäude, sehen die Blumen, Ihre Familie, Ihre Freunde, Sie kommen zum Sarg und sehen Ihr eigenes Gesicht. Dann nehmen Sie Platz und merken, dass vier Redner auf dem Programm sind. Einer aus Ihrer **Familie**, ein anderer aus Ihrem **Freundeskreis**, einer von Ihrer **Arbeitsstelle** und schließlich einer aus Ihrer **Gemeinde**.

---
[77] Covey, Stephen, *The 7 Habits of Highly Effective People*, Fireside, New York, 1989, S. 97-98

Denken Sie intensiv nach, was Sie gerne hätten, dass diese vier über Sie sagen. Wie waren Sie als Ehepartner, Vater/Mutter, Freund, Kollege und Gemeindemitglied? Schauen Sie die Leute an, die gekommen sind. Was für einen Einfluss hatten Sie in ihrem Leben? Auch wenn nirgends so viel gelogen wird wie an Beerdigungen, wie man so sagt, seien Sie trotzdem ehrlich mit sich selber. Denn am Ende geht es ja nicht unbedingt darum, was die Leute von einem denken, sondern was Gott über unser Leben sagt (1. Thessalonicher 2,4). Was Sie wünschen, dass andere über Sie sagen, sind Ihre wirklichen Werte, oder zumindest dort wollen Sie hin.

Hier eine Möglichkeit, wie Sie vorgehen können:

1. Machen Sie sich von ihren täglichen Aktivitäten völlig frei und nehmen Sie sich ein Blatt Papier. Darauf schreiben Sie etwas über Ihre Identität auf. Wer sind Sie? Beginnen Sie mit Ihrem Ende.
2. Machen Sie sich Gedanken über folgende Frage: „Was ist meine wahre **Bestimmung** im Leben? Was will ich tun? Was sind meine Lebensziele?" Nehmen Sie sich 20 Minuten Zeit, um Ihre Antworten stichwortartig festzuhalten. Dann schreiben Sie für die nächsten 20 Minuten, was Ihnen durch den Kopf geht stichwortartig nieder. Bedenken Sie dabei folgende Aspekte: Was wollen Sie im Leben erreichen? Wo wollen Sie hin mit Ihrem Leben.
3. Formulieren Sie Ihre persönlichen **Werte**, z.B. Ehrlichkeit, Respekt, Mut, usw. Dazu gehören auch Bereiche wie Familie, Glaube, usw. Vermerken Sie, welche Charaktereigenschaften Sie an anderen schätzen, was Sie wertvoll finden.
4. Notieren Sie die fünf Bereiche der Selbstführung und definieren Sie in messbaren Schritten, wodurch Sie in allen Bereichen wachsen wollen. Die Aussagen sollten verpflichtend formuliert sein.

z.B. Mental: „Ich mache es mir zur Gewohnheit, jeden Morgen die Heilige Schrift und andere inspirierende Literatur zu lesen. Ich fördere meinen Verstand durch Lesen, Schreiben, Planen, Nachsinnen und Zuhören. Dadurch bleibe ich ein lebenslang Lernender (Philipper 3,12; Esra 7,10). Physisch: Ich halte meinen Körper fit durch regelmäßiges (2x pro Woche) Joggen und gesunde Ernährung.

5. Schreiben Sie auf, welche Rollen Sie innehaben (Mutter, Sohn, Lehrer, Ehemann,...) und wie Sie sich verpflichten, diesen Rollen in messbaren Schritten gerecht zu werden.
6. Zum Beispiel: **Rolle**: Vater. **Ziel**: Ich bin ihr „Held". **Verpflichtung**: Meine Kinder sind meine Nachfolger. Ich bin ihnen Vorbild und will, dass sie mir nacheifern wollen. Ich verpflichte mich, sie vorbehaltlos in ihrer Einzigartigkeit zu lieben und sie zur Christus-Ähnlichkeit zu erziehen. Ich nehme mir Zeit für jeden Einzelnen. Ich bin ihr Zufluchtsort, bin vergebend, verständnisvoll, konsequent und korrekt.

- Vervollständigen Sie diese angefangenen Sätze:
- Ich bin auf der Welt, um ...
- Meine Lebensaufgabe (Berufung) ist es, ...
- Meine Werte und Grundsätze ...
- Meine persönliche Vision ...
- Mein Lebensmotto ist ...

> Christen, die ein Leitbild kreieren, hegen den Wunsch, bedeutungsvoll für Gott in dieser Welt zu leben.

Bei einer Lebensaussage geht es nicht um ein Richtig oder Falsch, auch nicht um eine festgelegte Form. Ihre Aussagen können ein ganzes Blatt füllen, sie können in einem Paragrafen zusammengefasst oder sogar in einem einzigen Satz auswendig gelernt werden. Es ist sehr wirkungsvoll, wenn Sie ihren Leitsatz mit einem Bild oder einer Zeichnung illustrieren. Beim tiefer Wurzeln am Ende des Kapitels können Sie einmal einen Versuch starten. Christen, die ein Leitbild kreieren, hegen den Wunsch, bedeutungsvoll für Gott in dieser Welt zu leben. Dabei steht nicht ihre eigene Leistung im Vordergrund, sondern die Liebe und Dankbarkeit zu ihrem Herrn.

Bedeutungsvoll leben

Es gibt einige allgemeine, aber auffallende Merkmale in unserem Leben, vor allem bei Menschen, die in der Mitte ihres Lebens angekommen sind, was bei den meisten zwischen 35 und 45 der Fall ist. Es findet hier oft eine Schwerpunktverlagerung statt, ein Verlangen, sich immer mehr vom Erfolg zu distanzieren hin zu dem, was wirklich Bedeutung hat im Leben. In seinem Buch „Half Time – Changing Your Game Plan from Success to Significance" illustriert Bob Buford es sehr treffend mit einem Mannschaftsspiel, das ja meistens in zwei Hälften aufgeteilt ist. In gleichem Sinne ist oft die erste Hälfte unseres Lebens geprägt vom Streben nach Erfolg: man beendet sein Studium, beginnt die Berufslaufbahn, gründet eine Familie, baut ein Haus und macht Karriere. Irgendwo in dieser Halbzeit, manche nennen es die „Midlife Crisis", wacht man aus diesem „Rausch" auf und überlegt sich, was von unserem Leben einmal übrigbleibt. Ist es nur Materielles, und dass man Erfolg hatte und vielleicht populär geworden ist? Das alles zählt plötzlich nicht mehr. So wollen viele ihre Lebensspielstrategie ändern, von erfolgreich zu wichtig und bedeutungsvoll. „Bei der ersten Hälfte" wie es Buford ausdrückt, „geht es oft um gewinnen oder erwerben, was manchmal zu Verlust führt; während die zweite Hälfte eher von Verzichten und Loslassen geprägt ist, woraus Stärke und Belastbarkeit hervorgeht."[78] Meistens ist auch das, was einen in der ersten Hälfte zum Erfolg

---

[78] Buford, Bob, *Half Time – Changing Your Game Plan from Success to Significance*, Zondervan Publishing House, Michigan, 1994, S. 113

brachte, in der zweiten Hälfte nicht mehr aktuell. Der Schlüssel zur Effektivität ist, ständig flexibel zu bleiben und auf dem Lebensweg Anpassungen zu machen.

Wir werden von klein auf und in der Schule erzogen, nach Erfolg zu streben und der Beste zu sein. Dies kann ein guter Motivator sein, um vorwärts zu kommen. Aber auf diesem Erfolgstrip empfangen wir, laut Buford, manchmal Signale, die uns zeigen wollen, dass Erfolg nicht alles ist. Dabei können folgende Fragen an die Oberfläche kommen:

- Warum verlässt Michael Jordan, der weltberühmte Basketballspieler, sein Weltmeisterschaftsteam und begnügt sich mit einer weniger bedeutenden, zweitklassigen Liga?
- Warum schauen Sie immer wieder die Stellenangebote in der Zeitung durch mit dem Traum für einen Jobwechsel?
- Und warum machen Sie sich Gedanken, an einem Kurzeinsatz in der Mission mitzuhelfen, obwohl Sie schon über der Lebensmitte sind?
- Sie entdecken, dass es für Sie eine Genugtuung ist, anderen zum Erfolg zu verhelfen und versuchen nicht mehr, sich mit der Ellenbogentaktik hervorzutun.
- Sie beneiden den Kollegen, der von seinem Job wegläuft, um mehr Zeit mit der Familie verbringen zu können und einen Dienst zu tun, von dem er schon immer geträumt hat.
- Sie lehnen attraktive Angebote ab, machen sich verfügbar und investieren mehr in die wenigen Leute in Ihrem Umfeld, die Sie zu reifen Christen trainieren wollen.
- Sie suchen nach verborgenen Diensten, in denen Ihre Gaben zum vollen Zuge kommen.[79]

---

[79] Ebd., S. 83-85

Ist es nicht das tiefe Verlangen, sich vom Erfolg zu distanzieren und sich Bedeutungsvollerem zuzuwenden? Vielleicht auch der Wunsch, Versäumtes nachzuholen und, um bei der Erfolgsterminologie zu bleiben, irgendwie anders und tiefer „erfolgreich" zu sein – eben bedeutsamer, segensreicher.

Manche denken vielleicht, dass ihre Probleme vorbei wären, wenn sie „nur" ihren Job verlassen könnten. Dieser Gedanke ist für sie eine Flucht vor der Realität. Aber dies kann nicht die Lösung sein. Ein Schlüssel zu einer sinnvollen zweiten Lebenshälfte ist nicht unbedingt ein Stellenwechsel, auch wenn es dies für manche bedeuten kann. Vielmehr geht es um eine Veränderung im Herzen und in der Sichtweise der Dinge, und wie wir unser Leben und unsere Werte neu ordnen. Paulus spricht in diesem Zusammenhang von der Veränderung der Gesinnung (Römer 12,2).

Es gibt einen bemerkenswerten Unterschied zwischen dem Jagen nach Erfolg und dem tiefen Verlangen, bedeutungsvoll zu leben.

Erfolgreich leben	Bedeutungsvoll leben
Die Zahlen müssen um alles in der Welt stimmen. Möglichst viel verkaufen und Geld verdienen.	Von Wert sein für die Menschheit.
Mehr verdienen als man benötigt.	Genug verdienen, um damit leben zu können.
Leben für die Arbeit	Arbeiten, um zu leben
Möglichst viel Zeit haben für Vergnügen.	Befriedigung finden im Dienst am Nächsten.
Vergnügung suchen in der Ehe.	In die Ehe investieren, um das Potenzial des Partners zu fördern.
Eine Familie gründen.	Eine Familie bauen.
Kinder großziehen und erziehen.	Die Kinder lieben und sie zu Christus-Ähnlichkeit hinführen.

Viele Nachfolger haben und große Gruppen führen.	Personen mit Potenzial vorangehen und heranziehen.
Populär werden.	Nützlich werden.
Von der Öffentlichkeit begehrt werden.	Von Menschen aufgesucht werden, die wachsen wollen.

Jenni hatte das Glück, einen Australier zu heiraten. Denn als Frau von Papua-Neuguinea war es nicht selbstverständlich, dass sie zusätzlich noch eine gute Ausbildung in Australien genießen konnte. Diese ermöglichte es ihr, als Immobilienmaklerin viel Geld zu verdienen. Viele Jahre lebte sie in Australien bis eine krasse Wende eintrat: sie merkte, dass Geld doch nicht alles sein könne. Mit dem Einverständnis ihres Mannes reiste sie daher immer wieder in ihr Geburtsland und suchte nach Möglichkeiten, ihr Geld sinnvoll einzusetzen. Sie hörte sich um nach Bedürfnissen im Land, damit sie für ihr Geld Einsatzmöglichkeiten finden konnte. Irgendwie empfand ich, als ob sie manche „verlorenen Jahre" wieder zurückgewinnen wollte. Ich lernte sie kennen, als ich als Berater für die Gemeinde in der Hauptstadt dort einen Besuch machte. Sie ließ es sich nicht nehmen, mich mit meinen Mitarbeitern in ein Luxushotel zum Essen einzuladen, was ich mir selbst nie gegönnt hätte und meine Kollegen sich nie hätten leisten können. In ihrem Leben war eine Wandlung von erfolgreich zu bedeutungsvoll ersichtlich!

Menschen, die ihren Blick auf das Ziel gerichtet haben, suchen immer wieder Wege, wie sie ihre Gaben und Ressourcen möglichst effektiv einsetzen können. Sie ziehen regelmäßig Bilanz über ihr Leben und nutzen gerne ein Leitbild, um auf der richtigen Spur zu bleiben. Sie wissen, warum sie auf der Erde leben und wo sie hinwollen. Auch Paulus hatte ein solches Streben:

> Menschen, die ihren Blick auf das Ziel gerichtet haben, suchen immer wieder Wege, wie sie ihre Gaben und Ressourcen möglichst effektiv einsetzen können.

„Nein, liebe Freunde, ich bin noch nicht alles, was ich sein sollte, aber ich setze meine ganze Kraft für dieses Ziel ein. Indem ich die Vergangenheit vergesse und auf das schaue, was vor mir liegt, versuche ich das Rennen bis zum Ende durchzuhalten und den Preis zu gewinnen, für den Gott uns durch Christus Jesus bestimmt hat." (Philipper 3,13-14)

Tiefer wurzeln

1. Die Säge schärfen: reine Zeitverschwendung? Wie denken Sie darüber?

2. Wie könnten Sie Auszeiten in Ihrem Alltag integrieren, um zu reflektieren und Bilanz zu ziehen?

3. Gehen Sie durch die Schritte zur Formulierung eines Leitbildes. Vervollständigen Sie anschließend folgende Sätze, Ich bin auf der Welt, um...
   - Meine Lebensaufgabe (Berufung) ist es, ...
   - Meine Werte und Grundsätze ...
   - Meine persönliche Vision ...
   - Mein Lebensmotto ...

4. Welche Merkmale in Ihrem Leben zeugen vom Drang nach Erfolg?

5. Wie sieht es für Sie aus, bedeutungsvoll zu leben?

Teil 2

ANDEREN DIENEN – FRUCHT BRINGEN

Tiefgreifend etwas bewirken

Das Geheimnis guter Früchte liegt – wie wir erkannt haben – hauptsächlich im Wurzelwerk des Baumes – im Verborgenen. Deshalb investieren wir in die persönliche Lebensführung. Wir wollen dem Heiligen Geist in unserem Leben genug Raum geben, damit er uns dazu befähigen kann, unser persönliches Leben in der richtigen Weise zu steuern. Es soll zu Gottes Ehre sein und anderem zum Segen dienen (Johannes 15,8).

In den folgenden Kapiteln geht es um die Baumkrone – unser öffentliches Leben. Was ist das gewisse Etwas, das Menschen ausmacht, die in ihrer Umgebung Spuren hinterlassen? Auf was legen sie Wert, damit andere positiv geprägt und zu Christus hin geführt werden – eben Frucht bringen? Woran ist ersichtlich, dass die Wurzeln gesund sind und in die Tiefe gehen?

Menschen die in die tiefe wachsen strahlen für mich eine innere Ruhe aus. Sie wissen, wer sie sind und zu was sie berufen worden sind. Menschen die Frucht bringen, weisen sich durch ihre Dankbarkeit aus (Kolosser 2,7). Paulus führt noch eine ganze Liste von Merkmalen auf, die das Wesen Gottes widerspiegeln: *„Wenn dagegen der Heilige Geist euer Leben beherrscht, wird er ganz andere Frucht in uns wachsen lassen: Liebe, Freude, Frieden, Geduld, Freundlichkeit, Güte, Treue, Sanftmut und Selbstbeherrschung"* (Galater 5,22-23).

Gott liegt sehr viel daran, dass wir kein eigennütziges Leben führen, sondern dass unser Dasein Frucht bringt. Paulus redet vom selben, wenn er die Gebefreudigkeit der Philipper lobt, denn er wünscht sich sehr, dass ihr Leben Frucht bringt für Gott (Philipper 4,17). Jesus sagte zu seinen Jüngern: *„Ich habe euch dazu berufen, hinzugehen und Frucht zu tragen, die Bestand hat"* (Johannes 15,16). Er zeigt sogar den Ernst der Lage auf, wenn keine Frucht zu erkennen ist. Er sagt: *„Die Axt wird schon durch die Luft geschwungen, bereit, eure Wurzeln abzuhacken; denn jeder Baum, der keine guten Früchte bringt, wird umgehauen und ins Feuer geworfen"* (Lukas 3,9). Gott sucht nicht nur bekehrte Menschen, er sucht vielmehr ein fruchtbares Leben!

Die Baumkrone ist für alle Menschen sichtbar. Diese weist auf unser Leben als Vorbild hin. Wir sehen „unsere" Frucht oft selber nicht. Paulus ermutigt seinen Mitarbeiter, Timotheus, ein gutes Vorbild zu sein. Seine jungen Jahre sollen ihn nicht davon abhalten, sich sehen zu lassen. *„Sei allen Gläubigen ein Vorbild in dem, was du lehrst, wie du lebst, in der Liebe, im Glauben und in der Reinheit"* (1 Timotheus 4,12). Jesus sagte: *„Man erkennt einen Baum an seiner Frucht. Feigen wachsen nicht an Dornensträuchern und Weintrauben nicht an Brombeerbüschen. Ein guter Mensch bringt aus einem guten Herzen gute Taten hervor, und ein böser Mensch bringt aus einem bösen Herzen böse Taten hervor. Was immer in deinem Herzen ist, das bestimmt auch dein Reden"* (Lukas 6,44-45). Christian Heinrich Zeller meint: „Ein gutes Beispiel und Vorbild ohne Wort ist stärker, als die schönsten und beredtsten Worte ohne dasselbe." [80] Und Albert Einstein ist überzeugt: „Es gibt keine andere vernünftige Erziehung, als Vorbild sein, wenn es nicht anders geht, ein abschreckendes."[81] Eine große Kraft, die wir besitzen, ist ein Vorbild zu hinterlassen.

In den nächsten Kapiteln wenden wir uns verschiedenen Bereichen zu, die entscheidend sind, um Menschen zu führen. Aus dem Inhalt jeden Kapitels könnte ein ganzes Buch geschrieben werden. Es werden lediglich die grundlegendsten Punkte kurz zusammengefasst wiedergegeben.

---

[80] http://gutezitate.com/autor/christian-heinrich-zeller (eingelesen am 28.08.2016)
[81] http://www.gutzitiert.de/zitat_autor_albert_einstein_thema_erziehung_zitat_1398.html (eingelesen am 28.08.2016)

Hingebend – selbstloses Dienen. Warum steht gerade dieses Thema am Anfang dieser Reihe? Das ist doch eigentlich paradox. Unserer Ansicht nach liegt es eher auf der Hand, dass wir, um vorwärts zu kommen, nach Redekunst, Charisma und besonderen Fähigkeiten suchen. Unsere Gesellschaft lehrt uns ganz anders als die Bibel, nämlich dass Leiter über anderen stehen und sie beherrschen dürfen. Das war schon zu Jesu Zeiten so (Matthäus 20,25). Aber wahre Größe finden wir im Dienst. Wirklich etwas zum Guten hin beeinflussen zu wollen, liegt in der Demut, darin, den anderen „die Füße zu waschen", so wie es Jesus uns vorgelebt hat.

Teamorientiert – verbindend wirken. Die Dienstgesinnung zeigt sich in der Art, wie wir im Team zusammenarbeiten und andere wertschätzen. Nichts ist so stärkend, wie wenn Menschen sich zu einem Zweck vereinen und gut miteinander auskommen. Die Erfahrung lehrt uns, dass dies nicht einfach von selbst kommt.

Multiplizierend – andere fördern. Wie ziehen wir andere Menschen nach? Jesus rief seine zwölf Nachfolger, um gemeinsam mit ihnen unterwegs zu sein. Dieses Prinzip der Multiplikation ist ganz praktisch und wird in diesem Kapitel näher untersucht. Wollen wir von Jesus lernen, wie wir dies in unserem Umfeld besser umsetzen können.

Kulturübergreifend – im multikulturellen Kontext dienen. Und warum sollten wir uns mit Menschen aus anderen Kulturen beschäftigen? Wir haben ja mit uns selbst genug zu tun. Wer mit dieser Vogelstraußpolitik unterwegs ist, merkt nicht, dass unsere Umgebung zunehmend multikulturell wird. Mittlerweile hat jeder fünfte Einwohner in Deutschland einen Migrationshintergrund.[82] Wer mit Menschen aus anderen Kulturen umgehen

---

[82] Süddeutsche Zeitung: http://www.sueddeutsche.de/politik/bevoelkerungsentwicklung-in-deutschland-jeder-fuenfte-hat-einen-migrationshintergrund-1.2593029, (eingelesen am 19.09.2016)

kann, weist eine enorme Sozialkompetenz auf. Wir erhalten in diesem Kapitel Tipps, wie wir in einem multikulturellen Umfeld anderen Menschen dienen können.

Zukunftsorientiert – gute Elternschaft. Das letzte Kapitel hat das Potenzial, das wichtigste zu werden. Manche könnten sich zwar fragen, ob Elternschaft nicht ein Sonderthema sei, das in ein Erziehungsbuch gehöre? Vielleicht haben sie recht. Man kann es aber auch durchaus als den Kern von Entwicklung und Prägung sehen. Wo finden wir denn ein besseres Umfeld, um Nachwuchsförderung zu praktizieren? Vielleicht werden Sie beim Lesen angeregt, gewisse Prinzipien in Ihrer Familie umzusetzen?

Ich wünsche mir, dass aus meinem Leben, sei es im Beruf oder in der Familie, Frucht für Gott wächst. Fangen wir nun mit dem Thema des dienenden Führens an. Dazu passt die Geschichte von Dominus und Servus.

Hingabe leben – selbstloses Dienen

König Dominus machte sich eines Tages auf, um König Servus zu besuchen und von seinem Geheimnis zu erfahren. „Warum ist König Servus so erfolgreich in seinem Königreich?", hatte sich König Dominus immer wieder gefragt. Servus musste ein Geheimnis haben, wie er sein Königreich führte, denn Dominus beobachtete, wie dessen Königreich aufblühte, während seines sich mehr im Niedergang befand. Irgendwie brachte Servus es fertig, dass ihm seine Untertanen willig gehorchten, doch Dominus selbst hatte die größte Mühe, Gehorsam zu erzwingen. Bei ihm taten die Leute einfach das, wozu sie gerade Lust hatten. Nach der langen Reise kam Dominus zum Tor von Servus' Palast. Dort wurde er von einem Diener empfangen, der ihm das Tor öffnete und ihn hereinführte. Da Dominus von weit her gereist war, gab ihm der Diener kühles Wasser zu trinken und führte ihn in ein Zimmer bei den königlichen Bädern, wo er sich nach der anstrengenden Reise erfrischen konnte. Seine Spannung stieg. Servus musste ein ganz besonderer Mann sein, wenn er so viele Bedienstete hatte, dass er es sich leisten konnte, einen Gast so zuvorkommend willkommen zu heißen. Es wusste ja niemand, dass er ein König war. Er genoss die königliche Behandlung und war schon gespannt, was als nächstes kommen würde. Der Diener führte ihn in einen Saal, wo ein herrliches Büffet zu sehen war. Der Diener bediente ihn mit den herrlichsten Speisen, die wohl für den König selbst zubereitet worden waren. Langsam aber wurde Dominus ungeduldig und erklärte dem Diener: „Ich will jetzt nicht mehr länger warten. Ich will jetzt endlich König Servus sehen". „Ist gut, wir gehen jetzt zu ihm", willigte der Diener ein. Sie gingen gemeinsam zur Halle, wo der Königsthron stand. Als der Diener das Tor öffnet, sah Dominus den langen roten Teppich und auch den Thron – aber komisch, der Thron war leer. „Ich dachte, Sie bringen mich zu König Servus, Sie wollen mich wohl auf den Arm nehmen?", kam die vorwurfsvolle

Klage von König Dominus. „Warten Sie kurz", sagte der Diener und entfernte sich. Er verschwand in einem angrenzenden Zimmer, wo er seine Dienstkleider auszog, die Königskleider anzog und sich die Krone auf sein Haupt setzte. Die Tür ging wieder auf und Dominus starrte entsetzt auf den König, der sich auf den Thron setzte und zu Dominus sagte: „Sie kamen, um König Servus zu sehen. Ich bin König Servus." Ohne viele Worte zu verlieren, kehrte König Dominus wieder zurück in sein Reich. Unterwegs hatte er viel nachzudenken, und dabei wurde ihm immer klarer, warum König Servus so viel Erfolg hatte und warum die Leute ihn liebten und ihm gehorchten. Er war nämlich kein König, der sich bedienen ließ, sondern jemand, der seinen Untertanen diente.

> Menschen, die mit einer Berufung durchs Leben gehen, wachen morgens auf, legen ihre „Dienstkleidung" an und überlegen sich, wem und wie sie heute jemandem in irgendeiner Weise einen Gefallen tun können.

Menschen, die mit einer Berufung durchs Leben gehen, wachen morgens auf, legen ihre „Dienstkleidung" an und überlegen sich, wem und wie sie heute jemandem in irgendeiner Weise einen Gefallen tun können. Wie würde unsere Welt aussehen, wenn jeder von uns sich diese Einstellung zur Gewohnheit machen würde? Eigentlich sind wir sogar genau dazu geschaffen, für Gott und unsere Mitmenschen da zu sein.

Wenn wir den Vergleich zum Baum ziehen: Ein Baum ernährt sich nicht von seinen eigenen Früchten, stattdessen sind die Früchte für andere da. Entscheidend für schmackhafte Früchte ist nämlich das Wurzelwerk. Wenn dann gute Früchte heranreifen, liegt es in der Natur des Baumes, sie zur Nahrung an andere weiterzugeben und anderen damit zu dienen.

Die Geschichte der zwei Könige ist natürlich nur ein Gleichnis. Ein Herrscher, der jeden seiner Untertanen selbst am Tor begrüßen würde, hätte keine Zeit mehr, seine Regierungsgeschäfte zu erledigen. Er hat diese Arbeit hoffentlich an dafür ausgebildete Diener delegiert. Trotzdem lässt uns die Geschichte in ein Geheimnis blicken, wobei es hier vor allem um die innere Einstellung geht. Auch ein christlicher Leiter kann nicht alle Tätigkeiten seiner Organisation selbst tun, ohne auszubrennen. Es wäre auch schade, wenn wir uns in Nebensächlichkeiten verlieren würden und dabei den Hauptauftrag vernachlässigten. Bei diesem Gleichnis geht es also vielmehr um die innere Einstellung, um eine Haltung des Dienens. Wer weise ist, wird gekonnt delegieren. Das heißt aber nicht, dass er nicht auch zwischendurch eine Tätigkeit tut, die von ihm als Leiter nicht erwartet wird.

Während der Amerikanischen Revolution (1763-1783) leitete ein Offizier, dem es Spaß machte, den Soldaten Befehle zu erteilen, die Reparatur eines Armeegebäudes. Als seine Leute Mühe hatten, einen Träger hochzustemmen, kam ein Mann vorbei und fragte den Offizier, warum er den Männern nicht helfen würde. Prompt erklärte der Offizier im Brustton der Überzeugung: „Herr, ich bin hier der Unteroffizier!" Daraufhin ging der Passant zu den Männern und half ihnen bei dieser schwierigen Arbeit. Als die Sache erledigt war, wandte er sich wieder an den Offizier mit den Worten: „Herr Unteroffizier, wenn Sie wieder einmal zu wenig Leute für so eine schwere Arbeit haben , dürfen Sie gerne wieder den Oberbefehlshaber rufen, er kommt Ihnen bestimmt auch ein zweites Mal zu Hilfe." Mit diesen Worten machte sich George Washington wieder auf den Weg und hinterließ einen verdutzten Unteroffizier. Wahre Größe erreicht man nicht durch das Geben von Befehlen, sondern durch die Bereitschaft zum Dienst.[83]

---

[83] Übersetzt aus: http://publish.illinois.edu/mikeb/2013/02/25/leadership-at-every-level-means-service-at-every-level/ (eingelesen am 22.08.2016)

Das Jesus-Modell

Jeder von uns ist dazu berufen, eine Führungsrolle zu übernehmen, sei es in der Familie, an der Arbeitsstelle, in der Gemeinde oder ganz allgemein in der Gesellschaft. Leiterschaft ist nicht unbedingt eine Position, sondern eher eine Berufung zum Dienst für den Nächsten. Beim dienenden Leiten kommt das Wort „Dienst" zuerst. Bevor wir leiten, müssen wir dienen können. Leiterschaft macht uns nicht besser, sondern sie stellt uns in eine größere Verantwortung. Mit Vision und Hingabe zeigen wir den Weg für das, was in Gottes Augen Bedeutung hat, und ermutigen andere mitzugehen.

> Leiterschaft ist nicht unbedingt eine Position, sondern eher eine Berufung zum Dienst für den Nächsten.

Unser höchstes Ziel sollte sein, wie Jesus zu werden, so dass wir durch unser inspirierendes Vorbild andere auch zu diesem Ziel hinführen.

Aber wie hat Jesus denn geleitet?

Wenn wir an erfolgreiche Leiterschaft denken, kommen uns sofort Bilder von Siegertypen in den Sinn:

- Der Hauptmann einer Armeeeinheit steht triumphierend und mit erhobenem Schwert auf dem Berg
- In der Mitarbeiterversammlung verkündet der stolze Betriebsleiter steigende Umsätze
- Der Musikstar schaut über die applaudierende Menge.
- Nach dem Sieg wird der Fußballtrainer von seiner Mannschaft jubelnd vom Feld getragen
- Ein feuriger Prediger schmettert seine Worte über die begeisterte Zuhörerschar im Versammlungssaal...

Sehen sie diese Bilder vor Ihrem inneren Auge? Die Liste könnte noch beliebig weitergeführt werden.

Nun aber Szenenwechsel: Stellen Sie sich nun einen Diener vor mit umgebundener Schürze, auf dem Boden kniend, mit der Waschschüssel vor sich und einem Handtuch über der Schulter. Passt dieses Bild zu unserer Vorstellung von einem Leiter? Ich denke, eher nicht. Dieser Diener ist es nicht wert, erwähnt zu werden. Er tut ja nur seine Pflicht und wird schließlich dafür bezahlt. Er braucht keinen Applaus zu erwarten.

Aber genau dieses Bild benutzt Jesus als Vorbild für gute Leiterschaft. Er versammelt seine Jünger in der oberen Wohnung zum Passah Fest – alles typische Männer, die bestimmt schon oft verglichen hatten, wer den größten Fisch im Netz hatte. Als sie dann anfangen zu diskutieren, wer wohl der Bedeutendste unter ihnen sei (Lukas 22,24), steht Jesus auf, verlässt seinen Platz und schlüpft in die Rolle des Dieners. Er *„zog sein Obergewand aus, band sich ein Handtuch um die Hüften und goss Wasser in eine Schale. Dann begann er, seinen Jüngern die Füße zu waschen und sie mit dem Handtuch abzutrocknen, das er sich umgebunden hatte"* (Johannes 13,4-5). Es war eigentlich nicht seine Aufgabe, dies zu tun. Er war Rabbi, und somit der Meister und Leiter der Gruppe. Niemand hätte ihn kritisiert, wenn er diese in ihren Augen niedrige Arbeit einem Jünger delegiert hätte.

Wir denken, Leiter übernehmen nur die großen Aufgaben. Wir werden hier mit dem Paradox christlicher Leiterschaft konfrontiert. Warum übernahm Jesus als Leiter die Stellung eines Dieners? Warum band der König der Könige ein Handtuch um? Er tat dies bestimmt nicht jeden Tag, aber auf seinem Weg im Auftrag seines Vaters sah er ein Bedürfnis in der Gruppe und stillte es. So einfach ist es.

„Das ist nicht mein Job", wird oft vorgebracht. „Von dem steht nichts in meinem Pflichtenheft." Gewiss, es ist nicht gut, wenn wir in ein fremdes Amt greifen, und eine Organisation braucht eine gewisse Struktur, bei der jeder weiß, was er zu tun hat. Jesus zeigt uns aber unmissverständlich auf, dass wir von einer knienden Position aus leiten sollen, betend und dienend. Wenn wir ein Bedürfnis sehen, das unserem Auftrag entspricht, sollen wir die Ärmel hochkrempeln und anpacken.

> Jesus zeigt uns aber unmissverständlich auf, dass wir von einer knienden Position aus leiten sollen, betend und dienend.

Für Jesus war das Modell für Leiterschaft Dienst. Er kam, um zu dienen. Wer auch immer ihm folgen will, der soll auch Diener sein! *„Ich habe euch ein Beispiel gegeben, dem ihr folgen sollt. Tut, was ich für euch getan habe"* (Johannes 13,15). Er sagte nicht: „Ich habe euch ein Beispiel gegeben, damit ihr nächsten Sonntag darüber predigen sollt." Nein! Oder: „Ich habe euch ein Beispiel gegeben; macht Kleingruppen und diskutiert über das, was ich tat." Nein! Auch nicht: „Ich habe euch ein Beispiel gegeben, damit ihr diesen Satz gut auswendig lernt." Nein! Alles lobenswert, doch er suchte nach Taten, nicht nach einem Predigtentwurf.

Jesus hatte schon vorher etliche Male auf diese Thematik hingewiesen, indem er seine Nachfolger unterwies, den untersten Platz am Tisch einzunehmen (Lukas 14,10). Es war Zeit, es ihnen vorzumachen, was es heißt, wie ein Diener das Handtuch zu nehmen. Er erklärte ihnen, dass wahre Größe in Gottes Sicht durch den Dienst kam (Markus 10,43-44). Aber es blieb nicht bei den Worten. Nun zeigte er ihnen diese Größe, indem er den Dienstschurz anzog, denn er hatte ihnen gesagt: *„Wer euch anführen*

> Es war Zeit, es ihnen vorzumachen, was es heißt, wie ein Diener das Handtuch zu nehmen.

will, der soll euch dienen, und wer unter euch der Erste sein will, soll euer Sklave werden" (Matthäus 20,26-27).

Die zwölf Nachfolger von Jesus widerspiegeln oft unser eigenes Herz. Zehn von ihnen empörten sich darüber, dass Jakobus und Johannes es wagten auszusprechen, was sie vermutlich selbst insgeheim dachten. Die beiden fragten Jesus nämlich nach einem Ehrenplatz, wenn er dann sein Reich aufrichtet. Daraufhin lehrt Jesus allen eine wichtige Lektion. Interessanterweise tadelt Jesus sie nicht, sondern weist sie auf seine Berufung und sein Leitbild hin:

„Selbst der Menschensohn ist nicht gekommen, um sich dienen zu lassen, sondern um anderen zu dienen und sein Leben als Lösegeld für viele Menschen hinzugeben."
(Markus 10,45)

Dieser Satz ist das Herzstück von dienender Führung. Jesus sagt weiter zu ihnen: *„Ihr habt erfahren, dass in dieser Welt die Könige Tyrannen sind und die Herrschenden die Menschen oft ungerecht behandeln"* (Markus 10, 42). Dabei bringt er sein Anliegen deutlich zum Ausdruck: „Bei euch soll es nicht so sein!" Er stellt das Leiterschafts-Modell der Welt seiner eigenen Dienstgesinnung gegenüber und zeigt unmissverständlich, dass sein Modell nicht menschlichen Ursprungs ist. Jesus meint damit nicht, dass jegliche Führung schlecht ist und wir sie abschaffen sollten. Er will hingegen, dass wir die Menschen nicht in Herrschende und Dienende einteilen; sondern dass alle sich seine Dienstgesinnung zu eigen machen sollen. Geistliche Autorität findet man nicht in einem Titel, sondern im Handtuch. Wenn wir vor lauter Leiten keine Zeit zum Dienen mehr finden, müssen wir uns überlegen, ob wir wirklich auf dem richtigen Weg sind. Die Gemeinde braucht Gotteskinder und Diener, keine „Führer" im Sinne von Herrschern. „Wenn

> Geistliche Autorität findet man nicht in einem Titel, sondern im Handtuch.

wir die Priorität des Dienens vergessen, ist die ganze Idee der Leiterschaftsentwicklung eine gefährliche Sache", sagt Oswald Sanders.[84]

> „In der Welt wird Größe an der Zahl der Personen gemessen, die man beherrschen kann. Im Reich Gottes wird Größe an der Zahl der Menschen gemessen, denen man dient."
> Kirkpatrick

Deshalb ist Dienst das wahre Wesen von christlicher Leiterschaft. Kirkpatrick sagt: „In der Welt wird Größe an der Zahl der Personen gemessen, die man beherrschen kann. Im Reich Gottes wird Größe an der Zahl der Menschen gemessen, denen man dient."[85]

Wenn wir erfolgreich führen wollen, ist ein gutes Prinzip, es sich zum Ziel zu setzen, anderen zum Erfolg zu verhelfen. Das lernen wir, indem wir uns ihnen zur Verfügung stellen. Paulus ermutigt uns, jede Gelegenheit zu nutzen, allen Menschen Gutes zu tun (Galater 6,10).

Brother Lawrence behandelte seine Mitmenschen in gleicher Weise, wie er Jesus behandelt hätte. Er glaubte, dass dies dem Evangelium würdig ist. Was er seinen Brüdern tat, hat er Jesus getan. Er war überlegt und sorgsam, wenn es darum ging, seinen Freunden zu dienen, besonders in der Küche. Dort hat er sie manchmal wie Engel bedient.[86]

Das Handtuch nehmen

Könnte es sein, dass wir in der christlichen Gemeinschaft das Handtuch und die Waschschüssel mit dem Platz am oberen Ti-

---

[84] Sanders, Oswald, *Spiritual Leadership*, Moody Press, Chicago, 1994, S. 148
[85] Kirkpatrick, John W., *Prinzipien Christlicher Leiterschaft – Ein Studienführer*, ICI University, Irving, Texas, USA, 2. Aufl © der deutschen Ausgabe 2009, ICI University, 1992, S. 84
[86] Brother Lawrence, *The Practice of the Presence of God*. Whitaker House, New Kensington, USA, 1982, S. 55

schende ersetzt haben? Geht es uns deshalb mehr um Besucherzahlen, große Budgets, Prestige, Popularität und Privatjets. Derjenige, der ohne Kissen unterwegs war (Lukas 9,58), hat uns etwas Anderes gelehrt.

Wenn ich von etwas Höherem überzeugt und ergriffen bin, dann mache ich mich für diese Sache zum Diener. Gene Wilkes drückt es so aus: „Ein dienender Leiter dient einem Auftrag, und leitet diejenigen, die mit ihm in dieser Mission sind, durch Dienst."[87]

Eltern, wie auch Hirten der Gemeinde, müssen dieses Prinzip anwenden. Wir werden unsere Kinder nie führen können, wenn wir nicht bereit sind, Opferbereitschaft an den Tag zu legen. Ein Hirte der Gemeinde hat vielleicht eine gewisse Position, aber wenn ihm die Bedürfnisse seiner „Schäfchen" egal sind, werden seine Leute ihm nicht vertrauen und deshalb auch nicht folgen. Leitende Persönlichkeiten in christlichen Gemeinden übersehen oft, dass der Ort für Christus-ähnliches Leiten nicht am oberen Tischende, sondern unter den Menschen ist. Dienst statt Status sollte das Motto von geistlichen Leitern sein. Dabei muss man aber noch unterscheiden zwischen echtem und selbstgerechtem Dienen.

Echtes Dienen geschieht oft im Verborgenen und macht keinen Unterschied zwischen „großen" und „kleinen" Diensten. Man kann warten und zuhören, ist ruhig und anspruchslos und hilft dem anderen tragen (Galater 6,2).

Selbstgerechtes Dienen hingegen wird von äußerer Belohnung und vom Applaus anderer genährt. Man sucht sich je nach Lust und Laune aus, wo und wann man etwas tut und wen man bedient. Echter Dienst setzt auch die Bereitschaft voraus, unsere eigenen Rechte aufzugeben. Für eine Mutter scheint dies selbst-

---

[87] Wilkes, C. Gene, *Jesus on Leadership – Timeless Wisdom on Servant Leadership*, Tyndale, Illinois, 1998, S. 18

verständlich zu sein. Sie gibt vom Tag der Geburt des ersten Kindes oder schon in der Schwangerschaft ihre Rechte auf Selbstbestimmung auf. Sie verschenkt sich und geht auf im Dienst für das kleine Geschöpf. Nur so kann sie das Kind zu einem wertvollen, verantwortungsbewussten Menschen erziehen.

Alexander der Große gibt uns ein gutes Beispiel für Verzicht und Opfer: Die Sonne brannte auf sie nieder, als die Armee die Wüste durchquerte, aber sie kämpften weiter, um Wasser zu finden, welches aber in weiter Ferne zu sein schien. Alexander war wie alle anderen vom Durst gepeinigt, aber er marschierte trotzdem zu Fuß, seinen Männern voran. Das war seine Strategie, und dies half den Soldaten, durchzuhalten und auch die schwierigsten Etappen zu meistern. Sie sahen, dass ihr General alles mit ihnen teilte. Als sie so weiterliefen, fand eine Infanterie, die mit leichtem Gepäck vorausging, etwas Wasser. Es war aber so wenig, dass sie nur einen Helm damit füllen konnten. Als sie den kostbaren Schatz Alexander überreichten, dankte er ihnen, zeigte den Helm allen Soldaten und schüttete das Wasser vor ihren Augen aus. Der Effekt war so groß, dass jeder Soldat das Gefühl hatte, er hätte selbst vom Helm getrunken. Er brachte dieses Opfer und zeigte damit, dass er sich auf dieselbe Stufe mit ihnen stellte.[88] Wir teilen seine Vision von der Eroberung dieser Welt nicht. Trotzdem ist es ein beeindruckendes Beispiel von dienender Leiterschaft.

Manchmal denken wir, dass Dienst etwas Minderwertiges ist. Der Bundespräsident wird wohl kaum jeden Tag den Stall ausmisten. Dafür dient er dem Staat, indem er aufopfernd für das Volk eintritt. Ich fragte einmal meine Schüler an der Bibelschule in Papua-Neuguinea: „Wer ist hier der Diener, ihr als Schüler oder ich als Lehrer." Fast alle hatten das Gefühl, dass sie als Schüler die Diener seien, weil ich als Lehrer menschlich gese-

---

[88] Brummet, Palmira und andere, *Civilization Past & Present Volume One – to 1650*, 10th edition, Longman Publishers, USA, 2003, 117

hen die höhere Position innehatte. Als ich ihnen sagte, dass ich mich für den Unterricht aufopfere und auch einmal Überstunden mache, damit sie das Bestmögliche aus dem Unterricht mitnehmen können, merkten sie plötzlich, dass sie diejenigen sind, die bedient werden. Gute Geschäftsleute kennen das Geheimnis ihres Erfolges: „Der Kunde ist König." Dies kommt in der oft gehörten Frage der Verkäufer zum Ausdruck: „Was kann ich für Sie tun?"

> Jesus riskierte etwas, als er sich so herunterließ, und doch gewann er alles. Er diente mit Hingabe und Passion, denn es ging ihm um die Ehre des Vaters.

Bei Jesus ging es jedoch nicht wie bei einem Geschäftsmann darum, dass die Kasse klingelt, sondern um eine höhere Mission. Er war berufen, den Auftrag seines Vaters auszuführen. Für diesen Auftrag riskierte er alles, diente jedem, der ein Bedürfnis hatte, schulte seine Nachfolger zu diesem Auftrag und sandte sie in seinem Namen aus, um dasselbe zu tun. Als Jesus das Handtuch nahm, wartete er nicht auf Bewunderung der Jünger, sein Gehalt und die Besucherzahlen stiegen auch nicht deswegen. Im Gegenteil: einer von ihnen verließ ihn diese Nacht. Jesus riskierte etwas, als er sich so herunterließ, und doch gewann er alles. Er diente mit Hingabe und Passion, denn es ging ihm um die Ehre des Vaters.

Echte Dienstgesinnung ist ein Zeichen von Reife. Man findet sie nicht bei einem Säugling, denn von Natur aus sind wir selbstbezogen. Reife zeigt sich, wenn man

- andere für ihre Erfolge loben kann.
- wenig von sich selber und seinen Leistungen redet oder wie gestresst man ist.
- Dienste tut, die von anderen nicht gesehen und deshalb nicht gelobt werden.
- dem Kollegen zu seiner Promotion gratuliert, ohne von Eifersucht verzehrt zu werden.

- den nachfolgenden Arbeiter gut in seine Aufgabe einführt, und sich freut, wenn er es sogar besser macht.
- in andere investiert und ihr Wachstum fördert.
- bereit ist, Fehler zuzugeben und sich dafür zu entschuldigen.
- Kritik nicht als persönlichen Angriff versteht und sich nicht dagegen auflehnt.
- dem anderen vergeben kann.
- es ertragen kann, dass die eigene gute Idee einem anderen zugesprochen wird.
- sich auch von anderen bedienen lassen kann.
- sich nicht zu gut ist, um selbst eine unbeliebte Arbeit, zu tun.

Albert Schweitzer sagte einmal: „Ich weiß nicht, was dein Schicksal ist, aber eins weiß ich: die einzigen unter euch, die wirklich glücklich werden, sind diejenigen, die gesucht und herausgefunden haben, wie man anderen dient."[89] Das zeugt von Tiefgang!

Hu Jen-Chuan, ein zweijähriger chinesischer Junge fiel 1972 von einem Tisch und lag im Koma. Als er aufwachte, konnte er sich nicht mehr bewegen. Die Eltern waren sehr besorgt um ihn, konnten sich aber kein Pflegeheim leisten. Mit Liebe und Hingabe pflegte die Mutter ihren Sohn. Da er sich nicht bewegen konnte, bekam er oft Druckgeschwüre, deshalb tat sie während dreißig Jahren das schier Unmögliche. Sie hat ihn oft auf ihrem Rücken getragen. 2002 war sie 65 Jahre alt, wog nur 40 kg, trug aber ihren erwachsenen Sohn immer noch. Als man sie fragte, wie sie das schaffen würde, sagt sie ganz einfach: „Er ist nicht schwer, er ist mein Sohn."[90]

---

[89] Schweitzer, Albert, übersetzt aus: http://www.brainyquote.com/quotes/quotes/a/albertschw133001.html (eingelesen am 29.08.2016)
[90] Übersetzt aus: http://storiesforpreaching.com/he-aint-heavy/ (eingelesen am 22.08.2016)

Das Kreuz auf sich nehmen

Es war an meiner Einsegnungsfeier zum Missionsdienst, als ein Prediger uns angehenden Missionaren einen guten Rat gab, der mir damals nicht sehr ermutigend vorkam. Er zitierte Pfarrer Johann Seitz, der um 1900 in Thüringen wirkte: „Der Herr lasse dich wachsen...". Ich freute mich, ja, ich wollte wachsen. Aber dann kam der zweite Teil des Satzes wie ein Vorschlaghammer: „...niederwärts wie einen Kuhschwanz." Es gab ein allgemeines Gelächter in der Gemeinde, doch ich selbst war nicht sonderlich amüsiert. Vielleicht ärgerte ich mich sogar darüber. Trotzdem blieb mir von dieser Predigt nichts anderes hängen, als nur dieser eine Satz. Und heute verstehe ich ihn schon viel besser.

Der Weg zu wahrer Größe geschieht auf dem Weg der Erniedrigung, dem Weg nach unten. Paradox, aber im tiefsten Sinne christlich. Jesus gab seine göttlichen Privilegien und Rechte auf, kam in einer Futterkrippe auf diese Welt und starb wie ein Verbrecher am Kreuz (Philipper 2,5-9). Wenn wir seinen Fußstapfen folgen, sollte unser Weg dann anders aussehen? *„Wenn einer von euch mit mir gehen will, muss er sich selbst verleugnen, jeden Tag aufs Neue sein Kreuz auf sich nehmen und mir nachfolgen"* (Lukas 9,23). Ein Kreuz zu tragen war ein klares Zeichen des Todes. Das Schicksal des Kreuzesträgers war unweigerlich der Tod. Nun ist vielleicht sogar etwas Heldenhaftes und Abenteuerliches an einem Märtyrertod, aber jeden Tag kleine Tode erleiden (Römer 8,36)? Ohne dass überhaupt jemand Notiz davon nimmt? Das hört sich nicht sehr erstrebenswert an, aber es ist der einzige Weg, um Frucht zu bringen. Der Same muss in die Erde gelegt werden und absterben, damit ein Baum daraus wird. Jesus hat nie irdische Anerkennung gesucht. Er kam nur, um den Auftrag seines Vaters auszuführen durch

> Der Weg zu wahrer Größe geschieht auf dem Weg der Erniedrigung, dem Weg nach unten.

demütigen Dienst für seinen Vater. Auch Paulus hatte eine ähnliche Gesinnung: *"Ich tue nicht einfach, was mir gefällt oder was für mich am besten ist, sondern ich tue, was für sie* (andere Menschen) *am besten ist, damit sie gerettet werden"* (1. Korinther 10,33 In Klammern vom Autor). Der Ursprung dieser Gedanken kommen natürlich von Jesus: *"Die größte Liebe beweist der, der sein Leben für die Freunde hingibt"* (Johannes 15,13).

Irak, 4. Dezember 2007. Ein 19-jähriger amerikanischer Soldat sah, wie eine Handgranate von einem Hausdach in seinen Wagen geworfen wurde. Er hätte Zeit gehabt, zu fliehen, hingegen stürzte er sich, nach kurzem Überlegen, auf die Granate. Dieser unerklärliche, selbstlose Akt rettete das Leben seiner Kameraden. Als der Sarg des Soldaten bei der Militärbeerdigung hereingeführt wurde, war er voll von Abzeichen seiner Kameraden, so dass er in der Sonne golden glänzte.[91] Vielleicht hilft diese Geschichte uns zu verstehen, was die Bibel meint, wenn sie davon redet, dass es eine Liebe gibt, die ehrenhafter ist als viel Bibelwissen und Status (1. Korinther 13,1-3).

Ich bin immer wieder berührt, wenn ich das Zeugnis von Paulus über Epaphroditus lese. Es steht nicht viel von ihm in der Bibel und wir kennen die genauen Umstände nicht, aber er hat scheinbar für das Wohlergehen der Gemeinde sein Leben aufs Spiel gesetzt (Philipper 2,30). Weil er sich so für die Christen eingesetzt hat und sein Leben riskierte, ist er dabei fast gestorben. Für ihn war es die Gemeinde wert, für sie zu sterben. Wo findet man heute noch solche Opferbereitschaft?[92]

Epaphrotitus zeigt uns, was es bedeutet, sein Leben für andere hinzugeben. Eine solche Liebe kann nur vom Heiligen Geist

---

[91] Our Daily Bread, 2011, 11. November, RBC Ministries, Grand Rapids, Michigan, USA
[92] Wenn ich solche Beispiele nenne, dann spreche ich nicht den Arbeitssüchtigen das Wort, die nur deshalb Leben um zu arbeiten. Es gibt unter Christen auch solche, die aus falschen Motiven sich für etwas aufopfern, und dabei ihr Ehe und Familie aufopfern.

bewirkt werden, der uns dazu befähigt, mit anderen mitfühlen zu können, so wie Gott mit uns fühlt. Das Maß unserer Liebe zu Gott zeigt sich oft in der Liebe zu anderen, besonders zu Benachteiligten.

Es gibt unzählige Diener, die nie öffentlich mit Namen genannt wurden, die aber den Verlauf der Geschichte bemerkenswert mitbestimmt haben. In 1 Samuel 30 lesen wir von einem jungen Mann, der von Davids Soldaten gefunden und vom feindlichen Heer zurückgelassen worden war. Der ägyptische Sklave ist nicht mit Namen genannt, konnte aber entscheidende Informationen liefern, damit David seine Familie letztendlich retten konnte. Der Junge, der Jesus mit seinen Broten und Fischen (Johannes 6,9) diente, ist auch nicht mit Namen genannt, wurde jedoch zur Nahrungsquelle für einige tausend Menschen. Dann gibt es noch den Besitzer des Esels, auf dem Jesus geritten ist (Matthäus 21,3), und den Jungen, der Paulus' Leben rettete (Apostelgeschichte 23,16-22).

Gibt es nicht auch in unserer Zeit Helden, die zwar von der Öffentlichkeit keine Anerkennung und keinen Beifall bekommen, die aber treu „an ihrem Platz" dienen und ihr Kreuz tragen? Matthias, der Judas ersetzte, war den anderen Aposteln ebenbürtig. Er war auch die ganze Zeit bei Jesus und war Zeuge der Auferstehung. Nur wird er in den Evangelien nie erwähnt. Nie! Und doch war er von Anfang an dabei (Apostelgeschichte 1,21-22). Viele beten treu – vor allem die Älteren. Sie geben aufopfernd und leiden geduldig um Jesu Willen. Unzählige Mütter sorgen im Stillen für ihre Familien. Sie werden vielleicht nicht genannt, ihre Namen werden vielleicht nie publiziert, wenigstens nicht hier und jetzt – aber im Himmel werden die Letzten die Ersten sein (Matthäus 19,30). Oder wissen Sie, wer die Eltern vom aufrichtigen und gerechten Propheten Daniel waren, die ihn gut erzogen hatten? Und wissen Sie, wer Paulus im Gefängnis mit seinem Besuch erfrischte, als er seinen letzten Brief an Timotheus schrieb? Und wer war die alte Frau, die jahrelang für Billy Graham gebetet hat? Wer hat Martin Luther seine Theologie gegeben und inspirierte ihn, das Neue Testament zu übersetzen? Es gibt viele solche „Niemande", die aber erheblich dazu beigetragen haben, dass Veränderung geschehen konnte. Hätten diese „Niemande" gefehlt, würde man diese „Jemande" nicht kennen.

Das Herz eines Hirten

Vielleicht ist das Bild des Hirten für die heutige Generation nicht mehr so geläufig. Es gibt jedoch kaum ein besseres Bild, um geistliche Leiterschaft zu erläutern, wie das des Hirten und seinen Schafen. Das Hirtenamt hat sehr viel mit dienender Leiterschaft zu tun. Als Jesus durch die Städte und Dörfer zog, heilte er Menschen von ihren Krankheiten und Leiden. Er hatte tiefes Mitleid mit den Menschen, denn sie waren wie Schafe ohne Hirten. War es nicht das römische Reich, das mit seinen Machthabern zu ihnen schaute? Waren da nicht auch noch die Schriftgelehrten und Pharisäer, die ihnen aufs genaueste sagten, was zu tun war? Dennoch sagt er zu seinen Jüngern; *„Die Ernte ist groß, aber es sind nicht genügend Arbeiter da. Betet zum Herrn und bittet ihn, mehr Arbeiter zu schicken, um die Ernte einzubringen"* (Matthäus 9,37-38). An allen Ecken fehlte es an geistlichen Leitern, die wie treue Hirten für die Herde sorgten. Sacharja erkannte 520 Jahre vor Christus das Problem: *„Und so zieht mein Volk umher wie eine Schafherde und leidet, weil sie keinen Hirten hat"* (Sacharja 10,2). Oder wie es Jeremia vor dem Exil wahrgenommen hat: *„Mein Volk war wie eine Schafherde, die sich verlaufen hatte. Ihre Hirten haben sie in die Irre, auf die verführerischen Berge geführt"* (Jeremia 50,6). Es waren Hirten, die sich nicht um die Herde kümmerten, stattdessen sorgten sie nur für ihr eigenes Wohl (Hesekiel 34,8-10).

Es zählt zu den Charaktermerkmalen der Schafe, dass sie einen Hirten brauchen. Ohne ihn verirren sie sich hoffnungslos. Dieses Bild passt sehr gut zur Situation der christlichen Gemeinde. Sie braucht christliche Leiter, die selbstlos wie ein Hirte vorangehen. Leider sind solche Hirten rar, deshalb ist dies eine große Not, die wir ins Gebet bringen wollen, denn der leitende Hirte, Jesus, hat schon manchen Drückeberger zu einem verantwortlichen Hirten herangezogen.

Einige Grundsätze der Kunst des Hirten können wir aus dem Buch von Kevin Leman und William Pentak, *Das Hirtenprinzip*[93], entnehmen:

1. **Kennen Sie immer genau den Zustand Ihrer Herde.** Um gut führen zu können, sollten die Schafe beim Hirten nicht nur in einem Register mit Nummern aufgelistet sein, er sollte vielmehr eine Beziehung zu jedem Einzelnen aufbauen, indem er ein Schaf ums andere kennenlernt, sich um jedes kümmert und die Geschichte jedes Einzelnen miterlebt, indem er gute Fragen stellt. Sagt nicht schon Salomo: *„Du sollst den Zustand deiner Herde kennen und dich mit Leib und Seele ihrer Pflege widmen"* (Sprüche 27,23). Dabei geht es auch um das Profil eines jeden Schafs: Stärken, Herz, Einstellung, Charakter und Erfahrungen. Der Hirte kennt seine Schafe, aber die Schafe kennen auch ihren Hirten (Johannes 10,14).
2. **Helfen Sie den Schafen, sich mit Ihnen zu identifizieren.** Hervorragende Führungsqualitäten sind nicht nur eine professionelle Kunst, sondern etwas ganz Persönliches. Es hilft, authentisch, integer und einfühlsam zu sein. Ein Hirte muss klar kommunizieren und die Leute informiert halten. Chronische Meckerer werden zurechtgewiesen und den Problemen wird keine Zeit zum Gären gegeben.

---

[93] Leman Kevin und Pentak William, *Das Hirtenprinzip – 7 Erfolgsrezepte guter Menschenführung*, Mosaik – Goldmann, München, 2010, S. 153-155

3. **Mit dem Stab führen.** Ein Hirte geht an der Spitze voran. Er lenkt die Herde durch Überzeugung, nicht durch Zwang, stellt aber immer wieder sicher, dass die Herde weiß, wo die Zaungrenze verläuft. Der Hirte hilft seinen Schafen, wenn sie in Schwierigkeiten geraten sind, er schützt sie, kämpft für sie und weist sie zurecht. Immer wieder überprüft er, wie es ihnen geht.
4. **Den Preis eines Hirten zahlen.** Ein Hirte hat ein Herz für seine Schafe – das zeichnet ihn aus! Sein Hauptmerkmal ist seine selbstlose Art zu dienen. Er ist sogar bereit, sein Leben für seine Schafe zu riskieren und zu geben (Johannes 10,11).

Es war während des harten amerikanischen Bürgerkriegs im Winter 1862. Auf beiden Seiten gab es viele Verluste. Ein Soldat beschreibt, wie schrecklich es war, als das Schreien und Stöhnen der verwundeten Soldaten während Stunden zu hören war. Richard Rowland Krikland, ein Soldat der Südstaaten, konnte nicht mehr zuhören und fragte seinen Offizier um Erlaubnis, die verwundeten und durstigen Kämpfer auf der Seite der Feinde mit Wasser zu versorgen. Zuerst war der Offizier zurückhaltend, willigte aber dann trotzdem ein. Es gab ein paar Schüsse am Anfang, aber als die Feinde merkten, was Richard vorhatte, verstummten alle Gewehrschüsse für die nächsten 1 ½ Stunden. Richard konnte viele feindlichen Soldaten mit Wasser versorgen. Zum Erstaunen der Feinde, legte er sogar einem Verwundeten seinen eigenen Mantel um, um ihn vor Kälte zu schützen. Für einige Momente gab es nicht mehr Freund und Feind.[94]

Menschen, die sich um das geistliche Wohl ihres Nächsten sorgen, werden von Petrus als Hirten bezeichnet. Das Herz eines Hirten schützt vor Machtmissbrauch! Die zwölf Jünger von Jesus wussten nur zu gut, dass Könige Tyrannen sein konnten

---

[94] Geschichte übersetzt aus: http://www.civilwar.org/education/history/primarysources/richard-kirkland.html?referrer=https://www.google.com.pg/ (eingelesen am 29.08.2016)

und als Herrschende ihre Untertanen oft ungerecht behandelten, indem sie ihre Macht missbrauchten. Wenn ein geistlicher Leiter diese Art von Führung übernimmt, disqualifiziert er sich selbst, denn ein solches Verhalten passt nicht zu seinem Amt. Der erste Brief des Petrus lässt uns in das Herz eines wahren Hirten hineinblicken:

> *„Sorgt gut für die Herde Gottes, die euch anvertraut ist. Hütet sie gern und nicht widerwillig, sondern wie Gott es will. Kümmert euch nicht um sie, um euch Vorteile zu verschaffen, sondern weil ihr Gott gerne dienen wollt. Dabei sollt ihr die Menschen, die eurer Leitung unterstellt sind, nicht bevormunden, sondern sie durch euer gutes Beispiel leiten."*
> (1. Petrus 5,2-3)

Hier sehen wir, dass beim Thema Leiterschaft der Dienst im Vordergrund stehen sollte, denn erfolgreiche Leiterschaft ist nicht das Ergebnis von einem ehrgeizigen Bestreben, um als Person möglichst groß herauszukommen, sondern von einem tiefen Wunsch, Gott und anderen zu dienen. Zu dem Herz eines Hirten passt auch das Herz eines liebenden Vaters ganz gut. Eltern sind in der besten Position, reife junge Menschen heranzuziehen. In einem weiteren Kapitel wird darauf näher eingegangen.

Sich bedienen lassen

Wahre Größe zeigt sich auch darin, sich von anderen dienen lassen zu können. Oft ist uns dazu leider unser Stolz im Weg.

Ich war einmal in einem ganz abgelegenen Dschungelgebiet, als ich von einer älteren Frau beim Abschied zehn Cent in die Hand gedrückt bekam. Es beschämte mich, weil ich wusste, dass die Frau nicht mehr besaß und mir sozusagen ihr ganzes Geld gab. Dabei hätte ich es ja gar nicht nötig, denn in meiner Tasche waren größere Noten, die eigentlich sie viel dringender hätte brauchen können. Es kostete mich viel Überwindung, die zehn Cent dankend anzunehmen und die Frau im Herzen durch Gebet zu segnen. Ich vertraue darauf, dass Gott mein Gebet erhört hat.

Ein anderes Mal war ich zu stolz, als jemand mir einen Dienst erweisen wollte. Ich war „Grillmeister" bei einem Jugendtreff, gerade so um die 18 Jahre alt. Irgendwie ärgerte es mich, dass sich die anderen beim Volleyball Spiel bestens amüsierten, während ich schwitzend dafür sorgte, dass sie nachher ein gutes Stück Fleisch genießen konnten. Niemand schien mich zu beachten, niemand außer die Gastgeberin. Sie brachte mir ein kühles Cola und bot es mir freundlich an. Sie wollte mir damit einen Gefallen tun und eigentlich wusste ich auch, dass es jetzt eine herrliche Erfrischung wäre, aber ich lehnte dankend ab, mit einem inneren Groll gegenüber meiner Situation. Später merkte ich, dass mein Ärger hauptsächlich daher kam, dass andere mich in meinem „Martyrium" nicht beachteten. Der versteckte Stolz konnte nicht zugeben, dass mir ein kühler Schluck guttun würde. Lieber schmollte ich weiter.

Fassen wir kurz zusammen: Menschen, die wie Paulus das Herz eines Hirten haben, opfern sich für den nächsten auf (2. Korinther 12,15 und 13,4), sie arbeiten hart, um andere zu gewinnen (2. Korinther 5,11), setzen ihre Gaben für Gott und den Nächsten ein (1. Petrus 4,10) und pochen nicht auf ihre Rechte (1. Thessalonicher 2,7-9). Paulus ertrug dies alles, weil er wusste, dass Gott ihn beauftragte, der Gemeinde zu dienen (Kolosser 1,25). Ich wünschte, ich hätte dies alles schon gelernt, aber selbst Paulus schreibt, dass er noch unterwegs ist und noch nicht am Ziel angekommen ist (Philipper 3,14). Das gibt mir Mut weiter zu dienen, auch wenn ich nur kleine Wachstumsschritte erkenne.

Die Geschichte von der Bananenschale

Hier noch eine beeindruckende Begebenheit aus einem Flüchtlingslager. Erst als der Reis schon ausgegangen war, fiel sie dem britischen Soldaten wieder auf. Ihr zartes Gesicht trug jetzt einen Hauch von Enttäuschung, denn ihr wurde bewusst, dass sie an diesem Tag kein Essen bekommen würde. Sie war klein und dünn und konnte deshalb in der Meute leicht weggeschoben werden. Als der Hilfskonvoi zum Flüchtlingslager einfuhr, hatte der Soldat sie flüchtig unter einem dürren Baum gesehen. Aber er musste sich auf die chaotische Szene vor ihm konzentrieren und so entschwand sie seinen Blicken. Nachdem die Menge versorgt worden war, blieb sie zurück, sie war leer ausgegangen. Ihre beiden Augen trafen sich, da erinnerte er sich an die Banane, die er am Morgen in seinen Rucksack eingepackt hatte. Er nahm sie heraus und gab ihr die Banane.

Sie nahm sie still und ging etwas zurück. Erst dann bemerkte der Soldat, dass unter dem Baum noch zwei kleine Jungs im Schatten lagen, zu schwach, um selber aufzustehen. Sie schälte die Banane, brach sie in zwei Stücke und gab jedem Jungen ein Stück.

Dann aß sie die Schale.

„Es war eines der ergreifendsten Beispiele von dienender Leiterschaft, das ich je sah", sagte der Soldat Jahre später. „Sie hat den Lauf meines Lebens verändert. Ich gab meine Karriere auf, um ihrem Vorbild zu folgen und notleidenden Gruppen in Afrika zu dienen."[95]

In einer seiner letzten Reden bestätigt Martin Luther King, was die selbstlose junge Frau auslebte: „Jeder kann großartig sein

---

[95] Geschichte übersetzt aus: https://www.dreamsindeed.org/news/recognizing-servant-leaders-not-drum-majors/ (eingelesen am 05.12.2015)

> Dienende Leiter „geben sich mit Bananenschalen zufrieden" und verändern die Welt!

- weil jeder dienen kann. Sie brauchen keinen Hochschulabschluss, um zu dienen [...] Sie brauchen nur ein Herz voller Güte, eine Seele, die durch Liebe motiviert wird."[96]

Dienende Leiter „geben sich mit Bananenschalen zufrieden" und verändern die Welt!

Tiefer wurzeln

1. Passt die Idee des Dienens im Kontext unserer Kultur zu Leiterschaft? Nennen Sie Beispiele für Ihre Meinung.

2. Welche Eigenschaften eines Dieners kommen bei Jesus zum Ausdruck?

3. In welchen Bereichen der Gemeinde haben wir das Handtuch mit dem oberen Platz am Tisch ersetzt?

4. Überlegen Sie, welche „kleinen Tode" Sie persönlich im Alltag zu sterben haben, um anderen zu dienen.

5. In welchen Bereichen des persönlichen Lebens sollten Sie noch mehr um das Herz eines Hirten beten?

---

[96] Luther King, Martin: https://www.goodreads.com/quotes/757-everybody-can-be-great-because-anybody-can-serve-you-don-t-have (eingelesen am 05.12.2015)

Teamorientiert leben – verbindendes Dienen

Krach! Das Fahrzeug kam von der Fahrbahn ab und landete im Graben. Glücklicherweise war nichts Schlimmeres passiert. Der Fahrer ging zur nahegelegenen Farm und bat dort um Hilfe. Der Bauer nahm seinen alten Arbeitsgaul mit und band ihn am Fahrzeug vorne mit einem Seil fest. „Mein Pferd, Patrick, wird ihr Auto bestimmt rausziehen", meinte der Bauer. Dann rief er: „Zieh, Jack!" „Zieh, Fred!" „Zieh, Ted!" „Zieh, Patrick!" Mit einem Ruck zog Patrick das Fahrzeug aus dem Graben. Ganz erstaunt über die vier Namen, fragte der Fahrer: „Ihr Pferd, Patrick, hat es wirklich toll gemacht. Vielen Dank! Aber sagen Sie mir mal, warum haben Sie die drei anderen Namen gerufen?" Schmunzelnd erwiderte der Bauer: „Patrick ist eben blind. Wenn ich die anderen Namen rufe, meint er, dass neben ihm auch noch andere Pferde ziehen und er nicht ganz alleine ist. Das motiviert ihn und gibt ihm zusätzliche Ziehkraft. Das ist mein Geheimnis."[97]

„Ein Einzelner kann leicht von hinten angegriffen werden; zwei, die zusammenhalten, wehren den Überfall ab. Und: Ein dreifaches Seil kann man kaum zerreißen."
(Prediger 4,12)

> Ein Team ist eine kleine Gruppe von motivierten Menschen, die sich gegenseitig ergänzen, sich füreinander verpflichten und gemeinsam auf ein Ziel hin arbeiten.

Ein Team ist eine kleine Gruppe von motivierten Menschen, die sich gegenseitig ergänzen, sich füreinander verpflichten und gemeinsam auf ein Ziel hin arbeiten. Für ein gutes Team braucht es Teilnehmende, die bereit sind, große Opfer zu bringen, um ein gemeinsames Anliegen zu unterstützen und einen Auftrag

---

[97] Geschichte frei übersetzt aus: http://www.teachmeteamwork.com/teachmeteamwork/2006/12/illusion_of_tea.html (eingelesen am 29.08.2016)

zur Vollendung zu bringen. Sie investieren in die Beziehungen zueinander, tragen Sorge, dass die Kommunikation fließt und stehen hinter der Teamleitung. Trotz Unterschiedlichkeit der Teamleute kennen sie ihre gemeinsame Mission, sie wissen, was dran ist und was der Teamleiter von ihnen erwartet und haben das Zeug dazu, ihr Ziel gemeinsam zu erreichen.

Deshalb sollte alles darangesetzt werden, dass kein grobes Missverständnis, kein ungutes Gefühl gegenüber dem Nächsten, keine Missgunst, Eifersucht und kein Egoismus aufkommen, das die Einigkeit zerstört. Wie kann ein Reich bestehen, wenn es in sich selbst uneins ist, fragt Jesus? (Markus 3,24)

Am Beispiel des Baumes sehen wir, dass er nur durch ein Zusammenspiel von Stoff- und Wasserleitungsbahnen wachsen kann, die wichtige Nährstoffe von den Wurzeln bis hin zu den Ästen transportieren und den Organismus am Leben erhalten. Dadurch wachsen letztendlich Früchte, die zur Nahrung werden für andere.

Was Teamarbeit betrifft, können wir auch vieles von den Wildgänsen lernen. Im Herbst sehen wir sie in einer V-Formation gen Süden fliegen. Möge ihr gottgegebener Instinkt uns bei unserem Teamverhalten inspirieren. Hier sind fünf Merkmale der Wildgans-Teamarbeit:

1. Wissenschaftler entdeckten, dass jeder Flügelschlag eines Vogels den nötigen Aufwind schafft für den folgenden Vogel, damit der ganze Schwarm ohne Zwischenstopp über 70% weiter fliegen kann, als wenn ein einzelner Vogel flöge.
   ➢ Gemeinsam kommen wir weiter, vor allem dann, wenn wir ein gemeinsames Ziel haben und einander unterstützen.
2. Wenn eine Gans aus der Formation herausfällt, fühlt sie gleich den größeren Widerstand und kehrt schnell wieder

zurück in die Formation, damit sie die auftreibenden Kräfte des vorderen Vogels nutzen kann.
> *„Wer sich absondert, geht nur seinen eigenen Wünschen nach; er verweigert alles, was heilsam ist"* (Sprüche 18,1). Wir sind klug, wenn wir Hilfe von anderen annehmen und anderen wiederum unsere Hilfe anbieten.
3. Die Leit-Gans arbeitet am meisten und wird müde. Wenn sie nicht mehr kann, reiht sie sich hinten ein, und eine andere Gans übernimmt ihren Platz an der Spitze.
> In einem Team muss die Verantwortung so verteilt werden, dass nicht ein Einzelner daran zugrunde geht.
4. Während des Formationsflugs schnattern die hinteren Gänse, um die vorderen zu ermutigen.
> Wenn wir so klug sind wie die Gänse, dann kommunizieren wir untereinander und geben positive Signale nach vorne!
5. Erkrankt eine Gans, sodass sie aus der Formation herausfällt, so scheren zwei Gänse mit ihr aus und begleiten sie hinunter, um sie zu beschützen. Interessanterweise bleiben sie bei dem kranken oder verletzten Tier, bis es wieder fliegen kann oder gestorben ist. Erst dann ziehen sie zu zweit weiter oder schließen sich einer anderen Gruppe an, um ihr Ziel zu erreichen.
> Auch wir sollen Solidarität zeigen und einander auf dem Weg zum Ziel unterstützen. Wann haben wir das letzte Mal gedacht, eine Gans sei dumm. Könnte es sein, dass Gänse in der Teamarbeit vernünftiger sind als manche von uns?[98]

Auch die Besten und Begabtesten in einem Team können noch reifer werden, indem sie erkennen, dass sie abhängig sind von anderen und nur gemeinsam erfolgreich sein können. Nehemia war als gekonnter Teamspieler ein erfolgreicher Leiter, der nur

---

[98] Maxwell, John C. *Developing the Leaders Around You,* Thomas Nelson, Nashville, 1995, S. 8-9

gemeinsam mit seinen Teams die Mauern von Jerusalem in 52 Tagen aufbauen konnte. Selbst Gott fungiert als Dreieinheit in einem Team von Vater, Sohn und Heiliger Geist. Geschaffen in sein Ebenbild – auch wenn dieses Bild etwas hinkt – operieren wir ebenso am sinnvollsten in Teams. Jesus sandte seine Nachfolger als kleine Zweierteams aus, damit sie sich stärken und ergänzen konnten.

> Jeder braucht jeden, wir können auf keinen verzichten, sogar die uns als die Schwächsten erscheinen, sind besonders nötig.

Das Bild des Körpers wird von Paulus als Beispiel für das große Team der Gemeinde herangezogen, was aber auch auf kleinere Gruppen passt. Jeder braucht jeden, wir können auf keinen verzichten, sogar die uns als die Schwächsten erscheinen, sind besonders nötig (1. Korinther 12). Der eine pflügt, ein anderer pflanzt, der nächste gießt, aber Gott schenkt das Wachstum (1. Korinther 3,6). Wer alleine arbeitet, addiert. Wer als Team arbeitet, multipliziert!

Reife zeigt sich in der gegenseitigen Abhängigkeit, mehr als im Individualismus und in der Unabhängigkeit. Stephen Covey erklärt, dass wir in unserer Reifeentwicklung von der *Abhängigkeit* (ich kann es nicht, du versorgst mich) zur *Unabhängigkeit* (ich kann es selber, ich bin verantwortlich), und schließlich zu einem *Abhängigkeitsverhältnis* oder zur gegenseitigen Abhängigkeit (wir schaffen das gemeinsam) hin wachsen.[99] Bei Teamfähigkeit geht es auch um Dialogfähigkeit; wir erkennen die Stärken der anderen und fördern sie, wir sind konfliktfähig, wir lassen uns gerne von anderen ergänzen und bieten uns selbst im Dienst für andere an. So kommen unsere Kompetenzen und Fähigkeiten im Team gut zur Entfaltung. Dadurch können Projekte verwirklicht werden, die wir alleine nie realisieren könnten.

---

[99] Covey, R. Stephen, *The Seven Habits of Highly Effective People*, Fireside, New York, 1989, S. 48-52

Bei der Teamarbeit geht es nicht nur darum, dass mehrere Leute etwas gemeinsam tun. Es gibt genug Beispiele für Gruppen, die sich für unzählige Sitzungen treffen, aber nicht besonders produktiv sind. Sie treten auf der Stelle, weil der Grund und das Ziel ihres Treffens nicht bekannt sind. Das Problem ist, dass der Leiter nicht vorbereitet ist. Und dann gibt es auch Leute, die sich in einem Team gut verstecken können. Sie nutzen das Team für ihre Vorteile, tragen von sich aus jedoch wenig zum Wachstum bei. Ihr Rezept für TEAM heißt: Toll, Ein Anderer Macht's. Doch solch ein „soziales Faulenzen" sollte verhindert werden. Deshalb wird von Experten empfohlen, dass Teams nicht zu groß sein sollen, gewöhnlich nicht über acht oder zehn Leute mit einem guten Teamleiter.

Fähigkeiten, die Teammitglieder mitbringen sollten sind:

- miteinander kommunizieren können.
- füreinander sorgen können.
- die eigenen Rechte und Interessen zugunsten des Teams hintenanstellen können.
- sich gemeinsam entwickeln und zusammenwachsen können.
- willig sein, für die Gruppe Opfer zu bringen.

Es begab sich, dass sich alle Körperteile zu einer Meckerrunde versammelten. Sie ließen ihren Frust am Magen aus, der ja sowieso den ganzen Tag nur faul herumlungern würde, nachdem er sich von den anderen hatte bedienen lassen mit allerhand kulinarischen Köstlichkeiten. Sie hatten das Gefühl, viel zu viel Zeit für Nahrungsbeschaffung zu verbrauchen. Gemeinsam beschlossen sie, diesem Missstand ein Ende zu bereiten. Deshalb gingen sie in einen Streik und beteiligten sich nicht mehr daran, den Magen mit Nahrung zu versorgen. Er wurde immer hungriger, denn die anderen Körperteile wollten nicht mehr für ihn arbeiten. Aber es dauerte nicht lange, da wurden die Hände und Beine des Körpers so müde, dass sie auch ihre anderen Arbeiten nicht mehr verrichten konnten. Hätten die anderen Körperteile gewusst, welche unscheinbare, aber wichtige Arbeit der Magen tut, dann hätten sie ihm die beste Nahrung besorgt, die sie finden konnten, und vor allem hätten sie nicht über ihn gelästert. Dies ist zum Glück nur eine Fabel, denn der Schöpfer hat den Körperteilen keinen Eigenwillen eingebaut. Deshalb ist die Menschheit noch nicht ausgestorben. Wir Menschen sind in der Lage, trotz unseres freien Willens, in einem Team zu funktionieren, wenn wir die angeführten Fähigkeiten ausüben.

In diesem Team gab es ganz offensichtlich erkennbare Konflikte. Wurden sie lösungsorientiert angegangen? Leider nicht. Es ging nur darum, zu gewinnen oder zu verlieren. Und am Ende haben alle verloren! Wie schade, denn mit einem guten Konfliktmanagement hätten alle gewinnen können.

Was ist das Ziel eines Teams? Wenn es in den Besprechungspunkten immer nur darum geht, die Besucherzahlen zu steigern, den Finanzplan für das neue Gebäude durchzudrücken usw., könnte es vielleicht sein, dass es dem Teamleiter nur um seine eigene Ehre geht? Gott aber widersteht dem Hochmütigen (Jakobus 4,6). Letzten Endes geht es im Reich Gottes jedoch nicht um den Erfolg einer Person, sondern um Gottes Ehre. Wenn Teamleiter Gottes Auftrag in dieser Welt in der richtigen Einstellung ausführen, Teammitglieder aus Liebe zu Jesus führen und andere mit sich nehmen, dann wird Gott geehrt. Deshalb sollten Teams nicht sich selbst überlassen werden, sie brauchen Leitung.

Teams brauchen Leitung

Selbst wenn darauf geachtet wird, dass unter den Teammitgliedern keine große hierarchische Struktur besteht und demokratisch entschieden wird, so braucht es doch eine Person, die der Gruppe vorangeht und die Verantwortung übernimmt, sonst entsteht vielfach ein unschuldiges Schulterzucken unter den Teilnehmern. Alle sind gleich wichtig, aber nicht alle sind gleich verantwortlich. Ein Team ohne Leitung ist wie eine Schafherde ohne Hirten – orientierungslos!

Teamleiter sollten folgende Merkmale aufweisen:

- Sie sind als **Berufene** unterwegs und legen Bereitschaft an den Tag, allerlei Dienste zu tun, auch unangenehme.
- Sie sind in jeglicher Hinsicht ein **Vorbild**.
- Teamleiter in der christlichen Gemeinde haben eine **Vision** für das Reich Gottes und die lokale und weltweite Gemeinde.
- Sie setzen sich **leidenschaftlich** für Gottes Sache ein.
- Sie haben **Mut zu Veränderungen**, sie gehen sie vorsichtig und durchdacht an, ohne viel Geschirr zu zerschlagen.
- Sie legen eine positive **Einstellung** an den Tag.
- Sie sind keine Neulinge im Leben. Sie haben verschiedene **Prüfungen im Leben gemeistert** (2. Korinther 8,22). Es ist ihr Verlangen, wie Jesus zu leiten.[100]

Die Fähigkeit, mit anderen Menschen zusammenzuarbeiten, ist wohl eines der wichtigsten Merkmale erfolgreicher Führungskräfte. Wer selber immer alles richtig zu machen glaubt und immer die Schuld beim anderen sucht, sollte kein Team führen. Teamleiter sollten bereit sein, Kritik am Team auf sich zu nehmen und den Beifall weiterzugeben. Dann werden ihre Leute zu ihnen stehen. Jim Collins benutzt zur Verdeutlichung dieses Prinzips das Bild vom Fenster und Spiegel. „Wenn etwas gut geht, schauen Sie durch das Fenster und suchen jemanden, den

---

[100] Diese Charaktereigenschaften von guten Leitungspersonen und wie man sie entwickelt werden in meinem Buch näher beleuchtet: *Adlertyp, heraus aus dem Hühnerhof! Entdecken und entwickeln Sie ihr Leitungspotential*, Lichtzeichen Verlag, Lage, 2014

Sie loben können. Wenn hingegen etwas schiefgeht, schauen Sie in den Spiegel und stehen für den Schaden gerade."[101] Teamleiter sind erst dann zufrieden, wenn Teamleute konstruktiv zusammenarbeiten und gut miteinander klarkommen. Dies geschieht aber nicht automatisch. Ein gutes Team, in dem man sich gegenseitig annimmt, vertraut und respektiert, kostet viel Arbeit. Aber es setzt auch enorme Kräfte frei. Jede tiefe, gelingende Beziehung ist harte Arbeit, aber sie ist es wert.

Teamleiter sind verantwortlich für das Teamklima und achten auf folgende Punkte:

- Sie lieben ihre Leute, sie kennen sie und nehmen deren Bedürfnisse ernst.
- Sie sehen das Beste in ihren Leuten und würdigen deren Einsatz.
- Sie beten regelmäßig für ihre Leute.
- Sie bleiben in Kontakt mit ihren Mitarbeitern und zeigen ihnen, dass sie verfügbar sind. Sie besuchen sie wenn möglich Zuhause, schreiben ihnen ermutigende E-Mails und rufen sie periodisch an.
- Die Leute im Team kennen einander, sind füreinander da, verbringen auch außerhalb des Einsatzgebietes Zeit miteinander und fühlen sich emotional einander zugehörig. Die Offenheit zueinander stärkt das Vertrauen im Team.
- Teamleiter ermutigen ihre Leute, ihre Identität zu finden. Sie nehmen sich Zeit mit ihnen, folgende Fragen zu besprechen: „Wer sind wir?" „Was tun wir?" „Wie tun wir es?" „Was sind unsere Werte?" „Wo wollen wir hin, und was ist unser Ziel?" Die Antworten sollten zusammengetragen und aufgeschrieben werden. Immer wieder sollte darauf Bezug genommen werden. Alle Aktivitäten im Team zielen auf den Kernauftrag hin, der zum angestreb-

---

[101] Blackaby, Henry and Richard, *Spiritual Leadership*, B&H Publishing, Nashville, 2011, S. 139

ten Ziel führt. Die gesammelten Antworten dienen als Leitbild und werden in der Öffentlichkeit immer wieder gerühmt und hervorgehoben.

- Jedes Teammitglied kennt die gemeinsame Vision und weiß, warum es sich für sie einzusetzen lohnt. Die Ziele sind klar formuliert, von jedem Mitglied verstanden und akzeptiert.
- Teammitglieder wissen, was von ihnen erwartet wird, sie wissen auch um die Aufgaben der anderen und es gibt keine Überlappungen der Verantwortungsbereiche.
- Allerhand Nebenjobs sollten einen Teamleiter nicht von seinen Hauptaufgaben ablenken.
- Unterschiedlichkeit ist im Team förderlich. Dabei denken wir an Perspektiven, Fähigkeiten und Wissen. Es ist immer gut, wenn Menschen mit verschiedenen Ansichten im Team vertreten sind. Man ergänzt sich in den Stärken und gleicht Schwächen aus, man kann viel voneinander lernen. Auch Salomo redet von vielen Ratgebern, die den Erfolg garantieren (Sprüche 15,22).
- Unsachlich negativ über den Teamleiter und übereinander zu reden ist in einem Team tabu (Jeremia 12,6). Dies zeugt von schlechtem Charakter. Konflikte werden offen und fair angegangen. Eine offene Gesprächskultur wird entwickelt und gefördert.
- Gebet sollte bei Treffen vorangestellt werden. So macht man sich der Abhängigkeit von Gott bewusst und erwartet Leitung direkt von ihm.
- Beschlüsse werden von allen unterstützt, auch wenn man in der Abstimmung dagegen gestimmt hat.
- Teammitgliedern wird für ihren Einsatz immer wieder gedankt.
- Bei Schwierigkeiten ermutigen wir sie und sagen ihnen unsere Unterstützung zu.
- Leben zu teilen ist wichtig, z.B. durch eine Aktivität im Freien oder auch ein Grillfest.

Zu behaupten, man bräuchte in einem Team keine Leiter, ist eine Illusion. Alles steht und fällt mit Leiterschaft, auch in einem Team.

Bestimmt kennt jeder von uns Sportmannschaften, die es nicht weit brachten. Kaum war der Coach ausgewechselt, wurde das Team erfolgreich. Das Team war das gleiche am gleichen Ort mit dem gleichen Budget und den gleichen Umständen. Also musste es am neuen Trainer liegen.

Immer wieder werde ich Zeuge von Gemeinden ohne Hirten, wenn ich abgelegene Gebiete im Dschungel besuche. Das einmal errichtete Gotteshaus aus Buschmaterial ist überwuchert und am Zerfallen, was oft gleichzeitig auch ein Spiegelbild des geistlichen Zustandes der Gemeinde ist. Die Gemeindeglieder treffen sich nicht mehr, um miteinander Gottesdienst zu feiern, und die persönliche Beziehung zu Gott gleicht einem glimmenden Docht. Niemand sieht sich jedoch verantwortlich für die Missstände. „Wir haben keinen Pastor mehr", wird uns oft geklagt. Aber wie konnte es dazu kommen? Da hatte es doch eine Gemeinde gegeben und Menschen, die sich zum Leib von Jesus zählten. Wenn man dann genauer nachforschte, war zwar ein Team von Mitarbeitern vorhanden, aber niemand nahm etwas in die Hand, keiner fühlte sich verantwortlich.

Ob man solche Missstände nur im Dschungel antrifft? Oder gibt es sie auch in den Großstädten der zivilisierten Welt? Sucht man nicht händeringend nach Leitern von Kleingruppen, nach Mitarbeitern für Kinderstunden oder nach Ältesten, durch deren Mitarbeit, die Gemeinde gesundes Wachstum erfährt?

Beim Besuch einer anderen Gemeinde hingegen wurde ich Zeuge davon, was der Leiter eines Teams für einen Unterschied machen kann. Als Pauls Vorgänger dort eingesetzt war, konnte man kein Wachstum feststellen. Es kamen sonntags zwar manche Leute zur Gemeinde, aber man spürte, dass ein „Zugpferd" fehlte, ja selbst das Loch im Palmblätterdach wurde nie geflickt. Nachdem Paul die Gemeinde übernommen hatte, stellte ich bei einem Besuch etliche Veränderungen fest. Das Gotteshaus war mit einem dauerhaften Dach komplett erneuert worden und der Rasen war schön gemäht. Vor allem freute mich aber, dass es eine Gruppe gab, die an einem Jüngerschaftskurs arbeitete. Das Gemeindehaus war am Sonntag voll. Kurz: die Gemeinde war am Aufblühen!

Dies schmälert aber Gottes Wirken nicht. Es bleibt dabei, dass nur Gott Wachstum schenkt, aber er wartet darauf, bis jemand bebaut, bepflanzt und bewässert. Gott bedient sich dem Medium Mensch, um sein Reich zu bauen. Er ist ständig auf der Ausschau nach erneuerten Menschen, die sich ihm zur Verfügung stellen und bereit sind, Verantwortung zu übernehmen und einem Team voranzugehen.

> Gott bedient sich dem Medium Mensch, um sein Reich zu bauen.

Als Teamleiter kommen wir nicht umhin, uns immer wieder für Besprechungen Zeit einzuräumen. Diese Sitzungen sind sehr wichtig, müssen aber gut geführt werden, um das gewünschte Resultat zu erzielen.

Sitzungen produktiv gestalten

Wir sind wohl fast ausnahmslos alle Meeting-Muffel. Das hat seinen Grund, denn oft sind Besprechungen langwierig, langweilig und alles andere als zielorientiert. Nun, ohne Sitzungen herrscht im Betrieb Chaos, das ist klar. Aber man kann auch ein begeisterter Sitzungsteilnehmer sein und nach einem Meeting trotzdem das Gefühl haben, man sei nur auf der Stelle getreten. Solch eine Sitzung könnte man als reine Zeitverschwendung bezeichnen. Aber man darf auch den finanziellen Aufwand von

Sitzungen nicht unterschätzen. Schätzungsweise 37 Milliarden US-Dollar werden von Unternehmen pro Jahr für Mitarbeiterbesprechungen ausgegeben.[102] Um den Zeit- und Kostenaufwand möglichst gering zu halten, sind eine gute Vorbereitung und eine geschickte Moderation der Schlüssel. Effektivität und Einigkeit sollen dabei oberstes Gebot sein. Das Ergebnis zählt. Idealerweise lässt sich ein effektives Meeting mit einem effizienten, das heißt zeitlichen und personellen Mittel sparenden Ablauf verbinden. Im Weiteren sollte folgendes bedacht werden:

- Die grundsätzliche Frage ist, ob die Sitzung überhaupt sein muss. Vielleicht gibt es andere Wege, um ans gleiche Ziel zu gelangen.
- Die Zahl der Teilnehmer möglichst klein halten, denn je mehr Personen dabei sind, umso schwieriger und langwieriger wird der Prozess der Entscheidungsfindung. Es sollte jedoch auch nicht unterschätzt werden, was es für ein Teammitglied bedeutet, an einer Sitzung dabei sein zu dürfen. Je häufiger sich ein Gremium treffen muss, desto geringer sollte die Zahl der Mitglieder sein. Für weniger häufige Sitzungen dürfen mehr Mitglieder bestimmt werden.
- Jeder Teilnehmer sollte bestrebt sein, sich an Diskussionen und Entscheidungen zu beteiligen.
- Leute bestimmen, die für die Umsetzung verantwortlich sind, sonst geschieht nichts und die Sitzungen sind reine Zeitverschwendung.
- Die Tagesordnung sollte spätestens zwei Tage vor Sitzungsbeginn verschickt werden. Alle müssen wissen, was sie erwartet und wie sie sich vorbereiten müssen.
- Die Besprechungspunkte müssen ausreichende Informationen enthalten, damit jeder schon vorgängig seine Meinung bilden kann.

---

[102] https://www.deskbookers.com/de-de/produktive-meetings (eingelesen am 29.08.2016)

- Bei heiklen Punkten ist es hilfreich, sich vorher mit bestimmten Schlüsselpersonen abzusprechen. John Maxwell nennt dies die „Sitzung vor der Sitzung".[103]
- Teamleiter dürfen ihre Überzeugungen anderen nicht aufdrängen. Im Zweifelsfall sollte man noch einmal eine Bedenkzeit gewähren und die Entscheidung gegebenenfalls auf das nächste Mal vertagen. Vielleicht muss man mehr Zeit geben, um darüber nachzudenken und vor allem zu beten. Es ist von Vorteil, wenn man den Konsens finden kann.
- Es zeugt von Reife, wenn Leiter zugeben, wenn sie falsch lagen.
- Entscheidungen müssen von Weisheit gekennzeichnet sein.
- Sitzungen nur so lange wie nötig und so kurz wie möglich gestalten.
- Passive Teilnehmer müssen bewusst nach ihrer Meinung gefragt werden. Solche, die ständig reden wollen, muss man hingegen in ihre Schranken weisen und immer wieder auf das Thema zurücklenken.
- Machen Sie immer wieder darauf aufmerksam, dass nicht dazwischengeredet wird, denn dies ist ein respektloses Verhalten.
- Handys, Laptops und sonstige Störfaktoren sollten ausgeschaltet werden.
- Ein geistlicher Input und eine Gebetszeit am Anfang der Sitzung helfen, sich auf Gott zu fokussieren. Dabei hilft es, sich die Frage zu stellen, wie Gott wohl über die verschiedenen Besprechungspunkte entscheiden würde und zwischendurch still zu werden vor ihm.

Die Moderation von Sitzungen ist eine große Herausforderung, die viel Übung und Erfahrung erfordert.

---

[103] Maxwell, John C., *Leadership Gold*, Thomas Nelson, Nashville, 2008, S. 164-171

Gekonnt delegieren

„Delegieren ist eines der kraftvollsten Werkzeuge für Teamleiter", meint John Maxwell,[104] aber diese Kunst zu beherrschen ist längst nicht so einfach wie sie aussieht. Das Delegieren erfordert ein hohes Maß an Vertrauen in das Potenzial des anderen. Wir erkennen Stärken und Schwächen des anderen und führen sie in Aufgaben ein, in die sie am besten hineinpassen. Dabei haben wir Mut, etwas in die Hände anderer zu übergeben. Wir erlauben dem anderen, Fehler zu machen, eventuell sogar unsere Zeit zur Ausbildung und unser Geld zu verschwenden.

> „Delegieren ist eines der kraftvollsten Werkzeuge für Teamleiter."
> John Maxwell

Das Delegieren beinhaltet normalerweise folgende Schritte: Zuerst gibt es eine Arbeitsanweisung mit klar formulierten Erwartungen. Dann wird die Arbeit mit Training und Feedback unterstützt und wo nötig korrigiert. Und zuletzt wird das Resultat auf seine Qualität geprüft. Zur Aufgabe muss auch gleichzeitig die nötige Autorität und Verantwortung übergeben werden, um diesen Auftrag gut auszuführen.

Die offensichtlichsten Gründe, warum wir als Leiter oft nicht delegieren, sind:

- **Perfektionismus.** Wir meinen, die anderen könnten es nicht so gut, und die Gefahr ist, dass wir die Arbeit entweder wiederholen oder die Verantwortung wieder an uns reißen.
- **Unsicherheit.** Wir haben das Gefühl, die Kontrolle zu verlieren.
- **Angst.** Wir haben nicht den Mut, dem anderen etwas zuzutrauen.

---

[104] Maxwell, John C., *Developing the Leaders Around You*, Thomas Nelson, Nashville, 1995, S. 159

- **Zeitmangel.** Wir denken, wir hätten zu wenig Zeit, um andere zu schulen, obwohl es auf Dauer Zeitersparnis bedeuten würde.
- **Gewohnheit.** Wir genießen eine bestimmte Tätigkeit, die sich zu einer Gewohnheit entwickelte, und wir möchten nichts daran ändern.[105]

Ein Beispiel: Mose. Er stand vor dem schier übermenschlichen Auftrag, ein Millionenvolk zu leiten. Dabei verschonte das Volk ihn nicht vor allerlei Streitereien. Als sein Schwiegervater Jethro einmal auf Besuch kam, erkannte er die missliche Lage von Mose schnell. Vielleicht sah Mose sehr beeindruckend aus, wie er alles jonglierte und die Konflikte des Volkes löste. Doch Jethro gab seinem Schwiegersohn einen überlebenswichtigen Rat: *„Das, was du tust, ist nicht gut. Du reibst dich sonst noch auf – und auch für das Volk ist das zu anstrengend. Diese Aufgabe ist zu schwer, als dass du sie allein bewältigen könntest. Nimm einen Rat von mir an [...] Wähle ein paar fähige, gottesfürchtige und zuverlässige Männer aus, die unbestechlich sind. Ernenne diese dann zu Richtern über das Volk und übertrage ihnen die Verantwortung für jeweils 1.000, 100, 50 und zehn Leute [...] Verschaffe dir doch Erleichterung, dadurch dass sie dir ein Stück Last abnehmen. Wenn du diesen Rat befolgst und er Gottes Willen entspricht, wird dir die Aufgabe nicht über den Kopf wachsen und alle diese Menschen werden befriedigt nach Hause gehen"* (2. Mose 18,13-27; Hervorhebung vom Autor). Nur die schwierigsten Fälle kamen dann zu Mose. So rettete Jethro Mose vor einem Burnout.

Leiter müssen sich ihren Rücken freihalten. Der Teamleiter soll dafür sorgen, dass jedes Mitglied seinen Platz in der Organisation findet, damit wirklich ein Team entsteht. Dazu brauchen

---

[105] Etwas verkürzt und angepasst aus: Maxwell, John, *Developing the Leaders Around You*, Thomas Nelson, Nashville, 1995, S. 159-162

Leiter Sozialkompetenz und müssen kommunikations- und konfliktfähig sein.

Man darf nicht unterschätzen, was es für ein Teammitglied bedeutet, bei Entscheidungen um ihre Meinung gefragt zu werden oder an Sitzungen eingeladen zu sein, wo es um wichtige, zukunftsweisende Entscheidungen geht. Kaum ein Satz kann so motivieren wie: „Ihre Beteiligung wird einen Unterschied machen!" Solche Worte erzeugen im Team eine neue Motivation mitzuarbeiten, Verantwortung zu übernehmen und es als *ihr* Ding anzusehen. Dies gilt auch für das Delegieren von Aufgaben. Zu erkennen, dass ein Projekt Gestalt annimmt und das Ziel erreicht wird durch seine Mitarbeit, ist für ein Teammitglied absolut erfüllend. Wenn aber Teamleiter alles selber machen wollen, werden die Teammitglieder passiv. Sie verschränken ihre Arme und schauen einfach zu. Dies führt wiederum dazu, dass die Leiter Unverständnis bezeugen über ihre „faulen" Mitarbeiter und sich selbst in der Opferrolle wiederfinden. Sie geben frühzeitig auf, weil sie es einfach nicht alleine schaffen können. Als Faustregel sollte somit gelten: Wenn andere für eine Tätigkeit nachgezogen werden können, dann sollte man dies anpacken. Wobei man natürlich eine Aufgabe nicht deshalb abgeben sollte, weil sie einem lästig ist oder weil der Teamleiter empfindet, dass sie unter seiner Würde ist. Die Aufgabe soll abgegeben werden, weil derjenige, der sie übernimmt, als dazu kompetent gewürdigt wird.

Die Gemeinde in Jerusalem war kurz nach ihrer Geburtsphase am Aufblühen. Menschen kamen scharenweise zum Glauben und die Apostel gingen im Dienst völlig auf. Die bedürftigen Leute empfanden es natürlich als Privileg und Ehre, von einem Apostel bedient zu werden. Leider vernachlässigten die Leiter bald einmal ihren Kernauftrag – das Gebet und das Lehren. So lernten sie schon ganz am Anfang der Kirchengeschichte die Kunst des Delegierens; und Gottes Botschaft breitete sich noch weiter aus (Apostelgeschichte 6,1-7). Die Lektion ist noch nicht ausgelernt.

In einem kulturübergreifenden Dienst ist Priorität Nummer eins: Bilden Sie Mitarbeiter aus, durch die Sie später ersetzt werden können. Arbeiten Sie sich aus Ihrer Arbeit heraus. Die Hauptaufgabe eines Leiters ist es, andere zur Leiterschaft heranzuziehen. Nebst meiner Haupttätigkeit in der Ausbildung von Pastoren und Gemeindeleitern, leite ich ein Autorenteam, das biblische Korrespondenzkurse schreibt. Manchmal bin ich geneigt zu denken, ich wäre viel schneller, wenn ich die Kurse selber schreiben würde. Für den Moment stimmt es vielleicht, aber es wäre eine ziemlich kurzsichtige Einstellung. Das Ziel dieser Ausbildung ist doch, in Zukunft geeignete Autoren zu haben, die selbstständig Kurse schreiben oder sogar neue Autoren ausbilden können. Dies würde auf lange Sicht die Zahl der publizierten Kurse um ein Vielfaches erhöhen, als wenn ich nur ganz alleine schreiben würde.

Ein chinesisches Sprichwort sagt: „Wenn du für ein Jahr planst, dann baue Reis an. Wenn du für zwanzig Jahre planst, dann baue Wälder an. Wenn du für Generationen planen willst, dann baue Menschen."[106] Nur wenn wir das Team bauen, indem wir in Menschen investieren, können wir uns wirklich erweitern und multiplizieren. Mehr davon aber im nächsten Kapitel.

Durch Konflikte wachsen

Irgendetwas in uns möchte Konflikten möglichst schleunigst aus dem Wege gehen. Meist geschieht dies aus Angst, abgelehnt zu werden. Zugegeben, es ist auch nicht sonderlich klug, jeden noch so kleinen Konflikt in Angriff zu nehmen, dem wir begegnen. Aber bei unangebrachtem Verhalten, wird die Situation

---

[106] http://www.gutzitiert.de/zitat_autor_tschuang-tse_thema_bildung_zitat_5451.html (eingelesen am 29.08.2016)

nur noch schlimmer, wenn einer Konfrontation ausgewichen wird. Die Organisation leidet, Teamleiter leiden, und die betroffene Person leidet, weil sie in ihrer Entwicklung einer einmaligen Chance beraubt wird, zu lernen und zu wachsen.

Paulus war in der Zerreißprobe, ob er die Missstände der Korinther ansprechen sollte oder nicht, aber er wagt es und stellt im Nachhinein fest: „Jetzt bedaure ich nicht mehr, euch den Brief geschickt zu haben, obwohl ich es zunächst bereut hatte, weil ich wusste, wie ihr im ersten Moment darunter leiden würdet. Nun bin ich froh, dass ich ihn geschickt habe, nicht weil er euch verletzt hat, sondern weil der Schmerz euch veranlasst hat, euer Verhalten zu bereuen und euch zu ändern" (2. Korinther 7,8).

Wo Menschen zusammenleben, entstehen Konflikte. Die Menschen sind verschieden, und wo Verschiedenheiten auftreten, sind Spannungen normal. Eine Beziehung ohne Spannung ist eine tote Beziehung. Egal welche Gemeinde Sie besuchen, Konflikte sind immer in irgendeiner Form vorhanden. Konflikte darf man nicht mit Sünde verwechseln, sie müssen nur richtig angegangen werden.

> Spannungen sind sogar gottgewollt, weil sie uns in unserem Wachstumsprozess unterstützen.

Spannungen sind sogar gottgewollt, weil sie uns in unserem Wachstumsprozess unterstützen. „Konflikte sind wie ein gewaltiges Werkzeug in Gottes Hand, die er gebraucht, um uns gewisse Lektionen zu lehren, die wir sonst auf andere Weise nicht lernen würden", stellt Robert Clinton fest.[107] Sagt nicht schon Salomo: *„Eisen schärft Eisen, ebenso schärft ein Mensch einen anderen"* (Sprüche 27,17). Konflikte sind deshalb nicht schlimm, nur mühsam. Schlimm ist, wenn man nichts aus ihnen lernt. Oder positiv ausgedrückt: „Konflikte sind Wegweiser zum Erfolg" (Marie von Eber-Eschenbach).[108] Sie sollten

---

[107] Clinton, Robert, *The Making of a Leader*, NavPress, Colorado Springs, 1988, S. 107
[108] Brunner, Samuel und Detlef Koenig, *30 Minuten für erfolgreiche Führungspersönlichkeiten*, 4. Auflage 2008, Gabal Verlag

aber nicht von allzu langer Dauer sein, weil unnötige und lange anhaltende Spannungen zu Beziehungskrisen führen können.

Oft lernen wir das Meiste über zwischenmenschliche Beziehungen in Konflikten. Es ist im Normalfall wichtiger, das gute Verhältnis zu wahren, selbst wenn man bei bestimmten Fragen recht hätte. Diese Lektion musste ich auf dem harten Weg lernen. Es ging darum, nachzugeben, obwohl ich im Recht war, soweit ich das beurteilen kann. In Konflikten kommt der Reifegrad einer Person zur Geltung. Dabei ist es viel wichtiger, wer wir *sind* als was wir *tun*. Unser wirklicher Charakter kommt in solchen Situationen zum Vorschein. Es geht nicht darum, wer Gewinner und wer Verlierer ist, sondern gemeinsam nach einer Lösung zu suchen, bei der beide Parteien profitieren. Man nennt dies eine „Win/Win Lösung".

In einem Konflikt können diese fünf Schritte hilfreich sein:[109]

1. **Nehmen Sie eine geistliche Gesinnung ein.** Sehr oft fühlen wir uns verletzt, wir bauen unser Verteidigungsarsenal auf und sind auf uns selbst fixiert. Wir reden mit allen möglichen Leuten über unseren Konflikt, weil wir eine Bestätigung suchen, dass wir recht haben und der andere eben nicht. Es ist sehr wichtig, inne zu halten und unseren Fokus auf Gott zu richten. Dabei sinnen wir darüber nach, was Gott für uns getan hat. Wir nehmen die Sache aus Gottes Hand und sehen Potenzial darin, ihn zu verherrlichen, anderen zu dienen und in Christus-Ähnlichkeit zu wachsen. Wir untersuchen auch die Sachlage gründlich und sind bestrebt, möglichst objektiv zu bleiben.

> Wir nehmen die Sache aus Gottes Hand und sehen Potenzial darin, ihn zu verherrlichen, anderen zu dienen und in Christus-Ähnlichkeit zu wachsen.

---
[109] Entnommen aus: *The ABC of Dealing with Conflict Biblically*, Basic Seminary, Ukarumpa, September 2006

2. **Fangen Sie mit sich selber an.** Wir konzentrieren uns nicht nur auf die Fehler der anderen, sondern überlegen uns ernsthaft, wo wir gefehlt haben (Matthäus 7,3-5). Meistens ist nicht nur einer schuld. In diesem Sinne erforschen wir unser Herz (Psalm 139,23-24). Wir bekennen unsere Schuld, bitten Gott und den Nächsten um Vergebung und nehmen eine veränderte Einstellung ein.
3. **Konfrontieren Sie vorsichtig und konstruktiv.** Über allem geht es darum, den anderen wieder zurückzugewinnen (Galater 6,1). Kleinigkeiten sollten wir großzügig übersehen. Fehlverhalten kommunizieren wir nicht verletzend, jedoch klar und in einer Weise, dass die andere Person es einsehen kann und dies alles möglichst unter vier Augen. Wir reden auch offen darüber, was wir dabei empfunden haben und vermeiden die Wörter „immer" und „nie". Wir sind spezifisch und nennen den Fehler beim Namen und geben klare Beispiele. Dabei versuchen wir stets, die Person von der Sache zu trennen. Wenn möglich, geben wir der anderen Person einen Vertrauensvorschuss und gehen davon aus, dass die Motive des anderen gut waren. Wir sichern dem Nächsten unsere Freundschaft zu und unsere Bereitschaft, gemeinsam an einer Lösung zu arbeiten und halten nicht dogmatisch an unserer Meinung fest. Nur in schwerwiegenderen Fällen ist es nötig, andere beizuziehen, seien es Vermittler, Zeugen oder Seelsorger (Matthäus 18, 15-17). Meistens hilft es, noch eine Nacht darüber zu schlafen. Die Sache sollte kurz und bündig geregelt und keine lange Geschichte daraus gemacht werden.
4. Überlassen Sie Gott das Endresultat. Es liegt nicht in unserer Verantwortung, wie die andere Person auf unser Friedensangebot reagiert (Römer 12,18). Wir sind verantwortlich für unsere Einstellung und unser Handeln. Gott verliert die Kontrolle nicht, und auch diese Sache dient zu unserem Besten (Römer 8,28).

5. Vergeben Sie, wie Gott Ihnen vergeben hat. Vergebung ist eine Sache des Willens. Gehegter Groll wird dem anderen keinen Schaden tun – nur uns selbst. Denken wir immer wieder daran, wie viel uns vergeben worden ist. *„Seid nachsichtig mit den Fehlern der anderen und vergebt denen, die euch gekränkt haben. Vergesst nicht, dass der Herr euch vergeben hat und dass ihr deshalb auch anderen vergeben müsst"* (Kolosser 3,13).

Es kann trotzdem sein, dass wir neben allen Gesprächen nicht zu der von uns gewünschten Lösung kommen. Dann lernen wir, in unseren unterschiedlichen Wertvorstellungen zu lieben, wir ertragen die Spannung, haben auch mit schwierigen Menschen Geduld (2. Timotheus 2,24) und bemühen uns *„im Geist eins zu sein, indem wir untereinander Frieden halten"* (Epheser 4,2-3). Robert Clinton gibt dazu einen guten Rat: „Manchmal ist es weniger wichtig, Recht zu haben, als eine gute Beziehung aufrecht zu erhalten [...] ich habe gelernt, mein Recht auf das Recht haben aufzugeben."[110]

Menschen in Verantwortung müssen lernen, mit Konflikten umzugehen. Gott lässt Konflikte zu, um uns innerlich vorwärts zu bringen und damit nötige Veränderungen im persönlichen Leben wie auch in einer Organisation zu erlauben – oder sogar bewusst zu fördern.

Ermutigung brauchen alle

Mark Twain sagte einmal: „Ich kann zwei Monate lang von einem guten Kompliment leben."[111] Ermutigung hat das Potenzial, hängende Schultern wieder aufzurichten, einem Kind das Lä-

---

[110] Clinton, Robert J., *The Making of a Leader*, NavPress, Colorado Springs, 1988, S. 106
[111] https://www.zitate.eu/author/twain-mark/zitate?page=12 (eingelesen am 29.08.2016)

cheln wieder zu entlocken und eine frische Brise in depressive Stimmungen zu blasen.

Jeder von uns vermasselt mal etwas. Niemand ist perfekt, der schiefe Turm von Pisa zeugt davon. Er soll uns immer wieder daran erinnern und uns ermutigen. Vielleicht ist es eine unerfüllte Beziehung, eine anhaltende Krankheit oder Schwäche, ein unerreichtes Ziel, eine kaputte Beziehung, ein rebellisches Kind, eine nicht bestandene Prüfung, eine Depression, die nicht weichen will, eine schlechte Gewohnheit, die nicht gebrochen wird. Der Meister weiß, was er tut. Vertrauen Sie ihm. Tozer sagte: „Es ist fraglich, ob Gott überhaupt jemand wirklich mächtig segnen kann, wenn er ihn nicht zuerst tief verletzt hatte."[112] Ermutigung ist etwas, das in unserer Kultur offensichtlich Mangelware ist. In manchen Kulturen wird, meines Erachtens, fast zu viel Lob ausgeteilt. Wir Europäer sind genau das Gegenteil. Da wo unsere Freunde über dem großen Teich nur Positives sehen, scheinen wir vor allem das Haar in der Suppe zu entdecken und machen am Ende noch ein allgemeines pro Forma „ansonsten gut gemacht" – Lob. Wir Schwaben wachsen mit diesem nicht sehr hilfreichen Spruch auf: „Nicht geschimpft ist genug des Lobes." Wenn ich mich nicht melde und mich nicht beklage, dann ist ja alles in Ordnung. Wir müssen lernen, Lob auszusprechen. Es wird sich ganz gewiss auszahlen. Jeder Mensch hat seine Stärken, man muss sich manchmal nur etwas mehr Mühe geben, sie herauszufinden. Vielleicht wurden sie durch zu viel Kritik verschüttet. Es ist vielleicht paradox, aber jede Schwäche hat auch eine positive Seite in sich. Sturheit kann als Entschlossenheit angesehen werden, und Widerstand kann man mit Hingabe zu einer Sache bezeichnen. Um den Wert und das Potenzial des anderen zu entdecken, müssen Leiter sie mit den Augen des Glaubens ansehen und nicht nur ihr Verhalten beurteilen (2. Samuel 7,16).

---

[112] Übersetzt aus: https://www.goodreads.com/quotes/44004-it-is-doubtful-whether-god-can-bless-a-man-greatly (eingelesen am 29.08.2016)

In einem Experiment wurde gezeigt, dass man mit Ermutigung das Beste aus dem Nächsten herausholt. Dazu wurde zehn Erwachsenen das gleiche Rätsel gegeben. Als Resultat wurde bei der Hälfte der Tests geschrieben: „Gut gemacht!" Sie hatten sieben von zehn korrekt. Bei der anderen Hälfte schrieb man hingegen: „Könnte besser sein." In dem Resultat hatten sie aber auch sieben von zehn richtig (die Resultate waren erfunden). Danach wurde der Test mit einem neuen Rätsel wiederholt. Interessanterweise schnitten beim zweiten Mal diejenigen schlechter ab, die man für das erste Ergebnis kritisiert hatte. Sie wurden durch die Kritik erheblich demotiviert.[113]

Mit welchem Verhalten ermutige ich andere?
- Ich höre gut zu.
- Ich sage dem Nächsten, dass ich für ihn bete und tue es dann auch!
- Ich habe eine positive und optimistische Einstellung zur Arbeit des Nächsten, denn Ermutigung fängt in meinen Gedanken an.
- Mir ist bewusst, dass Neid ein Ermutigungshemmer und Glückzerstörer ist (Philipper 2,3). Ich überwinde ihn, indem ich andere öffentlich lobe (Philipper 2,20).
- Ich bemühe mich, Dinge zu suchen und zu erwähnen, die gut gemacht worden sind, anstatt nur die Fehler zu sehen (Philipper 4,8).
- Mein Lob ist spezifisch und begründet.
- Ich versuche, jedem Teammitglied zu zeigen, wie bedeutungsvoll sein Beitrag ist.
- Ich beziehe andere in Entscheidungen ein und frage sie, wie wir als Organisation unsere Ziele am besten erreichen könnten.
- Ich nehme mich nicht zu ernst und bin bereit, auch einmal zu verlieren.

---

[113] Maxwell, John C., *Developing the Leader Within You*, Thomas Nelson, Nashville, 1993, S. 119

- Ich zeige ernst gemeintes Interesse für das Ergehen des Nächsten.
- Ich bin offen für die Ideen des Anderen.
- Ich sehe Fehler nicht als eine Katastrophe, sondern als Chance für Wachstum.
- Wenn ich jemanden wegen eines Fehlers konfrontieren muss, tue ich es mit viel Respekt und Sorgfalt.
- Ich ermutige durch sorgfältig gewählte Worte aus der Bibel (Kolosser 3,16).
- Ich behandle alle gleich und betreibe keine Vetternwirtschaft.
- Ich gebe auch zwischendurch Anerkennung, nicht erst wenn die Arbeit erledigt ist oder bei Abschiedszeremonien.
- Ich veranstalte hin und wieder eine Feier oder organisiere ein informelles Treffen für das Team.[114]

Führungspersonen, die ein Team erfolgreich führen wollen, müssen die Fähigkeit entwickeln und es zu ihrem Hobby machen, Positives im Nächsten zu erkennen und zu nutzen. Es ist die Fähigkeit, das Glas halb voll zu sehen anstatt halb leer.

Ein kleines Mädchen namens Pollyanna beeindruckt ihre Mitmenschen immer wieder durch ihren unerschütterlichen Optimismus. Ihre Botschaft: „Das Leben ist wunderschön, weil es überall viele Dinge gibt, über die man sich freuen kann." Pollyanna verlor ihre Mutter bereits im Alter von vier Jahren. Damals brachte der Vater ihr etwas bei, was sie bis heute nie vergessen hat: Überall gibt es etwas, worüber man sich freuen kann. Diese Botschaft gibt Pollyanna nicht nur selbst in den schwierigsten Situationen Mut, unverdrossen vermittelt sie es auch ihren Mitmenschen. Ihr Lebensziel war es, in jeder noch so unangenehmen Situation etwas Gutes zu entdecken und dafür dankbar zu sein.

---

[114] Zusammengefasst und ergänzt wiedergegeben aus: Dickmeyer, Don, and Daniel Eckstein, *Leadership by Encouragement*, Delray Beach, FL: St. Lucie Press, 1996, S. 147-150

Es ist erstaunlich, was Menschen zustande bringen, wenn sie ermutigt werden. Und doch sehen wir oft nur das Negative. Wir müssen uns immer wieder dafür entscheiden und es einüben, diese positive Sichtweise zu verinnerlichen und zu praktizieren. Fragen wir uns doch immer wieder: Was machen die Teammitglieder gut? Was können sie? Was macht sie einzigartig? Und was, wenn es nebst allem Guten auch Missstände gibt, die nicht dem Standard entsprechen? Wie sprechen wir diese an?

Konstruktive Kritik ist ein reinigender Prozess, der weh tun kann. Leute nur ständig zu loben und anzuerkennen, wie toll sie sind, wird nicht wirklich helfen. Auch Salomo sagte: *„Es ist besser, sich von einem Weisen zurechtweisen zu lassen, als sich von den Lobliedern eines Dummkopfs beruhigen zu lassen"* (Prediger 7,5). Ermutigung hat also nichts mit unaufrichtiger Schmeichelei zu tun, sondern mit ehrlichem Lob und aufbauender Kritik.

> Ermutigung hat also nichts mit unaufrichtiger Schmeichelei zu tun, sondern mit ehrlichem Lob und aufbauender Kritik.

„Ein offener Tadel ist besser als verborgene Liebe" (Sprüche 27,5). Ermutigung baut das Selbstwertgefühl des Nächsten insofern auf, dass man sich wieder etwas zutraut. Was vorhin ausgeschaltet war (entmutigt), wird aktiviert (ermutigt). Menschen brauchen Ermutigung in gleichem Maße wie Pflanzen Wasser benötigen. Mary Kay Ash stellte sich das folgendermaßen vor: Jeder von uns hat ein unsichtbares Schild um den Hals hängen mit dem Satz drauf: „Geben Sie mir das Gefühl, wertvoll zu sein."[115]

Es braucht oft nicht viel, um jemanden zu ermutigen und ihm Aufschwung für den Tag zu geben. John Maxwell ist sehr praktisch mit seinem Rat, sich das Ziel zu setzen, dem Nächsten in den ersten 60 Sekunden eines Gesprächs etwas Erbauendes zu

---
[115] Dinkmeyer, Don und Daniel Eckstein, *Leadership by Encouragement*, St. Lucie Press, USA, 1996, S. 62

sagen.[116] Manchmal kann es auch eine kleine Grußkarte sein, eine ermutigende E-Mail oder ein kurzer Anruf. Ein junger Prediger schätzte es sehr, als er eine kurze Mitteilung von einem viel beschäftigten Architekten bekam. Die Notiz lautete: „Ihre Botschaft hat mir in meiner Situation am Sonntag geholfen, als ich verwirrt und verletzt war. Danke, dass Sie diese Botschaft gepredigt haben." Diese Worte brauchten weniger als zwei Minuten, um sie zu schreiben. Sie haben aber den Pastor in seiner nicht einfachen Situation ermutigt.

Als junger Missionar arbeitete ich in einer von der Mission isolierten Gegend. In einer Gebetsnachricht schrieb ich von Schulungen mit Pastoren, die wir periodisch durchführten. Mein Teamleiter meldete sich daraufhin in einer E-Mail und schrieb: „Ich finde das gut, dass ihr das macht. Ihr tut genau das Richtige!" Diese kurze Nachricht stellte mich dermaßen auf, dass ich heute noch davon zehre.

Es geht aber nicht nur darum, etwas Positives zu erwähnen, sondern die Ermutigung sollte aus dem Verlangen kommen, den Nächsten zu bestärken und zu bejahen. Auch die Bibel ermutigt uns dazu: *„Deshalb sollt ihr einander Mut machen und einer den anderen stärken, wie ihr es auch schon tut"* (1. Thessalonicher 5,11). Wir ermutigen den anderen darin, so zu leben, wie es Gott gefällt (1. Thessalonicher 4,1) und ermutigen einander, Christus nachzufolgen (Philipper 2,1). Ehrliche Ermutigung von einem geistlichen Leiter ist ein „kraftvoller Motivator und ein effektives Mittel, um andere zu befähigen."[117] Dabei sehen wir verschiedene herausfordernde Ereignisse im Leben der anderen als Gelegenheiten, Gottes Kraft zu erfahren und daran zu reifen. Er hat uns die Zunge eines Jüngers gegeben, damit

---

[116] Maxwell, John C., *Developing the Leader Within You*, Thomas Nelson, Nashville, 1993, S. 120

[117] Niles, Franklin E., *Foundations for Christian Leadership*, 2. Auflage, Global University, Missouri, S. 17

wir wissen, wie wir den Müden aufrichten können (Jesaja 50,4). Ermutigende Bibelverse und ein fürbittendes Gebet bringen Hoffnung in verzweifelte Situationen, sie stärken den Geist des Entmutigten und vermitteln eine Ewigkeitsperspektive.

Ja, ich will andere ermutigen. Wenn dies aber von Herzen kommen soll, dann muss ich die Fähigkeit haben, zuerst mich selbst zu ermutigen. Dabei führe ich mich selbst emotional. Ich erkenne meine Identität in Christus und weiß, dass ich vor Gott wertvoll bin und ein Gesandter, um für ihn Frucht zu bringen (Johannes 15,16). Auch mir tut Lob gut, aber ich will es nicht von anderen erwarten. Salomo sagt: *„Lobe dich nicht selbst, lass das andere tun"* (Sprüche 27,2)! Jesus vergleicht uns mit dem Knecht, der den ganzen Tag schwer gearbeitet hat und sich bei seiner Rückkehr vom Feld nicht einfach in den Lehnstuhl fallen lässt, sondern noch das Essen für den Herrn zubereitet. Dieser gibt ihm nicht einmal einen Dank. So wenig wir uns mit diesem Herrn identifizieren wollen, müssen wir trotzdem festhalten, dass der Knecht keinen Dank erwarten sollte. Jesus sagt, *„So auch ich! Wenn ihr alles getan habt, was euch befohlen ist, so sprecht: Wir haben getan, was wir zu tun schuldig waren"* (Lukas 17,7-10). Reife Menschen brauchen Ermutigung, aber sie sind nicht davon abhängig und erwarten sie nicht an jeder Ecke.

Ein ermutigendes Team

In einem abgelegenen Teil Chinas wurden über 10.000 neue Bäume gepflanzt. Sie sollten ein Dorf vor Überschwemmungen schützen. Zwei ungewöhnliche Männer hatten sich für diese große Arbeit zusammengetan, die keiner von ihnen alleine hätte bewältigen können. Wer konnte so etwas leisten? Das mussten besonders begabte und gesunde Männer sein. Weit gefehlt! Jia Haixia war blind und Jia Wenqi waren beide Arme amputiert worden. Jeden Tag gingen die beiden an ihre Arbeit, um durch den gepflanzten Wald etwas Positives für die Umwelt zu tun. „Wenqi ist Haixias Augen, und Haixia ist Wenqis Arme.", sagt Haixia. „Wir sind gute Partner."[118] Zusammen bildeten sie ein Traumteam! Hätten Sie das erwartet? Wenn diese zwei Männer mit Handicap so etwas leisten können, haben wir da noch eine Entschuldigung?

Tiefer wurzeln

1. Was können wir von den Wildgänsen über Teamarbeit lernen?

2. Bei welchen Merkmalen eines Teamleiters erkennen Sie bei sich noch Mängel?

3. Was ist das Ziel einer Sitzung? Wie sollten Sitzungen gestaltet werden?

4. Was hindert Sie am Delegieren?

5. Beschreiben Sie einen Konflikt, durch den Sie gewachsen sind.

6. Wie gehen Sie um mit Kritik, ohne dass Sie entmutigt werden? Und welchen Rat würden Sie einem jungen Leiter geben?

7. Schreiben Sie konkret, wen Sie wie ermutigen wollen?

---

[118] Geschichte übersetzt aus: http://www.dailymail.co.uk/news/peoplesdaily/article-2993691/Are-world-s-inspiring-eco-warriors-Blind-man-sidekick-no-arms-planted-10-000-trees-rural-China-10-years.html (eingelesen am 29.08.2016)

Multiplizierend leben – ausbildendes Dienen

Ich war sechzehn Jahre alt, von Natur eher schüchtern und introvertiert. Ich hatte immer gedacht, dass ich nie vor einer größeren Menschenmenge reden würde. Doch wenige Wochen nach dem Abschluss des Konfirmandenunterrichts kam einer unserer Pastoren bei uns vorbei und bat mich, in einer Bibelstunde einen kurzen Bericht zu geben, wie ich zum Glauben an Jesus Christus gefunden hatte. Es war der bis dahin schlimmste Auftritt meines Lebens! Ich bereitete alles gut vor, und mit viel Zittern hielt ich schließlich meine stotternde Rede. Und als ich wieder auf meinem Platz saß, brach ich in Tränen aus. Das Schlimmste von allem war, dass ein Mädchen meines Alters auch in dem kleinen Saal saß und ich immer mit der Frage kämpfte: „Was denkt sie wohl von mir?"

Nichtsdestotrotz hatte jemand den Mut, mich zu fördern. Ich weiß zwar nicht, wo er Potenzial in mir sah, aber auf jeden Fall rief er mich später öfters vor einer Bibelstunde an und bat mich, eine Art Einleitung zum Bibeltext zu machen. Erst im Nachhinein merkte ich, dass er mich dadurch beispielhaft in die richtige Richtung gefördert hatte. Seither lernte ich sehr viel dazu, und kann heute mit Gottes Hilfe vor Menschen stehen. Seit einigen Jahren bin ich vollzeitlich in der Erwachsenenbildung tätig, und tue das sehr gerne. Das hätte ich mir damals nicht einmal im Traum vorstellen können.

Große, starke Bäume sind ursprünglich auch nur kleine Sprösslinge. Damit sie möglichst viel Frucht bringen, werden sie gehegt und gepflegt, sie werden also bewusst gepflegt. Dazu gehört ein Pflock, durch den die junge Pflanze für eine gewisse Zeit Halt bekommt. Es ist wichtig, dass man unnötige Zweige abschneidet; vermutlich gibt es sorgfältige Behandlungen mit Dünger, sowie verschiedene Maßnahmen der Schädlingsbekämpfung. Auf sich alleine gestellt, würden die Bäume wild wachsen, und die Früchte wären bei den meisten sauer. Nach einer gekonnten Pflege gibt es jedoch schmackhafte Früchte. Der Aufwand lohnt sich auf jeden Fall!

Das Wichtigste zuerst

> Eine der wichtigsten Aufgaben eines Leiters ist die Nachwuchsförderung.

Eine der wichtigsten Aufgaben eines Leiters ist die Nachwuchsförderung. Wir sollten ständig in dem Bewusstsein leben, dass es jüngere Menschen um uns herum gibt, die Gott ausrüsten will für eine Aufgabe in seinem Reich. Er will uns gebrauchen, Begleitperson zu sein und bei der Auswahl und Entwicklung solcher Sprösslinge mitzuhelfen.

> „Jünger werden nicht in Massenproduktion für den Großhandel angefertigt. Sie werden einer nach dem anderen herangebildet, weil jemand sich die Mühe gemacht hat, jemand Jüngeres als er selbst auszubilden, anzuleiten, zu schulen und zu trainieren."
> Oswald Sanders

Das Bedürfnis ist immens! An allen Ecken und Enden fehlen Menschen, die in die Lücken treten und Verantwortung übernehmen. Viele begeben sich lieber in die Zuschauerrolle, als aktiv irgendwo mitzugestalten und mitzuprägen. Neue Leute müssen bewusst herangezogen werden, sie fallen nicht einfach vom Himmel. Sehr oft kommen Führungspersonen am Ende ihrer Laufbahn an und stellen mit Erschrecken fest, dass kein Nachfolger in Sicht ist. Sie hätten schon viel früher in die Heranbildung von jüngeren Leuten investieren sollen. Dabei kann man keine „Instant"-Lösungen erwarten. Leiterentwicklung braucht Zeit und Nerven, und sie kostet Geld. Oswald Sanders kommt zu dem Schluss:

„Jünger werden nicht in Massenproduktion für den Großhandel angefertigt. Sie werden einer nach dem anderen herangebildet, weil jemand sich die Mühe gemacht hat, jemand Jüngeres als er selbst auszubilden, anzuleiten, zu schulen und zu trainieren."[119] Es braucht Zeit, um in andere zu investieren, aber die Stunden, die wir dafür einsetzen, haben Ewigkeitswert.

In einer Zeit, wo alles schnell gehen muss, neigen manche Missionsgesellschaften dazu, ihre Mitarbeiter schnell weiterziehen zu lassen, nachdem das Evangelium von wenigen Leuten des Gastlandes angenommen wurde, ohne großen Wert auf eine gründliche Schulung der neuen Gläubigen zu legen. Der Auftrag von Jesus an seine Nachfolger beinhaltete beides, Evangelisation *und* Unterweisung der Glaubenden. Man kann nicht das Eine vom Andern trennen. Jesus sagt: *„Geht zu allen Völkern und macht sie zu Jüngern (Evangelisation) [...] und lehrt sie, alle Gebote zu halten (Lehre), die ich euch gegeben habe"* (Matthäus 28,19-20).

Dabei denken wir bei verantwortungsbewussten Personen nicht nur an Menschen in hohen Positionen, sondern an „Führungspersonen" im alltäglichen Leben: an Meister, die ihre Lehrlinge in ihr Handwerk einführen; an Eltern, die ihre Kinder zu zuverlässigen Bürgern heranziehen; an Älteste, die sich nach vertrauenswürdigen Leuten umsehen und in sie investieren; an Jugendleiter, die ihre Teenies in Jüngerschaft begleiten; sogar an die ältere Schwester, die ihren jüngeren Bruder lehrt, wie man die Wäsche sortiert. Das sind alles Menschen mit Verantwortungsbewusstsein, die andere heranziehen, oder eben die Schulung von Leitern praktizieren! Es geht dabei nicht nur um Wissensvermittlung, sondern vor allem auch um Ausrüstung und Training.

---

[119] Sanders J. Oswald, *Spiritual Leadership*, Moody Press, USA, 1994, S. 150

Solche Menschen halten immer Ausschau nach Potenzial im Nächsten, das gilt gefördert und entwickelt zu werden. Diese oder ähnliche Fragen stehen ihnen immer vor Augen:

- In welcher Phase der Entwicklung ist diese Person gerade?
- Was kann ich tun, damit er oder sie in der Leitungsverantwortung wachsen kann?
- Will Gott etwa, dass ich mir für diese Person Zeit nehme?
- Könnte es sein, dass ich diese Person als Mentor oder Trainer begleiten soll?

Führungspersonen müssen der Leiterentwicklung oberste Priorität geben. Diese Aufgabe kann ihnen niemand abnehmen, sie kann nicht delegiert werden. Andere zur Leiterschaft nachziehen können nur diejenigen, die in Leiterschaft sind. Warum tun es leider manche nicht?

Beim Besuch eines abtretenden verantwortlichen Pastors fragte ich, ob er den Nachfolger schon eingeführt habe. Er gab eine kurze Antwort: „Nein, lass ihn selber herausfinden, wie die Arbeit gemacht werden muss." Ihm war wohl nicht bewusst, dass die Qualität eines Leiters erst richtig zur Geltung kommt, wenn er seinen Posten verlassen hat. Wenn nach ihm das Chaos ausbricht, zeigt sich seine Nachlässigkeit in der Einführung oder im Training eines Nachfolgers. Manchmal zeugt es vielleicht sogar von Angst, dass der Neue ihn übertreffen könnte. Dieses Phänomen ist häufig dann zu finden, wenn es bei einer Organisation um den Nachfolger des Gründers geht. Jesus investierte ungefähr drei Jahre lang in seine Freunde. Er sah es nicht als nötig an, die Position als Rabbi bis in sein hohes Alter inne zu halten. Wenn es uns wirklich um das Reich Gottes geht, dann werden wir alles daransetzen, dass Nachfolger gut in die Arbeit hineinwachsen können.

Was können Gründe sein, dass wir andere nicht einführen?

- Uns ist die Wichtigkeit überhaupt nicht bewusst oder wir wissen nicht, wie wir es angehen sollen.
- Wir haben Angst, der andere könnte es besser machen und mehr Ansehen genießen.
- Wir haben Bedenken, dass wir frühzeitig den Job verlieren werden.
- Die Leitungsfunktion gibt uns Befriedigung und wir möchten sie nicht aus der Hand geben.
- Wir sind machthungrig und möchten keine Kontrolle abgeben.
- Wir kennen die Rolle des dienenden Leiters nicht. Wir genießen das „Herrschen".
- Wir haben die „Nach mir die Sintflut – Einstellung" eingenommen.

Jonathan, der Freund Davids, hatte einen edleren Charakter (1. Samuel 18-20)? Rechtmäßig war er der Thronfolger, er war bestimmt auch älter als David. Normalerweise hätte er ihn wegen seiner Popularität in Israel hassen müssen, war dieser unerschrockene Hirtenjunge doch eine Bedrohung für seine zukünftige Position als König. Stattdessen erkennen wir Jonathans tiefen Respekt für Davids Berufung von Gott. Dies zeigt folgendes: Jonathan interessierte sich mehr für die Ehre Gottes und das Wohlergehen des Volkes als für seine persönliche Beförderung. Deshalb war er frei von der Eifersucht, die seinen Vater Saul so plagte. Indem er David sein Gewand, sein Schwert und seinen Bogen überreichte, gab er zu verstehen, dass diese Rüstung nun David gehörte und Jonathan sich ihm unterordnete.

Barnabas war vom gleichen Holz geschnitzt. Er wurde von Lukas als *„guter Mann"* beschrieben, *„tief erfüllt vom Heiligen Geist und im Glauben fest verwurzelt"* (Apostelgeschichte 11,24). Als Gemeindeleiter in Antiochia war er als Ermutiger unterwegs.

Obwohl die Christen an Paulus, dem Ex-Christenverfolger, zweifelten, suchte ihn Barnabas auf und holte ihn in sein Team. Ein Jahr lang führte er ihn in Antiochia ein und stellte ihn sogar den Aposteln in der Hauptgemeinde in Jerusalem vor. Paulus blühte unter der Begleitung und Förderung von Barnabas auf! Aber die starke Seite von Barnabas kommt erst noch. Anfänglich wird auf ihren Missionsreisen immer von „Barnabas und Paulus" berichtet (Apostelgeschichte 13,2). Er war sicherlich älter und als Hauptpastor von Antiochia bekannt. Aber bald einmal steht „Paulus und Barnabas" (Vers 42). Wie kam das? Barnabas legte viel Reife an den Tag, als er so handelte, und seinen jüngeren Bruder als den berufenen Leiter in der Missionsarbeit zu akzeptierte. Es ist wunderbar, wenn ältere Mitarbeiter die Berufung Gottes bei jüngeren erkennen und ihnen die Führung übergeben. Um das zu tun, braucht es eine Vision für Nachwuchsförderung.

> Es ist wunderbar, wenn ältere Mitarbeiter die Berufung Gottes bei jüngeren erkennen und ihnen die Führung übergeben.

Was sehe ich im anderen?

In vielen Fällen werden Leiter vom Dringlichen so eingenommen, dass sie diesen Auftrag oft auf die Seite schieben und die Notwendigkeit für Leiterentwicklung nicht mehr sehen. Nicht umsonst zog Pastor Gordon MacDonald Konsequenzen und investierte 20% seiner Arbeitszeit in Leiterentwicklung. In seinem Buch *Tiefgänger* beschreibt er anhand einer fiktiven Geschichte, wie er mit seiner Frau Gail jedes Jahr zehn bis fünfzehn Menschen mit Wachstumspotenzial in eine Lerngemeinschaft zusammenrief, um einen Abend pro Woche in sie zu investieren. Nach einem Jahr Training und Mentoring entließen sie diese Leute in verantwortungsvolle Bereiche in der Gemeinde und darüber hinaus.

Auf dem Bild von René Magritte sieht man einen Künstler. Neben ihm liegt ein Ei auf dem Tisch, das dem Künstler offensichtlich als Vorlage dient, aber auf der Malleinwand sucht man vergeblich nach einem Ei, man findet hingegen einen wunderschönen Vogel. Das ist  Vision! Er zeichnet nicht das, was ist. Nein, er sieht weiter. So ungefähr: „Wenn ich dieses Ei anschaue, dann erkenne ich das Endresultat, nämlich einen prächtigen Vogel." Rowland Forman beschreibt diese Sicht als „mit der Brille des Potenzials"[120] sehen. René Magritte erfasste eindrücklich, was es bedeutet, Potenzial im Nächsten zu sehen.

Die Christen von Antiochia sahen in Paulus vermutlich immer noch den Gesetzeslehrer, dem man nicht so recht über den Weg trauen konnte, weil er davor so viele Christen verfolgt hatte. Doch Barnabas sah in Paulus einen leidenschaftlichen Verkündiger, genauso leidenschaftlich, wie er die Christen verfolgt hatte, einen der die Gnadenbotschaft überzeugend vermitteln konnte. Gleicherweise sah Paulus in Johannes Markus einen Versager und wollte ihn nicht mehr auf die zweite Missionsreise mitnehmen. Und wiederum war es Barnabas, der weitersah. Später musste selbst Paulus bekennen, dass Markus ihm nützlich zum Dienst war (2. Timotheus 4,11). Barnabas' Fähigkeit, Potenzial im Nächsten zu sehen, ist exemplarisch und sehr ermutigend. Als Ermutiger war er zugleich ein Multiplikator. Wenn wir mit Vision Men-

> Wenn wir mit Vision Menschen führen, dann sehen wir in unserem Nächsten, was Jesus Christus in ihnen sieht.

---

[120] Forman, Rowland, Jeff Jones und Bruce Miller, *The Leadership Baton – An International Strategy for Developing Leaders in Your Church*, OMF Literature Inc., Philippines, 2004, S. 32

schen führen, dann sehen wir in unserem Nächsten, was Jesus Christus in ihnen sieht.

Sich multiplizieren – das 2,2,2 – Prinzip

Nach etlichen Stunden staubiger Straße kommen wir müde an unserem Zielort an, einer abgelegenen Gemeinde im gebirgigen Dschungel. Es braucht nicht lange, um zu bemerken, dass der junge Pastor, John, zu meiner Freude dort Einiges von dem anwendet, was er bei uns in der Bibelschule gelernt hatte. Zum Beispiel besucht er regelmäßig Menschen, die das Verständnis für die gute Nachricht von Jesus Christus noch nicht haben und erklärt ihnen den Weg des Glaubens. Jede Woche geht er in eine Schule, um Kindern Religionsunterricht zu geben. Ich staune vor allem, dass er die sechs Laienbrüder sowohl in der Predigtvorbereitung schult, wie wir es in der Bibelschule vermitteln, als auch einen Korrespondenzkurs mit ihnen macht. Er ist einer, der Nachwuchsförderung praktiziert. Es wird mir wieder neu bewusst, welchen Unterschied es macht, ob jemand aus einer Berufung und aus Liebe zu seinem Herrn seine Arbeit macht, oder weil er dadurch finanzielle Vorteile und einen höheren Status in der Bevölkerung hat. Im Herzen danke ich Gott, dass jemand belehrbar war und das 2,2,2-Prinzip anwendet.

> „Um Wachstum zu addieren, leiten wir Nachfolger. Um zu multiplizieren, bilden wir Leiter aus."
> John Maxwell.

„Um Wachstum zu addieren, leiten wir Nachfolger. Um zu multiplizieren, bilden wir Leiter aus", behauptet John Maxwell.[121] Genau das tat Jesus. Er hätte noch viel mehr Nachfolger gehabt, aber sein Augenmerk lag auf seinen zwölf engsten Freunden. Die bildete er aus und sagte ihnen, dass sie noch größere Werke tun würden als er (Johannes

---

[121] Maxwell, John C., *The 21 Irrefutable Laws of Leadership*, Thomas Nelson, Nashville, 2007, S. 245

14,12). Es ging Jesus dabei nicht um die Qualität der Wunder, die er tat, sondern vielmehr um die Quantität der Menschen, die die Apostel dann erreichen würden. Genau dieses Prinzip, das ich das 2,2,2 – Prinzip nenne, beschreibt Paulus in 2. Timotheus 2,2.

„Was du von mir gehört hast, das sollst du auch weitergeben an Menschen, die vertrauenswürdig und fähig sind, andere zu lehren." (2. Timotheus 2,2)

Der Jünger sollte nicht nur etwas Erlerntes an irgendjemanden weitergeben, wie es in der normalen Schule getan wird. Vielmehr sollten auserlesene Mitarbeiter trainiert werden, um selbst Trainer zu werden. Dadurch entstand Multiplikation, nicht nur Addition. Wenn ein Leiter zehn Leute führt, hat er folglich zehn Nachfolger, was schon mal nicht schlecht ist. Bildet er hingegen zehn jüngere Leiter aus, die ebenfalls dasselbe wiederum tun, ist das Ergebnis nicht zehn, sondern hundert – es gibt exponentielles Wachstum. Deshalb sollten bei Timotheus in seiner kleinen „Bibelschule" Gott hingegebene, treue und tüchtige Leute zu finden sein. Er sollte sozusagen als Trainer andere Trainer trainieren.

Weil eine der wichtigsten Aufgaben von Leitern das Heranbilden von neuen Leitern ist, beten sie für Gelegenheiten, um berufene und Leute mit Potenzial zu erkennen, sie auszurüsten und zu entwickeln. Es gibt keinen Erfolg ohne Nachfolger. Großartige Leiter ziehen andere Leiter nach. Menschen in verantwortlichen Positionen sollten sich immer folgende Frage stellen: „Wer wird meinen Platz einnehmen?" Leiter inspirieren und fördern neue Leiter, indem sie ihnen helfen, ihr Leiterschaftspotenzial zu erkennen und zu entwickeln. Das Training hat hier einen großen Stellenwert.

Ich stimme Oswald Sanders voll zu: „Es gibt keine Arbeit, die für einen Missionar lohnender ist, als neue Leiter heranzuziehen. Die Entwicklung der neuen Gemeinde, die der Missionar gegründet hatte, ist abhängig vom Format der einheimischen Christen."[122]

Jesus sagte oft seinen Jüngern: „Tut, was ich euch getan habe." Wir sollen nicht einfach im Klassenzimmer sitzen, vielmehr sollen wir unser Leben teilen. Wir können Organisationen und Gebäude bauen, wenn wir aber keine Menschen „bauen", dann ist unsere Führung nicht Jesus-gemäß. Machen Sie Menschen zu Jüngern, die wiederum andere zu Jüngern machen, und zusammen erreichen wir die Nationen mit dem Evangelium. Jesus ist uns dafür ein herausragendes Vorbild.

> Machen Sie Menschen zu Jüngern, die wiederum andere zu Jüngern machen, und zusammen erreichen wir die Nationen mit dem Evangelium.

Wie war das bei Rabbi Jesus?

In der Zeit, als Jesus in Israel aufwuchs, lebte man oft in einer Gemeinschaft oder einer Kommunität. Um Gott anzubeten, ging man in eine Synagoge und wurde von einem Lehrer, man nannte ihn Rabbi, gelehrt. Das war auch der Ort, wo man über religiöse Belange debattierte. Die Jungen gingen dorthin zur Schule, um Lesen und Schreiben zu lernen. Manche Begabte gingen auf die höhere Schule, nur wenige wurden zu Jüngern. Man nannte den Jünger Talmid.

Ein Talmid war jemand, der genauso sein wollte wie sein Meister. Er hatte eine tiefe Hingabe und Leidenschaft dafür und gab alles auf, um den Rabbi zu beobachten und ihm zu folgen. Mit

---

[122] Sanders, J. Oswald, *Spiritual Leadership*, Moody Press, USA, 1994, S. 149

einem wachen Auge wurden alle Handlungen des Rabbis verfolgt: wie er isst, betet, mit Besuchern redet oder mit seiner Frau umgeht. Sie wollten wissen, wie er Konflikte löst, wie er weise Antworten gibt, seinen Tag einteilt und arbeitet. Und dann wollten sie genau das Gleiche tun, ihn praktisch nachahmen und wurden ihm so immer ähnlicher. Sie übernahmen sozusagen die Denkweise des Meisters. Je näher sie bei ihm waren, desto wahrscheinlicher war es, dass sie ihn widerspiegeln würden. Es zeigt ihr Brennen im Herzen, möglichst in allem ihrem Meister gleich zu sein. Nachfolge bedeutet im Grunde genommen nicht, dem Meister einfach hinterher zu gehen, sondern ihm gleich zu werden, eins zu werden mit seiner Person. Ein jüdisches Sprichwort sagt: „Folge dem Rabbi, tränke dich in seinen Worten, lasse den Staub seiner Füße dich bedecken." Damit der Staub des Meisters ihn bedecken konnte, musste er so nah wie möglich seinen Fußstapfen folgen.

Werden wir auch vom Wunsch verzehrt, wie Jesus zu werden? Könnte es sein, dass Jungs dieses gleiche Bedürfnis haben, wenn sie so ungefähr acht Jahre alt sind, indem sie so sein wollen wie der Papa? Als einer meiner Söhne in diesem Alter war, duschte er mit meinem Duschgel und strich Rasierschaum auf seine zarten Backen, damit er wie der Papa riecht. Er zog meinen Schlafanzug an und wollte in meinem Bett schlafen, einfach so sein wie der Papa. Auf einer Tour in den Dschungel lagen wir Seite an Seite in der Buschhütte. Wir waren total ermüdet vom anstrengenden Marsch durch den Dschungel. Kurz vor dem Einschlafen fragte ich ihn: „Was willst du einmal werden?" Ganz spontan sagte er: „So wie du, Missionar."

Vom Rabbi, Jesus, lesen wir, dass er seine Jünger auswählte und hervorragend ausbildete. Der Effekt war, dass sie das Römische Reich auf den Kopf stellten. Jesus repräsentiert und personifiziert alles, was mit effektiver Leiterentwicklung zu tun hat. Er gab keine öffentliche Einladung ab, sie waren alle handerlesen. Er kannte sie und wollte, dass sie bei ihm seien und ihn ständig begleiten würden (Markus 3,14). Er sah Potenzial in ihnen und wählte sie aus, wobei er sich auf wenige konzentrierte. Sie waren bei weitem nicht perfekt, brauchten es auch nicht zu sein. Womöglich waren die meisten keine gelehrten Männer. Und trotzdem hat sie Jesus verändert und mit einer Leidenschaft für die gute Nachricht ausgesandt. Er lebte ganz eng mit ihnen zusammen, verlangte völlige Hingabe und schüttete sein Leben in sie aus. Er war ein Vorbild und lebte seine Botschaft. Er delegierte den Jüngern Aufgaben und wertete sie nachher mit ihnen aus. Und schließlich erwartete er von ihnen, dass sie sich multiplizierten und auch andere zu Jünger machten.

Harold Longenecker geht davon aus, dass Jesus seine Jünger nach seinem Vorbild ausbildete. Er wollte, dass sie sein Leben und seinen Leitungsstil reflektierten. Wir können das Trainingsmodell von Jesus in vier Stadien einteilen:

1. Sie sollten **Menschen des Glaubens** werden, die im Gebet von Gott abhängig sind.
2. Jesus schaffte ein Klima des Lernens. Er wollte, *„dass die Jünger bei ihm sein sollten"*. Dadurch waren die Jünger in einem **Prozess des Wachstums** eingebunden.
3. Jesus wusste, dass Ausbildung nicht in Absonderung geschieht, deshalb führte er seine Jünger in eine freundschaftliche und rechenschaftspflichtige **Gemeinschaft** ein. Gemeinschaften sind dafür da, damit angehende Leiter den Wert des Menschen über den Wert von Programmen stellen.
4. Als Letztes wollte Jesus die Jünger Schulter an Schulter **durch** seine **Vision inspirieren**, damit auch sie, erfüllt mit dem Heiligen Geist und durch eine innere Überzeugung, seinem Beispiel folgten.[123]

---
[123] Longenecker, Harold L., *Growing Leaders by Design: How to Use Biblical Principles for Leadership Development*, Grand Rapiks, Kregel Resources, 1995, S. 42-66

Wohl hat Jesus sie auch direkt gelehrt, meistens aber fand der Unterricht außerhalb des Klassenzimmers statt. Er benutzte ein Ackerfeld als Predigtillustration, zeigte auf ein Kind, fragte seine Nachfolger, was sie gesehen hatten und forderte sie heraus, zu handeln. Seine Ausbildung war zutiefst in Beziehungen eingewoben, praktisch ausgerichtet und auf seine Person fixiert. Es bestand kein Zweifel: sein Leben sollte aus seinen Jüngern hervorleuchten.

Durch Vorbild prägen

Jesus formte seine Jünger vor allem durch sein Leben. In Markus 3,14 wird der zweiteilige Trainingsplan von Jesus beschrieben. Bevor er ihnen ein Übungsfeld gab und sie aussandte zu predigen, waren sie einfach bei ihm. Dieses „Bei-Ihm-Sein" beinhaltete Beobachten, Zuhören und Nachahmen. In unserer Zeit wird dieses Prinzip wieder neu entdeckt. Stephen Covey, zum Beispiel, fand heraus, dass 90% der Prägung durch Vorbild geschieht, und nur 10% durch das Gesprochene.[124]

Es ist bekannt, dass Paulus selbst ein Rabbi war, und somit lag es auf der Hand, dass er die rabbinische Methode auch als Apostel weiterführte. Er wusste, sie hatte Hand und Fuß! Er kam in Lystra vorbei und nahm Timotheus mit, dass er *„bei ihm"* sei, bis er wie sein eigener Sohn wurde. Auch ihn konnte Paulus dann aussenden, denn Timotheus lehrte über Jesus wie Paulus das tat (1. Korinther 4,17). Für uns wirkt es fast ein bisschen befremdend, wie Paulus den Christen schreibt, dass sie seinem Beispiel folgen sollen (1. Korinther 4,16 und 11,1). Er macht aber den wichtigen Zusatz: *„wie ich Christus folge".*

---

[124] Covey, Stephen R., *Principle Centered Leadership*, Simon & Shuster, New York, 1991, S. 131-132

Paulus bittet Timotheus in seinem Amt als junger Leiter, ein Beispiel zu setzen und Vorbild zu sein, wie er lebe, „*in der Lehre, in der Liebe, im Glauben und in der Reinheit*" (1. Timotheus 4,12). Andere würden seinen Fortschritt im Reifer-Werden sehen (4,15), und als Resultat würde Timotheus auf seine Zuhörer großen Einfluss haben (4,16).

Die rabbinische Methode kennen wir heute in unserer individualistischen und industrialisierten Welt kaum noch, und die Frage stellt sich uns, wie wir diese in unserem Umfeld wirklich umsetzen können. Von den mir bekannten ersten Missionskandidaten aus den 1950ern wurde mir erzählt, dass sie für ein paar Monate einem Pastor zugeteilt wurden, dass sie „bei ihm" seien und ihn begleiteten. Sie lebten bei ihm zuhause, bereiteten die Predigt mit ihm vor, machten mit ihm Besuche und halfen in der Verkündigung. Ob und wie man das noch als Zusatz-Semester in unseren theologischen Fakultäten einbauen könnte?

Wie finden wir neue Leiter?

Oft schauen wir in die Ferne und denken nicht an das Nächstliegende, wenn es darum geht, neue Verantwortungsträger zu suchen. Manche träumen von der maßgeschneiderten Person, die irgendwo zu finden ist, wenn man nur lange genug sucht oder die irgendwann vom „Himmel fällt", wenn man genug Geduld hat, um auf sie zu warten. Dabei merken wir nicht, dass sie eigentlich in unseren eigenen Reihen sitzt und nur noch herangebildet werden muss. Sind wir in unseren missionsinternen Betrieben nicht schon oft geblendet worden von schönen Bewerbungen von „Outsidern", und nach einigen Wochen wurden wir enttäuscht, weil die neuen Leute absolut nicht das Profil hatten, das sie für diese Stelle benötigt hätten. Ihre Referenzen waren bestenfalls frisiert. Deshalb ist es von Vorteil, wenn man Leute aus den eigenen Reihen selektiert, fördert und ausbildet.

Bei ihnen kennt man den Charakter, die Einstellung und die Gaben, und sie kennen die Organisation.

Wir machen immer wieder gute Erfahrungen, wenn wir „Insider" nachziehen. Die Frage ist nur, nach welchen Merkmalen wir Ausschau halten sollten, wenn wir junge Menschen vor allem für das Reich Gottes heranziehen wollen. Hier ist eine Liste möglicher Merkmale:

1. **Glaube** – es ist eine innige Beziehung zu Jesus durch regelmäßige Bibellese und Gebet festzustellen. Man sieht die Person auch in Gebetstreffen, nicht nur in den üblichen Gottesdiensten.
2. **Positive Einstellung** – die Person sieht Menschen und Situationen in einem positiven Licht.
3. **Dienende Gesinnung** – sie hat die Bereitschaft, sich unterzuordnen, beim Team „mitzuarbeiten" und dem anderen etwas Gutes zu tun.
4. **Potenzial zum Wachstum** – da ist ein Hunger für persönliches Wachstum zu erkennen, auch wenn die Person für die bestimmte Tätigkeit vorzugsweise genügend ausgebildet ist und eine Fähigkeit mitbringt – sie will immer dazu lernen.
5. **Loyalität** – sie setzt die Gruppe oder Organisation über ihre persönlichen Interessen.
6. **Widerstandskraft** – die Person steht nach einer Niederlage wieder auf anstatt gleich aufzugeben. Man nennt dies resiliente Menschen. Sie haben Durchhaltevermögen und bringen Angefangenes beharrlich zu Ende.
7. **Integrität** – Die Person ist wahr sich selber und anderen gegenüber, sie ist vertrauenswürdig. Ihre Worte stimmen mit ihrem Wandel überein (walk the talk), und sie tut Dienste nicht, um von anderen gesehen zu werden.
8. **Blick fürs Gesamtbild** – sie sieht nicht nur ihren Bereich, sondern die ganze Organisation.

9. **Disziplin** – Die Person ist nicht launisch und kann sich beherrschen. Man erkennt, dass sie beim Lernen ist, die Kunst der Selbstführung auszuüben.
10. **Dankbarkeit** – man erkennt, dass eine dankbare Einstellung zur Lebenshaltung geworden ist.[125]

> Charakter ist wichtiger als Kompetenz.

Vielleicht ist ihnen aufgefallen, dass hier Bildung und Begabung eher am Rande erwähnt wurden. Natürlich sind die von Vorteil, aber Charakter ist wichtiger als Kompetenz. Sonst wäre David wohl nie zum König gesalbt worden. Gott schaute tiefer in sein Herz, als es der Prophet Samuel tun konnte (1. Samuel 16.7). Manchmal wird große Verantwortung an sehr junge Kandidaten übergeben, nur weil sie begabt sind, was nicht weislich ist. Die Geschichte zeigt zu viele gescheiterte Leiter, die zu früh eingesetzt wurden.

Wie trainieren wir unsere Nachfolger?

Um Leute in der Gemeinde nachzuziehen, gehen manche den einfachen Weg, eine junge Person in eine Bibelschule zu schicken, in der Hoffnung, dass sie als vollständig veränderte Person wieder zurückkommt. Mancher von den Kandidaten, die in unsere Bibelschule kamen, hatte eine gewisse Berufung, aber es war den Verantwortlichen vor Ort zu mühsam, schon im Vorfeld in diese Person zu investieren. „Wir schicken ihn in die Bibelschule, die werden ihn schon so hinkriegen wie er sein soll", war ihre Devise. Aber weit gefehlt, denn eine bestimmte Prägung durch Erziehung und Schule, kann nicht in ein paar Monaten korrigiert werden.

---

[125] Die meisten dieser zehn Merkmale kommen von Maxwell, John C, *Developing the Leaders Around You*, Thomas Nelson, 1995, S. 23

Immer wieder steht man vor der Frage, was wohl das beste Trainingsmodell für Mitarbeiter in Gemeinde und Mission ist. Eine Zeitlang waren abgeschlossene Studien unheimlich wichtig. Leute büffelten im Klassenzimmer für einige Jahre bis hin zu einem beachtenswerten Abschluss. Man merkte aber bald, dass das Ergebnis dürftig aussah, wenn die Person die Arbeit ohne Herz und ohne Leidenschaft tat, und wenn keine Brücke zwischen Theorie und Praxis gebaut werden konnte. Solche Akademiker waren realitätsfremd und redeten über die Köpfe ihrer Zuhörer hinweg. Um diesem Phänomen entgegenzuwirken schickten manche ihre nachkommenden Mitarbeiter auf gar keine Schule mehr. Alles wurde aus dem Stegreif getan. Man war nah bei den Menschen, hatte aber kein gutes Fundament, um einen gesunden Kurs einzuschlagen, und in solchen Laienbewegungen schlichen sich dann allerhand „Lehrviren" ein.

Um die zwei Hauptstoßrichtungen aufzuzeigen, gehe ich auf die Begriffe der formellen und informellen Schulung ein.

Formelle Schulung: Hier geht es um die weit verbreite, strukturell gut aufgebaute Bildungsmethode, die normalerweise zu einem Abschluss führt. Sie wird meistens im Klassenzimmer ausgeübt, kann aber auch in Fernschulen durchgeführt werden. **Informelle Schulung**: Diese Methode ist eine Ausbildung im Stil von „On the job training". Man geht nicht in eine Schule, sondern lernt vor Ort, meistens durch Beobachten, wie etwas gemacht wird. Sehr oft wird man durch einen Mentor oder Coach überwacht und begleitet.

Es ist sinnlos, die eine Methode gegen die andere auszuspielen. Vielmehr sollte man auf eine ausgewogene Anwendung beider Methoden bedacht sein, wie man es bei berufsbegleitenden Studiengängen praktiziert. Herkömmlicherweise wird im Westen eher der erste Stil angewandt, der nach etlichen Jahren zu einem Zertifikat oder Diplom führt. Wenn aber nur diese eine

Bildungsform angewandt wird, ist sie unzulänglich. Diplome und Studienabschlüsse führen nicht unweigerlich zu verantwortlicher Leiterschaft. Deshalb wird – vor allem für praktische Berufe in Europa – die Ausbildungsmethode angewandt, bei welcher Lehrlinge im Betrieb arbeiten, jedoch ein bis zwei Tage in der Woche zur Schule gehen.

Man kann nämlich auch die informelle Ausbildung überbetonen, wie es in jüngster Zeit der Fall ist. Manche ihrer Vertreter haben sie zum Teil auf Kosten einer fundierten theologischen Schulung vorgezogen. Paulus war wahrscheinlich der Gründer der ersten Bibelschule? Während zwei Jahren lehrte er in Ephesus in der Schule des Tyrannus und war sehr stark in formeller Schulung involviert (Apostelgeschichte 19,9). Der Effekt war so gewaltig, dass die Menschen überall in der Provinz Asiens die Botschaft des Herrn hörten. Strategisch gesehen war dies der richtige Weg. Anders hätte Paulus nicht so viele Menschen erreichen können. „Hochschulen und Seminare sind wertvoll und sollten nicht unterbewertet werden", sagt Harold Longecker „doch wenn institutionelles Lernen nicht unterstützt wird von reflektierten Lebenserfahrungen, dann sind die Ergebnisse, höchstens mittelmäßig wenn nicht sogar schädlich."[126] Auf der anderen Seite hatte Paulus einige „Jünger", die er mit Erfolg informell trainierte und einsetzte. Die informelle Ausbildung ist in unseren Breitengraden nicht sehr verbreitet. Aber es würde sich lohnen, ihr ernsthaft Beachtung zu schenken, denn um beziehungsfähige Leiter heranzubilden, ist informelle Ausbildung wahrscheinlich effektiver. Diese Beziehungskompetenz kann man meistens nicht anhand der Ausbildungsjahre oder Zertifikaten messen. Trotzdem ist das, was aus diesen Zweierschaften oder Kleingruppen entsteht, vielversprechend.

---

[126] Longenecker, Harold L., *Growing Leaders by Design: How to Use Biblical Principles for Leadership Development*, Grand Rapids, Kregel Resources, 1995, S.77

Um Christus-ähnliche Leiter heranzubilden, die sich im Dienst für die Gemeinde und die Welt einsetzen, sollten durch ganzheitliches Training folgende drei Bereiche gefördert werden:

Kopf: Bibellesen, Bibelverse auswendig lernen, lehrreiche Bücher studieren und Schulungen besuchen oder eine Fernschule machen, um Gott besser kennen zu lernen. Lehren, die nicht den allgemeinen Grundlagen der Schrift entsprechen, können junge Mitarbeiter mit dieser soliden Grundlage nicht mehr sofort aus der Bahn werfen. Das Wissen wird mit den Erfahrungen im Leben verbunden und führt zu mehr Weisheit. Das Ziel dieses Trainings sind **weise Leiter**.

Herz: das Herz – das Zentrum des Glaubens – behüten, auf Gott vertrauen und nur von ihm abhängig sein. „Lehrlinge" folgen ihm und nehmen Widerwärtigkeiten als Gelegenheiten, in ihrem Charakter zu reifen und in Christus-Ähnlichkeit zu wachsen. Das Ziel sind **gottergebene Leiter**.

> „Wir wollen durch Gottes Gnade weise und Christus-ähnliche Leiter ausbilden, die ein fundiertes Bibelwissen haben (Kopf), die charakterlich stark und geistgeleitet sind (Herz), und die geschickt sind im geistlichen Amt und in der Mission (Hand)."

Hand: unter dem wachsamen Auge eines Mentors wird praktisch geübt, was gelernt wurde. Das Wissen wird umgesetzt, es rutscht vom Kopf in die Hand. Vor den jungen Mitarbeitern liegen unendliche Möglichkeiten, im Dienst für Gott ausgerüstet zu werden. Das Ziel sind **fähige Leiter**.

Durch die ganze Phase des Trainings müssen wir das Endziel immer im Auge behalten: „Wir wollen durch Gottes Gnade weise und Christus-ähnliche Leiter ausbilden, die ein fundiertes **Bibelwissen** haben (Kopf), die **charakterlich** stark und geistgeleitet sind (Herz), und die **geschickt** sind im geistlichen Amt und in der Mission (Hand)."[127]

Kopfwissen allein kann hochmütig machen und dabei kann es vorkommen, dass wir nicht imstande sind, unser Wissen umzusetzen. Unser Leben ist nicht mehr in Balance, wir sind kopflastig geworden. Unser Dienst verkümmert, und wir haben der Welt nicht mehr viel zu sagen, denn sie hört nicht nur auf unsere Worte, sondern beobachtet unser Leben.

Andererseits, wenn wir starke Muskeln haben, aber der Kopf leer ist, laufen wir Gefahr, Schaden anzurichten. Unser Wissen und Verständnis sind begrenzt und wir sind anfällig für allerlei Irrlehren.

Bei der Bildung kommt es sehr stark auf unsere Einstellung an. Wir alle werden von Gott erzogen, aber nicht alle profitieren von diesem Training.

Als Ausbilder sind wir zuerst Vorbild, dann Mentor, und zuletzt Auftraggeber.
Ich bekam von einem erfahrenen Missionar folgende hilfreichen Ratschläge, um Menschen zu heranzubilden:

1. **Vorbild:** Nur das, was wir leben, kann weitergegeben werden. Wenn wir wollen, dass junge Christen im Glauben wachsen, so müssen auch wir wachsen. Sie sind eingeladen, zu kommen und zu *sehen* (Johannes 1,46), sie dürfen unser Leben beobachten.
2. **Gemeinschaft:** Geistliches Wachstum geschieht nicht in Isolation. Es ist tief eingebettet in Gemeinschaften, die ehrlich, unterstützend und auch korrigierend sind, vor allem aber

---
[127] Die Gedanken von Kopf, Herz und Hand, die auch in unserer Bibelschule in Papua-Neuguinea umgesetzt werden, kommen von Joreman, Jones, Miller, *The Leadership Baton*, OMF Literature, 2004, S. 62

durch Gebet getragen werden. Visionen und Werte können nur dann überspringen, wenn zwei Personen Schulter an Schulter unterwegs sind, aufeinander hören und einander dienen.
3. **Zeit:** Leiter werden nicht ohne Investition herangebildet. Wir, die wir eine Wegstrecke weiter sind, nehmen uns Zeit und sind willig, unser Leben mit Jüngeren zu teilen. Hilfreich ist es, wenn regelmäßige Treffen eingeplant werden, um sich mit dem „Lehrling" oder in der Kleingruppe zu treffen. Wir geben ihnen Anteil an unserem Leben und erzählen ehrlich von unseren Erfolgen und Misserfolgen. Dabei scheuen wir uns auch nicht, von negativen Erlebnissen zu berichten. Soweit möglich, teilen wir unser Leben mit ihnen, damit sie sehen können, wie wir in unserer Familie leben. Wir stellen viele Fragen und hören gut zu.
4. **Gebet:** Regelmäßiges Gebet für Leiter in Vorbereitung ist unentbehrlich. Wir finden Jesus immer wieder im Gebet für seine Nachfolger. Menschen, die uns anvertraut sind, wollen wir auf „unserem Herzen tragen". Der wichtigste Teil in der Betreuung anderer, ist das Gebet. Paulus betete Tag und Nacht, wie er es ausdrückt, für seinen Lehrling Timotheus (2. Timotheus 1,3). Während des Betens zeigt Gott uns oft, wie wir unseren Mitarbeitern noch besser dienen können. Dazu kommt noch das gemeinsame Gebet, denn Beten lernt man durch das Beten und wenn man andere beten hört.
5. **Bildung:** Gemeinsam reflektierendes Lesen der Bibel oder eines Buches über Nachfolge oder Leiterschaft fördert beiderseitiges Wachstum. Konstruktive Fragen helfen, über bestimmte Themen zu diskutieren und Lösungen zu finden. Dies geschieht auch nach dem Besuch eines Kurses oder einer Konferenz.
6. **Feedback:** Dienste teilen wir den jungen Mitarbeitern je nach Begabung und Reife zu. Während und nach getaner Arbeit geben wir eine möglichst positive Beurteilung über Fortschritte. Dabei denken wir an die Sandwich Methode.

Zuerst teilen wir ehrliches Lob aus für Gelungenes. Wir verschweigen nicht Schwächen und Mängel in der Leistung, sind aber taktvoll in unserer Wortwahl und nicht verletzend. Wir vergessen dann nicht, die Person zum Schluss durch ermutigende Worte zu bestätigen und für die nächste Lernphase zu stärken. Durch diesen Prozess werden junge Mitarbeiter geprüft bevor man ihnen verantwortungsvolle Aufgaben überträgt (1. Timotheus 3,10).

7. **Befähigung:** kleine Aufträge, die treu ausgeführt werden, steigern sich zu immer verantwortungsvolleren Aufgaben, wo es auch gilt, andere Menschen anzuleiten. Wir erteilen dadurch nicht nur Befehle, sondern geben gleichzeitig auch zur Ausführung das nötige Werkzeug: Ausrüstung und Vollmacht. Weise Leiter mischen sich dann nicht gleich ein, sondern geben die Möglichkeit zur eigenen Entfaltung und nötigen persönlichen Kurskorrektur. Ein solches Vorgehen erkennen wir bei Paulus. Nachdem er Titus ausgebildet hatte, schickte er ihn zu den Korinthern. Im Brief an sie empfiehlt Paulus ihnen seinen Mitarbeiter: *„Mit ihnen schicken wir noch einen weiteren Bruder, der gründlich geprüft wurde und sich in vielen Situationen ausgezeichnet hat. Seine Begeisterung für diesen Auftrag ist jetzt noch größer, weil er großes Vertrauen zu euch hat"* (2.Korinther 8,22).

Das Konzept der Ausbildung wird oft ganz einfach in vier Schritten aufgezeigt.

1. Ich tue etwas, und Du schaust zu.
2. Ich tue etwas und Du hilfst mir dabei.
3. Du tust etwas und ich helfe dir.
4. Du tust etwas und ich schaue zu.

Man könnte noch einen fünften Schritt weitergehen. „Du tust etwas, und ein anderer schaut zu." So geht das Training weiter an anderen und wird multipliziert. So ähnlich drückte es Benjamin Franklin auch aus: „Sage es mir und ich vergesse es wieder. Lehre mich und ich kann mich erinnern. Beziehe mich ein und ich lerne."[128]

> „Sage es mir und ich vergesse es wieder. Lehre mich und ich kann mich erinnern. Beziehe mich ein und ich lerne."
> Benjamin Franklin

Der Bedarf an jungen Verantwortungsträgern in Bereichen der Gemeinde und darüber hinaus ist unerschöpflich. Jeder verantwortliche Mitarbeiter ist gefragt, bereits an einen Nachfolger zu denken, ihn vorzubereiten und einzuführen. Man sollte jeden Leiter ermutigen, jemanden „in seinem Schatten" zu haben und ihn zu begleiten.

Mentoring und Coaching

Vielleicht geht es Ihnen so wie mir – ich hatte Mühe, Coaching von Mentoring zu unterscheiden. Mittlerweile sind diese Worte zu Modeworten geworden und überall spricht man davon, nicht nur im Beruf, sondern auch in der Gemeinde. Aus dem Thema der Leiterentwicklung sind sie nicht mehr weg zu denken. Es handelt sich lediglich um das Konzept einer personenorientierten Führung. Dabei geht es weniger um ein kommandierendes, sondern vielmehr um ein unterstützendes und betreuendes Verhalten. Bei Coaching und Mentoring geht es darum, jemanden in eine Lebensweise, eine Arbeit oder eine Organisation einzuführen. Die Rolle des Beraters ist eher die des Zuhörerenden und Fragenstellers, weniger des bevormundenden, referierenden Lehrers. Dabei geht es z.B. um solche Fragen wie: „Hast du schon an dieses gedacht?" – oder: „Wie machst du es in diesem Fall?"

---

[128] Übersetzt aus: http://www.brainyquote.com/quotes/quotes/b/benjaminfr383997.html (eingelesen am 30.08.2016)

Das Wort *Coach* kommt ursprünglich vom Sport, wird aber auch oft im beruflichen Umfeld angewandt, wo es allgemein gesagt darum geht, einer anderen Person zu ihrem Erfolg zu verhelfen. In diesem Prozess kommen die Lösungen nicht wirklich vom Coach, sondern sollen in der zur begleitenden Person durch Reflexion und Förderung hervorgebracht werden. Dadurch begleitet der Coach eine Person in der Realisierung eines Auftrages oder in der Lösung eines Problems. Coaching ist eher auf eine kürzere Zeit begrenzt und zielt darauf hin, in einer Tätigkeit effektiver zu sein. Es gibt Fähigkeiten und Gaben, die in uns schlummern und die wir vielleicht noch nicht erkannt haben. Ein Coach ermutigt uns, diese gottgegebenen Gaben zu entdecken und zur Wirkung kommen zu lassen (2. Timotheus 1,6).

Im Umfeld der Gemeinde, wo es darum geht, Menschen auf längere Zeit hin zu betreuen, würde ich eher von *Mentoring* reden. Der Mentor ist meistens jemand, der Lebenserfahrung hat und schon eine Wegstrecke weiter ist als sein Schützling. Es sollte nicht mit der einmaligen oder punktuellen Seelsorge verwechselt werden, kann aber durchaus ineinandergreifen, denn beim Mentoring geht es um eine ganzheitliche Betreuung wie beim Hirten, der für seine Schafe sorgt. Normalerweise baut sich eine Beziehung zwischen beiden für längere Zeit auf, die letztendlich dazu führen soll, dass der Nachwuchs in größere Verantwortung eingeführt wird, indem er sein Potenzial, seine Berufung und Begabung erkennt und entfaltet.

In Barnabas erkennt man einen geschickten Mentor. Zuerst führte er Paulus in eine vertrauensvolle Beziehung mit der Gemeinde in Antiochia ein (Apostelgeschichte 11,25), dann trat er bewusst auf die Seite, um Paulus die Führung in der Mission unter den Nationen zu überlassen. Auch Paulus wurde dann zu einem wichtigen Mentor für Timotheus und Titus, die für ihn wie Söhne wurden (Titus 1,4). Ohne den Mentor Barnabas hätten wir heute vielleicht kein Markusevangelium. Wenn auch andere ihn aufgaben, Barnabas stand Markus bei und betreute ihn hin zu einem wertvollen Mitarbeiter.

Mentoren sehen Potenzial in anderen, sie sind flexibel und geduldig mit Fehlern anderer, weil sie wissen, dass es Zeit braucht, um Menschen auszubilden. Sie haben die Fähigkeit, weiter zu sehen, und können mit ihrer ermutigenden Art andere weiterbringen als wenn die Person auf sich selber gestellt wäre. Gerade in schwierigen Situationen erkennen wir oft, wie Gott uns einen Mentor zur Seite stellt, damit wir nicht auf der Strecke bleiben und trotz harten Umständen erstarken. Solche Mentoren braucht die Gemeinde mehr denn je. Es sind Menschen, die uns den Rücken stärken; die selbst ihren Ruf riskieren, um uns zu schützen; die uns ein reifes Leben vorleben; die uns mit klaren Erwartungen herausfordern; die für uns beten und uns auf die richtige Weise fördern; sie sind auch willig, ihre Finanzen zu opfern, um uns mit guter Literatur weiterzuhelfen. Wer schon früh im Dienst solch weise Mentoren hat, der kann sich glücklich schätzen.

> Sie haben die Fähigkeit, weiter zu sehen, und können mit ihrer ermutigenden Art andere weiterbringen als wenn die Person auf sich selber gestellt wäre.

Wir alle brauchen einen Mentor. Warum? Weil wir dazu neigen, mit Mentoring besser vorwärts zu kommen als ohne. Wir lernen am besten, wenn wir Menschen haben, die in unser Leben sprechen und die wir uns als Vorbild nehmen können. Sprüche 19,20 sagt: *„Höre auf guten Rat und nimm Zurechtweisung an, damit du für den Rest deines Lebens weise wirst."* Deshalb, suchen Sie eine Person, die mehr weiß als Sie und lernen Sie von ihr. Und schauen Sie sich nach jemandem um, der das braucht, was Sie wissen und investieren Sie in ihn. Jeder ist Lernender und Lehrer zugleich.

Was suchen wir in einem Mentor? Wir suchen eine Person, deren Charakter und Werte wir bewundern, der wir gerne ähnlich werden wollen, der gewisse Gaben oder Fähigkeiten hat, die wir auch gerne haben möchten. Eine Person, der wir absolut vertrauen und welcher gegenüber wir uns öffnen können. Wenn wir dann eine solche Person gefunden haben, überlegen wir, welche Fragen wir ihr stellen können, die uns in unserem Leben weiterhelfen könnten. Z.B. Fragen wie:

- Wie gestaltest du deine Stille Zeit?
- Was waren deine größten Erfolge im Leben?
- Aus welchen Niederlagen hast du am meisten gelernt?
- Was würdest du heute anders machen, wenn du wieder von vorne anfangen könntest?
- Wie gehst du mit Stress um?
- Welche Bücher liest du?
- Wie teilst du deine Zeit und dein Geld ein?

Wir sind klug, wenn wir Rückmeldungen annehmen. Jedes Flugzeug muss seinen Kurs immer wieder korrigieren, wenn es nicht vom Ziel abkommen will. Wir brauchen jemanden von außen, einen Mentor, der uns hilft, wieder auf Kurs zu kommen. Wer solche Feedbacks sucht und annimmt, wird gesund wachsen können.

Ziel der Entwicklung – Reife!

Paulus drückt sich im Brief an die Epheser klar aus, was der Sinn und Zweck von jeglichem Training im Reich Gottes ist. Das Ziel ist Reife und Christus-Ähnlichkeit. Wir sind begabt worden, um andere im Dienst zu befähigen und auszurüsten, damit der Leib Christi stark wird und Gott geehrt wird. Wir sollen *„den Sohn Gottes immer besser kennenlernen, sodass unser Glaube zur vollen Reife gelangt und wir ganz von Christus erfüllt sind"*

(Epheser 4,13). Es gehört zu unserer Berufung, Menschen aus dem geistlichen Kindesalter ins Erwachsenenalter zu führen, damit ihre Wurzeln in die Tiefe wachsen und sie zum Segen für andere werden.

„Das Wachstum und die Entwicklung von Menschen zu fördern ist die höchste Berufung christlicher Leiter", sagt John Maxwell.[129] Egal in welchen Herausforderungen wir stehen, es sollte immer eine Kultur des Förderns um uns entstehen. Nichts hat auch nur annähernd eine so nachhaltige Wirkung wie die Förderung der nächsten Generation.

„Das Wachstum und die Entwicklung von Menschen zu fördern ist die höchste Berufung christlicher Leiter."
Maxwell

Wir erkennen heranwachsende Leiter, investieren unser Leben in sie, geben ihnen die Möglichkeit, sich im Reich Gottes zu betätigen, begleiten sie zu einem segensreichen Dienst und beobachten, wie sie sich zur Ehre Gottes im Dienst entfalten. Es gibt nichts Befriedigenderes als das!

---

[129] Maxwell John C, *Developing the Leader Within You*, Thomas Nelson, 1993, S. 179

Tiefer wurzeln

1. Denken Sie über vergangene Erlebnisse in Ihrem Leben nach. Inwiefern wurden Sie von jemanden gefördert?

2. Welche Gründe könnte es geben, dass wir nicht in die nachfolgende Generation investieren?

3. Inwiefern können wir das Rabbi – Modell heute umsetzen?

4. Haben Sie einen Mentor in Ihrem Leben?

5. Sind Sie Mentor für jemand? Wenn nicht, sind Sie bereit dafür zu beten, dass Gott Ihnen jemanden aufs Herz legt, den Sie begleiten könnten?

6. Das Ziel des Lehrens soll nicht nur ein Transferieren von Informationen sein, sondern ein Transformieren der Person bewirken. Wir schulen, dass Leute reif werden, indem sie in das Bild Christi transformiert werden. Inwiefern sind Sie in diesem Prozess bei anderen involviert?

Kulturen verbindend leben – dem Fremden dienen

Kommen wir zurück zum Bild des Baumes. Ich habe nicht schlecht gestaunt, als ich in einem abgelegenen Gebiet im Hochland von Papua-Neuguinea einen Apfel serviert bekam – etwas, das normalerweise nicht vorkommt. Apfelbäume wachsen in kälteren Regionen. Trotzdem hat ein Mann aus dem Hochland versucht, den Samen eines gekauften Apfels zu pflanzen, und siehe da, er hat ohne Frost Frucht getragen. So wie zum Teil europäische Pflanzen, wie dieser Apfel, im Hochland der Tropen aufgezogen werden, so sind auch tropische Pflanzen wie Orchideen in Europa zur Norm geworden. Auch im kulturellen Bereich findet immer mehr eine Vermischung statt; klare Abgrenzungen zwischen den Kulturen sind rarer geworden. Wir sind der Herausforderung gestellt, in multikulturelle Kontexte zu führen.

Wir leben in einer aufregenden Epoche der globalen Mission. Die weltweite Gemeinde, der Leib Christi, ist stetig am Wachsen und beeinflusst sich gegenseitig immer mehr. Veränderung ist deshalb zu einer festen Konstante geworden. Missionare reisen nicht mehr nur vom Westen zum Rest der Welt, sondern werden aus allen Ländern in alle Länder gesandt. Heute ist die Vision für Mission selbst in Ländern lebendig, wo die Gemeinde noch klein und jung ist und verfolgt wird. Ist uns bewusst, dass zwei Drittel der Christenheit im globalen Süden lebt, und dass die Länder China, Indien, Südkorea und Nigeria einzeln mehr Missionare aussenden als Europa zusammen? Dann ist noch wichtig

> Die weltweite Gemeinde, der Leib Christi, ist stetig am Wachsen und beeinflusst sich gegenseitig immer mehr.

> Missionare reisen nicht mehr nur vom Westen zum Rest der Welt, sondern werden aus allen Ländern in alle Länder gesandt.

zu erwähnen, dass es Millionen von Flüchtlingen und Immigranten gibt, die wegen politischen Unruhen oder aus wirtschaftlichen Gründen als christliche Zeugen in anderen Ländern leben und arbeiten.

Inzwischen ist ein Flüchtlingstrom zurück nach Europa gekommen; europäische Gemeinden nehmen die Herausforderung an, Migranten aus dem Nahen Osten zu erreichen. Im Zeitalter von sozialen Medien werden die Kulturunterschiede immer kleiner. Der Osten und Süden gleicht sich immer mehr dem Westen an, und die Tendenz zeigt, dass der Westen auch immer mehr ereignisorientiert wird und sich dem Süden anpasst.

Veränderungen in der Welt können wir nicht aufhalten, auch wenn uns manches davon nicht gefällt. Wir müssen uns nicht allem entgegenstellen, aber wir brauchen auch nicht jedem Modetrend zu folgen. Es gilt dabei, unterscheiden zu lernen, was Fortschritt ist, z.B. in der Technik mit all den neuen Möglichkeiten der Kommunikation, und was wirklich schlecht ist. Es bringt nichts, alles zu verwerfen, was neu ist. Aber wir wollen lernen, damit umzugehen und wo nötig auch zu verzichten und dem Konsumgeist zu trotzen. Andererseits ist es auch wichtig, Neues auszuprobieren und dabei über den eigenen Schatten zu springen. Macht es zum Beispiel einen Unterschied, ob ich die Bibel auf Papyrus oder auf Druckpapier oder auf dem Bildschirm lese? Alles hat seine Vor- und Nachteile, die ich abwägen muss. Bei allen Veränderungen wollen wir das Anliegen Gottes für jeden einzelnen Menschen im Blick behalten. Es gilt, mit der Jugend am Ball zu bleiben und z.B. ihre Wege der Kommunikation zu erlernen, damit wir sie gewinnen können. Daneben wollen wir aber auch der älteren Generation Rechnung tragen und auch auf ihrem gewohnten Level kommunizieren – ein Spagat, der nicht immer gelingt.

Im ganzen Wandel der Zeit ist es wunderbar, dass sich Prinzipien geistlicher Leiterschaft nicht verändern, egal ob man zu Davids Zeiten gelebt hat, den Fußstapfen Jesu gefolgt ist, mit Martin Luther die 95 Thesen angeschlagen hat oder eine Hausgemeinde in einem Vorort einer unserer Städte führt.

Es ist aber offensichtlich, dass wir immer mehr lernen müssen, in kulturellen Mischgemeinschaften zu leben und zu dienen. Man muss nicht mehr von Deutschland nach Delhi fliegen, um kulturelle Unterschiede zu finden. Man begegnet schon im eigenen Land auffallenden Gegensätzen – sogar gleich um die Ecke – und lernt dabei, wie Leiterschaft in anderen Kulturen verstanden wird. Wir wollen deshalb aufmerksame Beobachter sein, um herauszufinden, ob unser Gegenüber eine andere Ansicht hat. Wir wollen uns bemühen, es zu verstehen und seine Einstellung erst einmal zu akzeptieren. Wenn wir sie nach sorgfältiger Prüfung für gut befunden haben, können wir sie uns sogar aneignen. Dies birgt enorme Chancen, kann aber auch Grund sein für viele Spannungen. Menschlich gesehen ruht die Zukunft der weltweiten Gemeinde auf dem Gelingen der multikulturellen Leiterschaft von Heute und Morgen.

Unterschiedliche Weltanschauungen verstehen

Ziemlich am Anfang meines Dienstes in Papua-Neuguinea erklärte mir ein Leiter der politischen Gemeinde vor Ort: „Weißt du, Bruder, in der neuguineischen Kultur ist das so: Wir strengen uns an und geben unser Bestes beim Erklimmen der Karriereleiter. Unser Ziel ist es, den Sessel am oberen Ende zu erreichen, damit wir uns dann darin ausruhen, Befehle erteilen und andere für uns arbeiten lassen können." Und dort bleiben diese Häuptlinge bis sie abgewählt werden, was selten vorkommt, oder eben bis sie durch den Tod aus dem Amt scheiden. Für mich als Westler und Neuling war dies befremdend, obwohl ich in diesem Land aufgewachsen bin. Ich meinte, ein Team sei die beste Form von Führung, wobei möglichst wenig Machtgefälle unter den Teilnehmern bestehen sollte. Ich fragte mich, welche Form wohl geistliche Prinzipien am besten widerspiegeln würde. Anstatt schnelle Antworten zu finden, wurde ich mit immer mehr Fragen konfrontiert.

Einmal fanden wir unseren Schirm nicht mehr. Wir hatten ihn nach dem Ehekurs beim Gemeindehaus vergessen. Der Name war schön groß darauf geschrieben, aber als wir ihn suchten, stand er nicht mehr dort. Einige Tage später sahen wir den Pastor mit unserem Schirm in der Hand. Was sollten wir tun? Uns gingen allerlei Gedanken durch den Kopf: „So eine Frechheit. Konnte er nicht wenigstens fragen, ob er ihn ausleihen dürfe. Und überhaupt ist es unverschämt, dass er ihn einfach behält und ihn nicht gleich wieder zurückbringt. Obendrauf ist er noch Pastor und sollte den anderen ein gutes Vorbild sein." Als wir ihn darauf ansprachen, sagte er nur ganz gelassen: „Es hat geregnet als ich am Gemeindehaus vorbeiging und da habe ich ihn mir schnell ausgeliehen. Vielen Dank." Und er gab ihn wieder zurück. Wir waren verwirrt. Für ihn war es ein positives Zeichen der Bruderschaft, dass er dies tun durfte. Wir werteten es hingegen sehr negativ. Nun, es wäre nicht nötig gewesen, sich aufzuregen, wenn uns gleich bewusst gewesen wäre, dass er eine andere Vorstellung von Besitztum hat.

Ich bin als Drittkulturkind (Third Culture Kid) von Missionaren in Papua-Neuguinea und habe dadurch ein gemischtes Kulturgefühl mitbekommen, wobei vieles in mir vor allem unbewusst ablief. Die erste Kultur ist die meiner Eltern, die zweite die des Gastlandes, und die dritte Kultur ist eine Art Mischung, die eine neue Kultur – die Drittkultur ergibt. Vermutlich würde ich auch in einer weiteren Kultur schneller zurechtkommen als Ein-Kultur-Kinder. Meine Kindheit hat mir sozusagen Kulturkompetenz verliehen. Dies ist ein großer Vorteil, bringt aber auch Nachteile mit sich. Ich gehöre nirgends richtig hin, bin auch in meiner Heimat nicht ganz zuhause und hatte in meinen Teenagerjahren eine Identitätskrise. Trotzdem finde ich mich in beiden Kulturen recht gut zurecht. Dabei merke ich immer wieder, wie verschieden die Denkweisen sind und dass es gilt, sich ohne Vorurteile und mit viel Taktgefühl in die Betrachtungsweisen der anderen Kultur hineinzudenken.

Menschen aus verschiedenen Kulturen haben unterschiedliche Wertvorstellungen. Es geht vorerst nicht darum, welche Anschauung besser oder schlechter ist. Die Anschauungen sind zuerst einfach verschieden. Hilfreich ist, sich immer wieder in die Lage des anderen zu versetzen und sensibel zu sein für die Denkweise des anderen. Ein indianisches Sprichwort sagt: „Bewahre mich davor, über einen Menschen zu urteilen, ehe ich nicht eine Meile in seinen Mokassins gegangen bin." Wenn Menschen in eine andere Kultur eintauchen, sind sie manchmal versucht, aus wohlgemeintem Helfersyndrom, ihre Gastkultur aus deren „falschen" Denkweise zu befreien. Dabei merken sie manchmal erst zu spät, dass sie mehr Schaden anrichten, als wirklich zu helfen.

> Hilfreich ist, sich immer wieder in die Lage des anderen zu versetzen und sensibel zu sein für die Denkweise des anderen.

Duane Elmer erzählt in ihrem empfehlenswerten Buch über kulturübergreifende Verbindungen folgende Fabel: Ein Affe beobachtet von einem herunterhängenden Ast einen Fisch im Bach, der scheinbar Mühe hat, gegen den Strom zu schwimmen. Er ist wohl ins Wasser gefallen und kommt nicht mehr heraus, der Arme. Der Fisch tut dem Affen so leid, dass er beschließt, ihm zu helfen, auch wenn es ihn einiges an Anstrengung kosten wird. Vorsichtig hangelt er sich herunter und versucht den Fisch zu schnappen. Aber der Fisch wehrt sich, so gut es geht. Er windet sich und zappelt. „Du dummer Fisch!", denkt der Affe. „Ich will dir doch nur helfen. Warum zappelst du nur so verrückt." Beinahe fällt er bei dieser Rettungsaktion selbst in Wasser, was er unbedingt zu vermeiden sucht, denn das könnte ihm den Tod bringen. „Armer Fisch. Nun musst du elendiglich zugrunde gehen." Aber nein, endlich schafft es der Affe doch noch, ihn zu ergreifen. Liebevoll und sanft legt er ihn auf ein trockenes Plätzchen. Zuerst zeigt der Fisch Begeisterung, er zappelt und hüpft, aber dann wird er müde und schläft friedlich ein. Eine tiefe Freude und Befriedigung erfüllt den Affen. Schließlich meint er, jemandem aus seiner Not geholfen zu haben.[130]

Arm und dumm war wohl eher der Affe, so denken wir jetzt. Aber er konnte ja nicht wissen, dass der Fisch ins Wasser gehört. Er hatte noble Absichten und war eifrig, aber er war unwissend und nicht imstande, über seinen eigenen Rahmen hinaus zu denken. Er meinte, wenn es für ihn das Beste ist, im Trockenen zu sein, dann sollte es für den Fisch genauso sein. Das Resultat war, dass er unbewusst mehr Schaden anrichtete, als es ihm lieb war. Bedauerlicherweise hat der Affe vermutlich nie gemerkt, was er angerichtet hat, denn er ließ den ruhenden Fisch im Trockenen liegen und ging als vermeintlicher Held seinen Weg.

Unsere Denkweise verändern

> Ich bin nicht das Zentrum des Universums, ebenso wenig ist meine Kultur und meine Weltanschauung das Maß aller Dinge.

Ich bin nicht das Zentrum des Universums, ebenso wenig ist meine Kultur und meine Weltanschauung das Maß aller Dinge. Meine Frau, die in Deutschland aufgewachsen ist, erzählt: „Als ich mir in Papua-Neuguinea eine Weltkarte kaufen wollte, stutzte ich. Sie sah irgendwie anders aus als ich

---

[130] Elmer, Duane, *Cross-Cultural Connections*, IV Press, Downers Grove, 2002, S. 14-16

sie von Deutschland her gewohnt war. Normalerweise finde ich doch Europa etwas oberhalb der Mitte der Karte. Plötzlich waren wir auf die Seite gerutscht und Australien lag in der unteren Mitte. Komisch! Da ging mir ein Licht auf: Jeder meint, er lebe im Zentrum der Welt, oder zumindest annähernd." Ich muss auf der Hut sein, dass ich nicht andere aus deren Kultur (dem Wasser) nehme, um sie in meine Kultur (das trockene Plätzchen) hineinzuversetzen. Genauso wenig ist es möglich, dass ich die andere Kultur vollständig übernehme. Wir wachsen in unserer Kultur auf und eignen uns unbewusst eine bestimmte Weltanschauung an. Das Weltbild liegt sehr tief in uns. Darrow Miller definiert es so: „Eine Weltanschauung ist ein bewusstes oder unbewusstes System von Glaubensaussagen über die Grundstruktur der Welt und darüber, wie die Welt funktioniert."[131] Die Weltanschauung beinhaltet, laut Miller, drei Dimensionen: erstens, des Menschen Ansicht und Wissen über Gott (Gottesbild), zweitens, wie man seinen Mitmenschen sieht (Menschenbild), und drittens, welche Beziehung man als Haushalter zur Schöpfung oder zur Natur hat. Daraus resultieren verschiedene kulturelle Ausdrucksweisen, die für eine interkulturelle Zusammenarbeit entscheidend sind, die aber nur die Spitze des Eisberges der Weltanschauung darstellen. Das eigentliche Weltbild liegt bei uns Menschen unter der Oberfläche und ist oft schwer zugänglich und veränderbar. Da jede Kultur ihre eigene Art von Scheuklappen hat, die uns hindern, die gesamte Realität zu erfassen, ist folgendes wichtig: erstens, die eigene Weltanschauung zu kennen, zweitens, die Weltanschauung der anderen Kultur zu studieren und verstehen zu lernen, und drittens, bereit zu sein, falschen Ansichten aus beiden Kulturen den Rücken zu kehren und Gottes Maßstäbe anzunehmen.

> Das eigentliche Weltbild liegt bei uns Menschen unter der Oberfläche und ist oft schwer zugänglich und veränderbar.

---

[131] Miller, Darrow, *Wie sollen wir denn denken? Leitfaden für eine christliche Weltanschauung*, Asaph, Lüdenscheid, 2004, S. 32

Dieser Umdenkprozess kann unter Umständen ein harter, langer Weg sein, manchmal über Generationen hinweg. Paulus erwähnt, dass unsere Gedankenwelt ein Schlachtfeld sei, und dass dort die entscheidenden Siege errungen werden. *"Wir zerstören damit Gedanken und alles Hohe, das sich erhebt gegen die Erkenntnis Gottes, und nehmen gefangen alles Denken in den Gehorsam gegen Christus"* (2. Korinther 10,5 LÜ84). Damit eine Veränderung des Denkens stattfindet (Römer 12,2), braucht es das Wirken des Heiligen Geistes, der sich oftmals verschiedener Krisen bedient. Veränderung in der Weltanschauung geschieht nicht unbedingt durch Bücher und Kurse, sondern durch herausfordernde Situationen, wie z.B. bei Petrus während seines Mittagsgebets auf dem Dach, als Gott ihm durch die Vision mit dem Tuch voller unreiner Tiere eine schwierige Privatlektion erteilen musste (Apostelgeschichte 10). Dadurch schenkte Gott ihm einen Paradigmenwechsel. Es ist für das Reifwerden wichtig, sich immer wieder herausfordernden und kontroversen Themen zu stellen und ihnen nicht auszuweichen. Wer diese Bereitschaft besitzt, kann auf eine effektive interkulturelle Zusammenarbeit hoffen. Entscheidend dabei ist, die unterschiedlichen Denkweisen zu erkennen und Veränderung zu wollen.

Quadratisch versus rund

Elmer bietet zu diesem Dilemma eine sehr hilfreiche Darstellung. Stellen Sie sich vor, wir vom Westen wachsen in einer „quadratischen" Kultur auf, wir denken quadratisch und bekommen Quadratköpfe. (Illustration zeigen) Die Menschen aus dem Süden und Osten haben „Rundköpfe", weil sie in einer runden Kultur aufwachsen. Wenn wir in eine andere Kultur gehen, lassen wir nicht unseren Quadratkopf einfach so zuhause, wir nehmen ihn natürlich mit und merken dabei bald einmal, dass er nicht so ganz in die runde Kultur passt. An diesem Punkt müssen wir uns entscheiden, ob wir so bleiben und überall anecken, oder ob wir uns anpassen und ein paar Kanten abschleifen lassen wollen, um uns mehr und mehr mit der Gastkultur zu identifizieren. Mit der Anpassung wird es uns bewusst oder auch nicht, dass wir dadurch viel genießbarer und wirksamer sind für Gott. Wir werden es sogar als sehr bereichernd empfinden, wenn wir entdecken, dass auch der „Rundkopf" durch unseren Einfluss ein paar Kanten übernommen hat, nicht um ein „Quadratkopf" zu werden, sondern weil durch die Zusammenarbeit mit uns etwas für ihn Erstrebenswertes abgefärbt ist, das ihn befähigt, Gott effektiver dienen zu können.

Ein kompletter Rundkopf werden wir nie werden, wollen wir vielleicht auch nicht, aber wir können, wie es Sherwood Lingenfelter erklärt, zu einer 150 prozentigen Person werden. Was meint er damit? Er geht von Jesus aus, der 100% Gott und zugleich 100% Mensch war, weil er in die jüdische Kultur hineingeboren wurde und somit eine zweihundertprozentige Person wurde. Unser Ziel sollte es sein, 25% unserer eigenen Kultur zu verlernen und uns 75% von der Gastkultur anzueignen, was uns laut Adam Riese zu hundertfünfzigprozentigen Menschen werden lässt.[132] Dass dies geschehen ist, sehen wir spätestens bei der Rückkehr in unsere eigene Kultur. Wir merken, dass wir dort nicht mehr ganz hineinpassen. Wir sind um viele Erfahrungen reicher, müssen uns aber wieder ganz neu auf die für uns nicht mehr ganz heimische Kultur einstellen.

Aufgelistet ist eine Auswahl möglicher Unterschiede der Kulturen:

Quadrat-Kultur	**Rund-Kultur**
Zeitorientiert	Erlebnisorientiert
Analytisches Denken	Holistisches Denken
Lineares Denken	Synthetisches Denken
Krisenorientiertheit	Gelassenheit

---

[132] Lingenfelter, Sherwood und Marvin Mayers, *Kulturübergreifender Dienst*, VLM, Lahr, S. 20-22

Zielorientiertheit	Personenorientiertheit
Leistung	Status
Mut zur Bloßstellung	Furcht vor Bloßstellung
Individualismus	Kollektivismus
Direktheit	Indirektheit
Schuldbewusstsein	Schambewusstsein
Niedriges Machtgefälle	Hohes Machtgefälle
Stille Anbetung	Laute Anbetung
Verstecken von Gefühlen	Zeigen von Gefühlen
Verbale Konfliktbewältigung	körperliche Austragung von Konflikten

In der weit angelegten Studie GLOBE[133] werden die Verschiedenheiten in Hoch-Kontext Kulturen und Niedrig-Kontext Kulturen eingeteilt. Hoch-Kontext Kulturen (Rundkultur), zu denen vor allem Animisten gehören, sind viel sensibler für alles, was um sie herum geschieht. Sie legen viel Wert auf Beziehungen, ihre Kommunikation ist indirekt und nonverbal, viele Dinge können auf einmal geschehen und haben einen Bezug zueinander, der Rang wird respektiert und Leitung ist meistens durch starke Kontrolle charakterisiert. Dies wirkt sich in allen Bereichen des Lebens aus. Und obwohl wir die gleiche Bibel haben, merkt man selbst in der Gemeindearbeit die kulturelle Verschiedenartigkeit und dass man in einer anderen Welt lebt.

Unter den Melanesiern wird der Gottesdienst erst angefangen, wenn die meisten Leute da sind. Zwischenzeitlich wird einfach gesungen. Vor allem, wenn es morgens geregnet hat, ist es selbstverständlich, dass der Anlass ungefähr eine Stunde später anfängt. Während unserer Einsatzzeit in der Hauptstadt, sagte ich einem Brautpaar zu, ihre Hochzeit zu halten. An dem geplanten Hochzeitstag waren fast alle Gäste schon in der Kirche,

---

[133] Die GLOBE-Studie (Global Leadership and Organizational Behaviour Effectiveness Research Program) ist eine groß angelegte empirische Studie (62 Kulturen) im Bereich der Kulturforschung (ist noch nicht abgeschlossen), die die Zusammenhänge zwischen „Nationalkulturen", Organisationskultur und Führung untersuchten.

nur die wichtigsten Leute fehlten, das Brautpaar. Es kam zwei Stunden zu spät, weil die Schwiegermutter erst an diesem Tag angereist war und sich verspätet hatte. Die Leute schienen sich nicht sonderlich aufzuregen, es bildeten sich kleine Gruppen im Saal und man fing an, miteinander zu plaudern. So etwas wäre undenkbar unter „Quadratköpfen". Die Veranstaltung dauert dann einfach so lange, bis das Programm durch ist.

In den Gottesdiensten geht es meistens auch etwas lauter zu als in westlichen Ländern. Ich persönlich fühle mich in einer würdevollen und nachdenklichen Atmosphäre eher wohl. Aber ich verstehe es, wenn meine Freunde aus der Rundkultur unsere Form als zu kalt und formell empfinden. Während einer ansprechenden Predigt hört man dort gelegentlich ein erstauntes Schnalzen mit der Zunge, oder wenn an einer Konferenz ein Prediger so richtig in Fahrt kommt, ist es nicht ungewöhnlich, wenn die Leute am Schluss klatschen, um ihre Zustimmung zu zeigen. Nach ein paar Jahren in der melanesischen Kultur, musste ich mich am Anfang des Heimataufenthaltes wieder daran gewöhnen, dass die Zuhörer in Deutschland fast regungslos dasitzen, was auf mich recht kühl wirkte. Kaum jemand macht einen Mucks, so dass ich mit dem Gedanken zu kämpften hatte, ob ich wohl irgendetwas falsch mache? Mit der Zeit merkte ich, dass das einfach der ganz normale Stil der Deutschen ist.

Auch in der Heranbildung von Leitungspersonen gibt es Unterschiede. Geht man zum Beispiel von einer Kultur aus, die Gott überwiegend als den transzendenten Herrscher sieht (Rundkultur), wird die Leiterschulung davon geprägt sein, dass ein hohes, autoritäres Machtgefälle besteht. Dem jungen Mitarbeiter wird nicht vollständig vertraut, der Lehrer weiß alles, und eine größere Distanz wird gewahrt, um den nötigen Respekt zu erhalten und Gehorsam zu gewährleisten. Es wird wenig Initiative von Seiten des Lernenden erwartet. Die Schüler begeben sich aus diesem Grund, und unterstützt durch einen fatalistischen

Glauben, in eine Art Opferrolle: „Ich weiß nichts, weil andere mich nicht gelehrt haben oder weil meine Eltern kein Schulgeld für mich bezahlen konnten. Andere werden mein Problem lösen müssen. Ich selbst kann das nicht."

Dagegen, wenn in einer Kultur das Gottesbild überwiegend davon geprägt ist, dass Gott ein persönlicher und liebender Gott ist (Quadratkultur), dann besteht ein niedriges Machtgefälle, die Rollen sind verwischt, Lehrer werden zu ermutigenden, freundschaftlichen Vaterfiguren und Lehrlinge sind viel mehr am Geschehen beteiligt. Allerdings besteht die Gefahr, dass keine klaren Maßstäbe mehr bestehen und die Lehrer nicht wagen, eine Richtung anzugeben. Der nötige Respekt könnte auch verloren gehen.

Die beste Weltanschauung

Kulturen kann man nicht in besser oder schlechter unterteilen. Jede Kultur hat ihre Stärken und Schwächen. Es ist immer wichtig, dass einem die Werte der eigenen sowie die der anderen Kultur bewusst sind. Sonst kann man die eigenen Werte zu leicht mit „christlich" verwechseln. Ich habe immer wieder festgestellt, dass die neuguineische Kultur der biblischen Kultur oft näher steht als die europäische, obwohl ich es vom Gefühl her eher andersherum gedacht hatte, denn wir leben doch im christlichen Abendland und sie im „fernen Heidenland". So würde man vielleicht noch öfter staunen, wenn man nur genau hinsehen würde. Aber eines ist sicher: Keine Kultur ist einwandfrei. Alle Kulturen müssen von Gott und den Werten seines Reiches durchdrungen, bewertet und neu ausgerichtet werden.

> Alle Kulturen müssen von Gott und den Werten seines Reiches durchdrungen, bewertet und neu ausgerichtet werden.

Miller plädiert für das theistische Weltbild, das auf dem Verhältnisdreieck zwischen Gott, dem Menschen und der Schöpfung aufgebaut ist, ungeachtet der Kultur. Diese Weltanschauung basiert auf der Tatsache, dass Gott eine Person ist, und dass er gut ist. Der Mensch ist ein einzigartiges Geschöpf, das zum Ebenbild Gottes geschaffen wurde und deshalb voller Würde, gleichzeitig jedoch auch durch die Sünde verdorben und verkehrt ist; er ist Individuum und zugleich in eine Gemeinschaft eingebunden. Die restliche Schöpfung ist zu Gottes und des Menschen Freude geschaffen worden und dem Menschen unterstellt, damit er als Haushalter die Erde bebaue und entwickle. Gott ist somit „Erstschöpfer" und der Mensch „Zweitschöpfer", natürlich nicht vom Wesen her Gott gleichgestellt, sondern nur ähnlich in der Kreativität im menschlich-möglichen Bereich. Dem Menschen wurde die Rolle von Gott übertragen, als Zweitschöpfer den Erstschöpfer nachzuahmen, um Leitung nach seinem Sinn zu gestalten.[134]

Diese absolute Mitte des Theismus versucht, ein gesundes Gleichgewicht herzustellen zwischen allen Extremen und macht Hoffnung wegen seines großen Potenzials, reife Leiter heranzubilden, egal mit welchem kulturellen Hintergrund. Dieses Gleichgewicht ist von einem Vertrauensverhältnis zwischen Lehrer und Schüler gekennzeichnet. Der Ausbilder geht als Vorbild voran, wird von den Nachfolgern respektiert, hat aber genug Demut, um auch vom Lehrling etwas zu lernen, weil er selbst auch noch nicht am Ziel angelangt ist, denn laut Paulus ist niemand vollkommen, unser Wissen ist Stückwerk (1. Korinther 13,9).

In diesem Sinne sollen Leiterentwickler sowohl ihre eigene Weltanschauung als auch die des Gastlandes kennenlernen. Sie sollen im Zwiegespräch bleiben, und sich dadurch gegenseitig ergänzen und bestärken. Dabei soll es vor allem darum gehen, dass sich beide Kulturen sich im biblischen Rahmen finden. So

---

[134] Miller, Darrow, *Wie sollen wir denn denken? Leitfaden für eine christliche Weltanschauung*, Asaph, Lüdenscheid, 2004, S. 75-220

werden sie ihr Denken immer mehr zur theistischen Weltanschauung hin verändern lassen.

Leiterschulung, die universell funktioniert

Ich habe auch darauf hingewiesen, dass die theistische Weltanschauung plausible Antworten in Bezug auf eine gesunde Zusammenarbeit und Leiterentwicklung gibt, denn Gottes Sicht über sich selbst, den Menschen und die Schöpfung entspringt seinem eigenen Herzen und ist nicht einer Kultur unterstellt.

Der Bildungsprofessorin, Marlene Enns, ist es meiner Ansicht nach gelungen, ein Modell zu schaffen, das einen universellen Charakter hat. Bei der interkulturellen Leiterentwicklung steht man in einer dynamischen Beziehung zu Gott, dem Lehrinhalt, den Personen und dem Kontext. Dabei müssen die Werte jeder Kultur von den Werten Gottes durchdrungen, bewertet und verändert werden.[135] Mehrere Autoren erwähnen, dass eine situative Führung angestrebt werden soll, denn je nach Bedürfnis der Gruppe und der Situation, muss entweder mehr der Lehrinhalt, die Personen oder der Kontext berücksichtigt werden. Auch der Missionswissenschaftler, James Plueddemann, schreibt, dass interkulturelle Leiter flexibel sein und sich den gegebenen Situationen anpassen müssen. Das kann z.B. heißen, dass sie unter nationaler Leitung einer anderen Kultur arbeiten.[136]

Es ist entscheidend, dass Lehrer und Ausbilder den Menschen ganzheitlich betrachten und nicht nur sein Denkvermögen. Holistische Entwicklung spricht den Verstand, die Gefühle, das Gewissen, das Verhalten und das geistliche Leben des Menschen

---

[135] Enns, Marlene, *Kultur Relevante Leiterentwicklung*: Sammlung von Material und Arbeitsblätter für den Unterricht ICL/ICS/ITE 6098, 2013, S. 83-84
136 Plueddemann, James, *Leading Across Clutures*, IVP Academic, Downers Grove, 2009, S. 152

an. Dieser soll eine Veränderung erleben in seiner Erkenntnis (Kopf), in seinem Sein (Herz) und in seinem Handeln (Hand).

Nach biblischen Prinzipien

Plueddemann empfiehlt, nicht nur einzelne Beispiele aus der Bibel zu verwenden, um bestimmte Methoden zu rechtfertigen, sondern Prinzipien aus der *ganzen* Schrift anzuwenden. Deshalb sollen interkulturelle Leiterentwickler darauf hin arbeiten, dass eine einheimische Gemeinde nicht nur selbsttragend, selbstverwaltend und selbstausbreitend ist, sondern auch „selbsttheologisierend". Das Wort „selbst" sollte dabei jedoch nicht überbetont werden. Eine gesunde Gemeinde braucht Leiter mit einem tiefen Verständnis der Schrift und der Fähigkeit, sie in der kulturellen Gegebenheit anzuwenden.[137]

> Eine gesunde Gemeinde braucht Leiter mit einem tiefen Verständnis der Schrift und der Fähigkeit, sie in der kulturellen Gegebenheit anzuwenden.

Missionswissenschaftler aus Afrika und Asien weisen daraufhin hin, dass dieses eher westliche Konzept der Eigenständigkeit durch das Bild des Leibes, wie in Römer 12 beschrieben, ergänzt werden sollte. Dann geht es nicht nur um „eure" versus „meine" Gemeinde, sondern um „unsere" globale Gemeinde, bei der nicht eine einseitige Abhängigkeit besteht, sondern gegenseitiges Teilen zum Tragen kommt.

Voneinander lernen

Das Ziel eines kulturübergreifenden Dienstes ist das Offenbarwerden der Herrlichkeit Gottes. Wir ehren Gott am meisten, wenn wir ihn widerspiegeln. Um Gott widerzuspiegeln, müs-

---

[137] Plueddemann, James, *Leading Across Clutures*, IVP Academic, Downers Grove, 2009, S. 56, 65

sen wir uns zu Christus-Ähnlichkeit hin verändern lassen. Da wir alle von einer gefallenen Schöpfung herkommen, ist auch die Kultur, in der wir leben, von Gott abgewandt. Wir können nicht davon ausgehen, unsere Kultur sei der Maßstab des Glaubens und Verhaltens und somit wirklich „christlich". Es muss deshalb durch Reflektion der eigenen Kultur und der Bereitschaft, Neues zu lernen, ein universeller, biblischer Weg gefunden werden. Lingenfelter weist darauf hin, dass im christlichen Kontext die verpflichtende Bundesgemeinschaft ein ideales Modell darstelle. Darin würden Menschen beider Kulturen trainiert, sich in den biblischen Werten von Respekt und Liebe zu üben, um damit gegenseitiges Vertrauen aufzubauen und einander zu dienen.[138]

> Darin würden Menschen beider Kulturen trainiert, sich in den biblischen Werten von Respekt und Liebe zu üben, um damit gegenseitiges Vertrauen aufzubauen und einander zu dienen.

Dazu ist aber eine offene Haltung nötig und die Bereitschaft, voneinander zu lernen. Salomo sieht die Notwendigkeit, dass verschiedene Ansichten vertreten werden: *„...wo aber viele Ratgeber sind, findet sich Hilfe"* (Sprüche 11,14 LÜ). In der heutigen globalen, multikulturellen Welt, wo Menschen aus verschiedenen Nationen in Organisationen zusammenarbeiten, ist eine Vielfalt von Ideen für effektive Reichgottesarbeit notwendig. In diesem Sinne müssen Leiter von einer Kultur bereit sein, etwas von ihrer überheblichen Ansicht zu „verlernen", damit sie Neues von Leitern einer anderen Kultur lernen können, wie es Alvin Toffler ausdrückt: „Die Analphabeten des einundzwanzigsten Jahrhunderts werden nicht diejenigen sein, die nicht lesen und schreiben können, sondern

> In diesem Sinne müssen Leiter von einer Kultur bereit sein, etwas von ihrer überheblichen Ansicht zu „verlernen", damit sie Neues von Leitern einer anderen Kultur lernen können.

---
[138] Lingenfelter, Sherwood, *Leading Cross-Culturally*, Baker Academic, Grand Rapids, 2008, S. 85-90

diejenigen, die nicht er*lernen, verlernen* und *wieder neu erlernen* können."[139]

Ralph Schubert zeigt in seiner Studie über verschiedene Leitungsstile auf, dass Führungspersonen von Tansania von westlichen Führungskräften unter anderem gerne Zeitmanagement lernen wollen. Auch an unseren Bibelschullehrerkursen in Papua-Neuguinea kam schon mehrmals die Anfrage, etwas über Zeitmanagement zu lehren, da die neuguineischen Lehrer an uns Europäern erkannt hatten, dass man dadurch ein größeres Arbeitspensum bewältigen könnte. Andererseits können westliche von afrikanischen Leitern lernen, ihren Nächsten wichtig zu nehmen und in Beziehungen zu investieren.[140] Es fällt uns als zeitorientierten Menschen eher schwer, vom Programm abzuweichen, um uns einem Menschen zuzuwenden, der unerwartet vorbeikommt, unangemeldet versteht sich. Sie sagen manchmal: „Ihr habt die Uhr, wir haben die Zeit." Menschen aus verschiedenen Kulturen müssen lernen, aufeinander zu hören, denn sie brauchen einander.

Während man in der Vergangenheit, besonders während der Kolonialzeit, oft zu wenig auf die Kultur des anderen geachtet hatte und mit Vorurteilen behaftet war, schwenkt das Pendel heute manchmal etwas zu weit auf die andere Seite – möglichst nah an die Kultur des anderen. Man achtet peinlichst genau darauf, ja niemanden vor den Kopf zu stoßen. Die Gefahr dabei ist aber, dass man gegenseitige Lernmöglichkeiten verpasst. Dort, wo Denkweisen und Praktiken vorhanden sind, die gegen Gottes Prinzipien verstoßen, soll keine Anpassung, sondern eine Kulturumwandlung angestrebt werden. Deshalb sollen wir so denken lernen wie Jesus, egal welche kulturelle Prägung wir ha-

---

[139] Dieser Satz stammt aus einer Sammlung von Materialen und Arbeitsblätter für den Unterricht von Marlene Enns im Fach *Kulturrelevante Leiterentwicklung* in Korntal, 2013.

[140] Schubert, Ralph, *Leadership and Partnership: A Dialogue between Western and Tanzanian Christian Leaders*, VTR Publications, Nürnberg, 2008, S. 203

ben. Jesus kam und veränderte die an ihn Glaubenden aus dem Judentum. Er verändert auch heute noch Kulturen durch seine Nachfolger.

Kulturgerechte Kommunikation

Um unvoreingenommen aufeinander hören zu können, braucht es Demut, Offenheit und Respekt. Da unsere Zunge, laut Jakobus, am schwierigsten zu kontrollieren ist, erwachsen die meisten Konflikte durch Missverständnisse in der Kommunikation. Daher ist es hilfreich, sich im Dialog mit Menschen aus anderen Kulturen diese einfachen Tipps zu vergegenwärtigen:

- Sprechen Sie langsam und deutlich.
- Wahren Sie körperlich eine gewisse Distanz. Zu nah herankommen kann je nach Kultur bedrohlich wirken.
- Tasten Sie ab, wie es mit dem Augenkontakt ist. Blicken Sie die andere Person nicht allzu streng an.
- Seien Sie jederzeit respektvoll. Ihr Gegenüber spürt, wenn Sie mit einer überheblichen Haltung kommen.
- Ihr Vokabular sollte einfach sein, benutzen Sie auch möglichst keine Abkürzungen.
- Hören Sie aktiv zu und wiederholen Sie Sätze, um sicher zu stellen, dass Sie verstanden haben.
- Seien Sie vorsichtig mit Humor, bleiben Sie dafür jederzeit freundlich. Ein Lächeln wirkt in jeder Kultur ansteckend.
- Stellen Sie die andere Person nicht bloß, vor allem nicht öffentlich!
- Erhalten Sie stets ein harmonisches Verhältnis zur Gruppe.
- Vermeiden Sie Fragen in der Negativform. Je nach Kultur wird entweder die einfache oder die doppelte Verneinung benutzt, was leicht zu Missverständnissen führen

kann. Z.B.: „Hast du heute noch nichts gegessen." „Ja."
Die andere Person bestätigt, dass sie noch nichts gegessen hat.
- Gehen Sie davon aus, dass Antworten nicht immer die Meinung des Gegenübers widerspiegeln. In manchen Gegenden gilt es als respektvoll, so zu antworten, wie der Gesprächspartner es gerne hören will.
- Schreiben Sie viel auf eine Tafel und nutzen Sie Anschauungsmaterial, wenn Sie einen Vortrag halten. Die Leute machen Notizen vom Gehörten. Geben Sie, wenn möglich, einen Handzettel weiter von ihrer Darbietung.

Trotz bester Absicht gibt es immer wieder Konflikte durch Missverständnisse. Schade wäre, wenn die Fronten verhärtet und die Gemeinschaft und Zusammenarbeit dadurch gestört würde. Als Christen haben wir etwas, das uns verbindet. Wie wohltuend ist es, wenn man sich trotz Unterschiedlichkeit am Kreuz treffen kann. Dort erleben wir Einigkeit, die bis in die Ewigkeit hineinreicht.

Der Weg des Kreuzes

In einer Auseinandersetzung mit dem Pastor vor Ort wurde mir klar, dass es oftmals nicht um Logik, sondern um Respekt und Anerkennung geht. Vor einer Konferenz empfahl ich, das große Zelt quer hinter dem Gemeindehaus aufzustellen, damit die Leute die Predigten besser verstehen könnten. Der Pastor hingegen befahl den Leuten, es der Länge nach hinzustellen. Wir gerieten aneinander. Alle Versuche, mit Logik etwas zu erreichen, waren vergeblich. Das Resultat: unser Verhältnis war gestört und wir waren innerlich nicht auf die Konferenz vorbereitet. Vor der ersten Veranstaltung entschuldigte ich mich bei ihm – gegen alle Argumente, die dafür gesprochen hätten, das Zelt quer zu stellen, wenigstens nach meiner Meinung. Nun war die

Beziehung wieder hergestellt und wir erlebten eine gesegnete Konferenz. Es war für mich nicht einfach, auf ihn zuzugehen, denn ich fühlte mich hintergangen. Er hätte die Sache doch mit mir besprechen können... Ich habe nie herausgefunden, warum er das Zelt unbedingt der Länge nach aufstellen wollte.... Aber ich musste mir eingestehen, dass es in diesem Fall nicht wichtig war, Recht zu behalten.

> Oft sind „Quadratköpfe" so stark auf die Sachebene fixiert, dass sie nicht merken, wenn sie über Leichen gehen und zu einem Beziehungskiller werden.

Ich merkte bald, dass ich als „Quadratkopf" unter „Rundköpfen" arbeite und die Denkweise oft recht unterschiedlich sein kann. Oft sind „Quadratköpfe" so stark auf die Sachebene fixiert, dass sie nicht merken, wenn sie über Leichen gehen und zu einem Beziehungskiller werden. Kulturelle Unterschiede sind manchmal so groß, dass eine Zusammenarbeit eine enorme Herausforderung darstellt.

Der Weg des Kreuzes hilft uns, bei wichtigen Angelegenheiten an unserer Überzeugung festzuhalten und bei sekundären Dingen unser Recht und unsere Meinung dranzugeben. Es muss unser Anliegen sein, die andere Person zu gewinnen und eine harmonische Beziehung zu erhalten. *„Die Frucht des Gerechten ist ein Baum des Lebens, und ein Weiser gewinnt die Herzen"* (Sprüche 11,30 LÜ 1912).

> Der Weg des Kreuzes hilft uns, bei wichtigen Angelegenheiten an unserer Überzeugung festzuhalten und bei sekundären Dingen unser Recht und unsere Meinung dranzugeben.

Es ist eine ganz normale Reaktion, dass Menschen durch Hartherzigkeit auf Distanz gehen, während ein offenes „Es tut mir leid, dass ich so sehr auf meiner Meinung beharrte" das Eis zum Schmelzen bringt. Meistens geht es nicht um allzu wichtige Angelegenheiten, für die man kämpfen muss. Der einzige Weg, frei von irgendwelcher kulturellen Voreingenommenheit zu sein liegt im Kreuz.

"Dann sagte er zu der Menge: „Wenn einer von euch mit mir gehen will, muss er sich selbst verleugnen, jeden Tag aufs Neue sein Kreuz auf sich nehmen und mir nachfolgen. Wer versucht, sein Leben zu retten, wird es verlieren. Aber wer sein Leben für mich aufgibt, wird es retten. Was nützt es, die ganze Welt zu gewinnen, aber dabei an der eigenen Seele Schaden zu nehmen oder sie zu verlieren?" (Lukas 9,23-25).

Alle Spielregeln in der Familie, Gesellschaft und Kultur erblassen im Licht des Kreuzes und müssen dem Wichtigsten Platz machen: der Verwandlung in das Bild von Jesus Christus. Das Bild des Kreuzes von Jesus sollte in der Kultur heraus leuchten und das Leben der globalen Gemeinde formen. Kulturelle Veränderung geschieht dann, wenn die Christen in Gottesfurcht und im Licht des Wortes Gottes wandeln, wenn sie als Jünger Jesu unterwegs sind. Es geht dabei nicht um Selbstverwirklichung, sondern um Christus-Verwirklichung.[141]

Ausblick

Gottes Absicht, seinen Heilsplan zu vollenden, ist mit unserem Gehorsam dem Auftrag Jesu gegenüber verbunden, allen Menschen seine Gute Nachricht zu bringen.

Die ersten Jünger mussten zu Fuß losziehen. Sie erlebten zwar den Schutz des Römischen Reiches, konnten aber nicht bei jeder Unannehmlichkeit schnell mal zurück fliegen. Wir haben heute Autos und Flugzeuge, Facebook und WhatsApp. Das Internet hat uns so vernetzt, dass wir per Mausklick mit der immer kleiner werdenden Welt in Verbindung sind. Wir haben keine Entschuldigung, die Welt nicht mit der guten Nachricht zu erreichen. Wir sind gefordert, global zu denken und lokal zu handeln.

---

[141] Gedanken entnommen aus: Lingenfelter, Sheerwood, *Transforming Culture*, Baker Books, Grand Rapids, 2004, S.172-173

Auch beim kulturübergreifenden Dienst geht es darum, dass Gott verherrlicht wird, nämlich dadurch, dass Menschen aus allen Nationen Christus-ähnlich werden. Es war in der ganzen Menschheitsgeschichte noch nie einfacher, die ganze Welt mit dem Auftrag Gottes zu erreichen. Dies tun wir in einer vernetzten, globalen Welt mit einem bunten Strauß von Kulturen. Nutzen wir die Möglichkeiten?

Plueddemann schreibt dazu: „Die ganze Schrift weist auf den herrlichen Endpunkt hin, wo Christus-ähnliche Menschen aus allen Nationen ein neues Lied zum Lob Gottes singen werden."[142] Je mehr wir zur Christus-Ähnlichkeit hinwachsen, umso mehr entfernen wir uns von der Begrenztheit der eigenen Kultur, während dem wir uns die Stärken der verschiedenen Kulturen zunutze machen.

Ich stelle mir vor, dass Leiter aus Quadrat- und Rundkulturen gegenseitig ihre Andersartigkeit akzeptieren und im gegenseitigen Vertrauen froh zusammenarbeiten. So wachsen sie gesund und können die andersartigen geistlichen Früchte des anderen genießen.

Es ist gewaltig, dass eine solche Zusammenarbeit schon jetzt möglich ist, aber vollendet wird sie dann beim Anbruch des ewigen Reichs, wie es Johannes in seiner Vision sah:

> *"Danach sah ich eine riesige Menschenmenge – viel zu groß, um sie zählen zu können – aus allen Nationen und Stämmen und Völkern und Sprachen vor dem Thron und vor dem Lamm stehen. Sie waren mit weißen Gewändern bekleidet und hielten Palmzweige in ihren Händen"* (Offenbarung 7,9).

---

[142] Plueddemann, James, *Leading Across Clutures*, IVP Academic, Downers Grove, 2009, S.48

Tiefer wurzeln

1. Nennen Sie Menschen aus anderen Kulturen, die in Ihrem Umfeld sind.

2. Welche Unterschiede in der Anschauung und im Verhalten haben Sie festgestellt?

3. Was können Sie von dieser Person und ihrer Kultur lernen?

4. Welche ist nach Ihrer Ansicht die beste Weltanschauung?

Zukunftsorientiert leben – als Eltern dienen

Ich war gerade dabei, ein großes Stück Rasen auf unserem Gelände zu mähen, als mein damals dreijähriger Sohn Ben meinen Trott durchbrach. Angezogen mit Hut und Stiefel, beobachtete er mich schon eine Zeit lang und durfte sogar mit meiner Hilfe den Rasenmäher zwischendurch einmal anmachen, was ihm natürlich gefiel. Auf einmal kam er wieder auf mich zu gerannt und machte Handzeichen, dass er etwas ganz Wichtiges zu sagen hätte. Ich dachte, er wolle vielleicht wegen der Hitze etwas zu trinken oder so. Nachdem der Motorenlärm verklungen war, beugte ich mich zu ihm hinunter. Da sagte er ganz treuherzig: „Es ist gut, dass du den Rasen mähst", und deutete gleichzeitig mit der Hand auf die gemähte Fläche. „Das freut mich, dass du das gut findest. Ich hab dich gern", gab ich ihm zur Antwort. Seine letzten Worte, bevor ich ihn an mich drückte und er wieder verschwand, waren: „Ich hab dich auch gern." Diese kurze Episode dauerte nur ein paar Sekunden, sie hat mich aber enorm ermutigt. Während ich weiter mähte, sann ich über meinen Auftrag nach, meinen Sohn zu prägen. Nichts in der Welt ist wertvoller, als in das Leben eines Menschen zu investieren.

> Nichts in der Welt ist wertvoller, als in das Leben eines Menschen zu investieren.

Als Eltern haben wir die Möglichkeit bekommen, unsere Kinder ungefähr zwanzig Jahre lang zu begleiten. Was säen wir? Es liegt in der Natur des Baumes, sich zu reproduzieren. Ich bin immer wieder überwältigt, wie verschwenderisch Bäume im Frühjahr blühen. Manche sind so mit Blüten übersät, als ob sie noch die letzte Chance bekommen hätten, sich zu vervielfältigen. Und es ist sonnenklar: was der Baum von sich gibt, das wird in der Folge auch weiter wachsen – aus Apfelbäumen entstehen Apfel-Jungbäume, keine Birnbäume. Was gesät und gepflanzt wurde, das wird dann auch geerntet.

Kinder sind wertvoll

„Nachhaltigkeit" ist ein Modewort geworden. Sei es in der Wirtschaft, in der Entwicklungs- oder der Umweltpolitik; überall sucht man nach Lösungen, die für eine längere Zeit eine anhaltende oder bleibende Wirkung haben. Es liegt auf der Hand: Wer bereit ist, Kinder aufzuziehen, investiert in unsere Zukunft. Und wer es einigermaßen gut macht, trägt in der höchsten Form zur Nachhaltigkeit der Gesellschaft bei.

Umso erstaunlicher ist es, dass Deutschland zu den Ländern mit den geringsten Geburtenraten gehört, zumindest was die Menschen mit deutscher Abstammung betrifft. Es liegt mir fern, mich in jemandes Familienplanung einzumischen oder in irgendeiner Weise ungewollt kinderlose Paare, Singles oder sogar arbeitende Mütter kritisieren zu wollen. Viele sind traurig, gerade weil sie keine Kinder haben. Ich kann sie verstehen, denn Kinder sind ein großer Reichtum. Leider gibt es aber immer mehr Menschen in unserer Gesellschaft, die nicht heiraten, weil sie ihre Freiheit nicht aufgeben wollen oder auch Ehepaare, die aus Bequemlichkeit keine Kinder oder nur ein Kind haben *wollen*. Hier spielt aber nicht nur die eigene Einstellung eine Rolle, sondern auch die gesellschaftliche Prägung. Wer den gesellschaftlichen Standard der Kinderzahl überschreitet, muss damit rechnen, schräg angeschaut zu werden, auch wenn der Staat verzweifelt versucht, eine höhere Nachwuchsrate zu fördern. Jemand sagte einmal sinngemäß: „Der einzige Weg, andere dazu zu animieren, mehr Kinder zu haben, ist, Kinder in seinem Umfeld zu haben." Wer keine Kinder um sich herum hat, hat auch weniger den Wunsch, selbst (mehr) Kinder zu haben. Wenn dagegen in der Umgebung Kinder sind und immer wieder ein neues Baby geboren wird, weckt das den Mutter-/Vaterinstinkt und es wächst die Bereitschaft und der Wunsch, selbst Kinder zu haben. Da müsste der Staat vielleicht ein bisschen umdenken und seine Strategien dieser Tatsache anpassen. Wir müssen vom Wirtschaftsdenken wegkommen, und uns wieder mehr auf bleibende Werte besinnen. Wir legen in der westlichen Welt immer mehr Wert auf Dinge und immer weniger Wert auf Menschen. Wir meinen, uns alles leisten zu können, nur nicht Kinder. Ein Sprichwort sagt: „Kinder sind ein teurer Spaß, den sich vorwiegend die Armen leisten." Doch Psalm 127,3 tröstet: *„Kinder sind eine Gabe Gottes!"* Was nützt uns Wohlstand und Karriere, wenn dadurch ältere Menschen ohne Enkel bleiben und die Gesellschaft verarmt? Manche wollen keine Kinder, weil sie die Kosten sehen und nicht den Wert. Bei den Chinesen gibt es ein Sprichwort: „Wer Geld, aber keine Kinder hat, ist nicht wirklich reich; wer jedoch Kinder hat, aber kein Geld, ist nicht wirklich arm."

> Wir legen in der westlichen Welt immer mehr Wert auf Dinge und immer weniger Wert auf Menschen.

Manche Untersuchungen haben ergeben, dass die politisch motivierte Investition in mehr Kindergeld (sie ist sicher wichtig) und die Förderung von Tagesstätten keinen Babyboom ausgelöst hat. In der politischen Debatte geht es meist darum, wie Eltern, vor allem Mütter, schnellstmöglich wieder in den Beruf einsteigen können. Käthi Kaufmann, die Vorsitzende der Schweizer „Interessengemeinschaft Familie 3plus" appelliert, den Denkansatz „Wie baue ich meine Familie um die Karriere herum?" zu ändern in „Wie kann man eine Karriere um die Kinder herum bauen?" Wenn es kein Umdenken in der Mentalität des Volkes gibt hin zu göttlich-schöpferischen Werten, wird die Geburtenrate kaum steigen können. Hauptgründe für die niedrige Kinderzahl sind vermeintlich hohe Kosten von Kindern, Angst vor dem Verlust der eigenen Unabhängigkeit, Sorge um die Karriere und Unsicherheit in der Partnerschaft.

Ich sitze während eines Aufenthaltes in Deutschland mit meiner Frau im Elternabend des Kindergartens als uns die Möglichkeit der Frühbetreuung offeriert wird. Eine Mutter – ihr einziger Sohn ist knapp zwei Jahre alt – ist begeistert: „Sehr gut, dann kann ich bald wieder arbeiten gehen." Beim Zuhören frage ich mich, ob sich unser Wertesystem nicht in die falsche Richtung verschoben hat? Wir nehmen es für selbstverständlich, wenn eine Mutter mit kleinen Kindern sagt: „Ich habe ja seither auf Karriere verzichtet." Gibt es denn eine größere Karriere, als Kindern erfolgreich ins Leben zu helfen? Kinder werden sich nicht wegen materiellen Dingen an uns erinnern, die wir ihnen gaben, sondern aufgrund des Empfindens, dass wir sie wertgeschätzt und ins Leben begleitet haben. Charles Swindoll sagt: „Jeden Tag machen wir Einzahlungen auf den ‚Erinnerungsbanken' unserer Kinder."

Ich habe mich oft schlecht gefühlt, weil ich meinen Kindern nicht viel materielle Güter hinterlassen kann. Sie sagen mir jedoch, dass die besten Geschenke diese seien, wie z.b. gemeinsam mit ihnen etwas zu unternehmen, sei es eine kurze Radtour, ein Picknick mit nur einem Kind, oder zusammen im Baumhaus für eine Stunde zu plaudern. Das sind die besten Geschenke, wo sie Papa oder Mama für eine gewisse Zeit für sich alleine haben. „Bei dem Versuch, den Kindern das zu geben, was wir selbst *nicht* hatten, vergessen wir manchmal, den Kindern zu geben, was wir hatten" (Connie Podesta).

Gemeinsame Unternehmungen schweißen die Familien zusammen und bleiben in bester Erinnerung bei den Kindern, oft gerade dann, wenn nicht alles nach Plan läuft. Wenn es uns z.b. beim Zelten rein regnet oder wir uns bei einer Tour verlaufen und uns deshalb durch das Dickicht kämpfen müssen. Das sind Abenteuer, die die Kinder nie vergessen. Klar, es ist natürlich einfacher, sie mit einem teuren Spielzeug oder einem Computerspiel abzufertigen, weil das uns wunderbar ruhige Momente verschafft. Man könnte es eine Art Beruhigungspille der Erwachsenen für die Kinder nennen, oder die elektronische Oma. Aber die Langzeitwirkung solcher Beschäftigungen macht mir Sorgen, denn, diese werden sie im Innersten auf Dauer nicht wirklich befriedigen – eben nicht nachhaltig. Sie lernen, Ersatzbefriedigungen zu suchen oder wenigstens zu akzeptieren. Sie suchen Liebe und Zuwendung, wir geben ihnen Ablenkung und „Spaß". Ich habe nichts gegen einen zeitlich begrenzten Computerspiel- oder Filmkonsum. Es sollte vor allem dem Kind dienen und nicht den Eltern.

Um Mutter und Vater zu sein, muss man nicht unbedingt biologische Kinder haben. Die Welt ist voll von emotionalen und geistlichen Waisenkindern, Kindern die durch Verletzungen und Ablehnung an den Rand der Gesellschaft gedrängt worden sind und Heilung bedürfen. Auch in der Gemeinde Gottes gibt es entwurzelte junge Menschen, die von niemandem betreut werden. Sie brauchen Menschen, denen sie sich zugehörig fühlen. Sie müssen von reifen Christen in der Schrift unterwiesen und ermutigt werden. Sie brauchen geistliche Vater- und Mutterfiguren, die ihnen dabei helfen, im Herrn zu wachsen – Vorbilder, die ihnen vorangehen.

> Vater im Herrn zu sein, beschränkt sich nicht auf Pastoren und solche, die in einem „Amt" sind. Es sind reife Menschen, die von Herzen das Verlangen haben, sich anderer anzunehmen.

Paulus erwähnt, dass die Korinther genug Lehrer hätten, aber zu wenig Väter (1. Korinther 4, 15). Vater im Herrn zu sein, beschränkt sich nicht auf Pastoren und solche, die in einem „Amt" sind. Es sind reife Menschen, die von Herzen das Verlangen haben, sich anderer anzunehmen. Väter und Mütter sind im Herrn zur Ruhe gekommen und leben aus einer Tiefe an Lebenserfahrung durch den Dienst. Johannes erwähnt den Prozess, den jeder Christ durchgehen sollte, von Kind zum Jugendlichen zum Vater (1. Johannes 2,13). Mehr denn je sind solche reifen Väter und Mütter gefragt, die ihr Heim für suchende und verletzte Kinder und Jugendliche öffnen.

Sich Zeit nehmen

Ein kleiner Junge saß mit seinem Vater im Wohnzimmer und versuchte von Zeit zu Zeit die Aufmerksamkeit seines Vaters auf eine Zeichnung zu lenken, die er in der Schule angefertigt hatte. Ab und zu versuchte er auch, ihn für eine Geschichte über seine Erlebnisse an diesem Tag zu interessieren. Aber wie so oft sagte sein Vater auch an diesem Abend zu ihm: „Nicht jetzt, Sohn. Ich bin beschäftigt. Lass mich bitte in Ruhe diese Papiere lesen. Ich spiele mit dir, wenn ich fertig bin." Der Junge wartete wie an den meisten Abenden geduldig, aber vergeblich.

Schlussendlich sagte der Sohn: „Papa, darf ich dir eine Frage stellen?" Worauf der Vater antwortete: „Oh, natürlich, wenn ich dann endlich fünf Minuten meine Ruhe habe!" „Wie viel verdienst du pro Stunde?" Der Vater war empört. „Was ist das denn für eine unverschämte Frage?" sagte er. „Das geht dich doch überhaupt nichts an!" Der Junge ließ den Kopf hängen. „Entschuldige Papa, ich wollte dich nicht verärgern." Nach einer Weile wurde der Vater aber doch neugierig: „Warum willst du das eigentlich wissen?" Der Junge gab ihm aber keine Antwort, er schaute ihn nur mit bittenden Augen an. Schließlich sagte der Vater: „Ok, wenn du es wissen musst, ich verdiene 40 Euro pro Stunde und arbeite sehr hart dafür." Mit einem Lächeln antwortete der Junge: „Danke Papa, ich bin froh, dass du es mir gesagt hast." Nach ein paar Tagen, der Vater hatte den Vorfall schon wieder vergessen, kam ihm sein Sohn schon an der Haustür entgegen. Etwas schüchtern, aber doch mit einem erwartungsvollen, oder vielleicht auch hoffnungsvollen Blick schaute er seinen Vater an und sagte: „Nun Papa, hier habe ich 40 Euro ... ich habe mich gefragt", stammelte er „... kann ich mir eine Stunde nur für uns beide kaufen?" Der Vater war geschockt. Er nahm seinen kleinen Sohn in die Arme und bat ihn um Vergebung.

Väter – und dazu gehöre ich auch – denkt Ihr, dass wir auf unserem Sterbebett auch nur einer Stunde nachtrauern werden, die wir versäumt haben, im Büro zu verbringen? Wohl kaum. Genauso wenig werden wir die Stunden bereuen, die wir mit unseren Kindern verbracht haben. Obige Geschichte soll uns immer wieder daran erinnern, wie wertvoll die Zeit mit unseren Kindern ist. Besonders die Väter sollten immer wieder ermutigt werden, ihre Verantwortung als geistliche Leiter der Familie zu übernehmen. Wer ist verantwortlich für die Erziehung, die Andachten, das Wohlergehen der Kinder? Gewiss, auch die Mutter ist voll gefragt, aber laut der Bibel trägt der Vater die Hauptverantwortung. Kinder zählen auf ihre Papas, dass sie ihren Mann stellen und nicht einfach davonlaufen, wenn es schwierig wird. Väter leiten mit ihrem Vorbild und opfern ihr Leben für die Familie. Wir wollen uns immer wieder daran erinnern, Dinge nicht wichtiger zu nehmen als Menschen, besonders diejenigen, die uns nahe stehen. Lassen wir nicht zu, dass die Zeit einfach verrinnt. Genießen wir die Zeit mit unseren Kindern so gut wir nur können. Viel zu schnell sind sie ausgeflogen.

Wir lesen in der Bibel von großen Persönlichkeiten, die viele Menschen erfolgreich führten, ihre eigenen Kinder jedoch dabei verloren. Samuel, einer der großartigsten Leiter im Alten Testament, war nicht imstande, seine eigenen Söhne zu rechtschaffenen Männern zu erziehen. „Deine Söhne sind nicht wie du", war die traurige Feststellung des Volkes. Deshalb kam der Wunsch in den führenden Männern Israels hoch, das gottgewollte, theokratische System zu verlassen und eine Monarchie einzusetzen, so wie alle anderen Völker sie hatten (1. Samuel 8,1-5). Könnte es sein, dass Samuel so beschäftigt war, das Volk zu richten, dass er es versäumte, seine eigenen Söhne zu „richten"?

David war Israels erfolgreichster König, aber er vernachlässigte leider seine Kinder und musste die Folgen davon im eigenen Leben bitter spüren. Denken wir nur an Amnon, Absalom, Adonia, ...

Die Geschichte zeigt, dass es unzählige Menschen gab, die in der Politik, im Geschäftsleben und in der Kirche großartige Leiter waren, aber ihre Kinder nicht gut betreuten. Leider verlieren diese begabten Menschen ihre Fähigkeiten, Menschen zu leiten, sobald sie zu ihrer Familie heimkehren. Paulus greift dies auf, indem er an Timotheus schreibt, nur Leiter für die Gemeinde zu wählen, die ihre Kinder gut erzogen hatten (1. Timotheus 3,4). Es sollte uns bewusst werden, dass es keine größere Leitungsverantwortung gibt als Eltern zu sein. Und in keiner anderen Rolle haben wir so einzigartige Möglichkeiten und Chancen, verantwortungsbewusste Menschen heranzuziehen. Deshalb sollte dieses Thema in Büchern über Leiterschaft nicht fehlen. Mit welchen jungen Mitarbeitern verbringt man schon fast 24 Stunden am Tag, zumindest in den ersten Jahren und ca. 20 Jahre lang? Jesus hatte für seine Jünger nur drei Jahre Zeit. Aber er hat sie trotzdem sehr stark geprägt.

> Die Geschichte zeigt, dass es unzählige Menschen gab, die in der Politik, im Geschäftsleben und in der Kirche großartige Leiter waren, aber ihre Kinder nicht gut betreuten.

Mordechai pflanzte gute Werte in Esthers junges Leben, so dass sie dann sogar in feindlicher Umgebung diesen Grundsätzen treu blieb. Auch Timotheus wurde von seiner Mutter und Großmutter gut erzogen. Selbst Jesus, der selber keine Kinder hatte, nahm sich Zeit für Kinder, die zu ihm gebracht wurden, zum Erstaunen seiner Jünger.

Das Herz von Kindern ist wie ein Tank, der immer wieder gefüllt werden muss. Meine Tochter schnappte diesen Gedanken eines Tages auf. Seither kommt sie immer wieder auf meinen Schoß und sagt: „Ich muss mein Tänkle füllen." Wie können wir diesen Liebestank füllen?

- Bei ihren manchmal langfädigen Geschichten aufmerksam zuhören.
- Bei guter Leistung mit dem Lob nicht knauserig sein, vor allem, wenn etwas unaufgefordert erledigt wurde.
- Ein gesundes Selbstwertgefühl in den Kindern aufbauen. Dem Jungen vermitteln, dass er geliebt und wertvoll ist, auch wenn er nicht gute Noten heimbringt. Der Tochter immer wieder bezeugen, dass sie hübsch ist und nicht den Idealbildern in Zeitschriften und Werbung nachjagen muss.
- Diesen Satz immer wieder sagen: „Ich hab dich lieb."
- Mit Körperkontakt nicht sparen. Wann haben Sie das letzte Mal ihren kleinen, schmuddeligen Jungen in die Arme genommen?
- Geschichten vorlesen.
- Kinder lieben es, wenn wir mit ihnen spielen. Dabei dürfen wir gerne auch mal wieder ein bisschen „Kind" werden. Papa darf mit den Jungs ruhig etwas herumbalgen. Mama muss dabei nicht unbedingt zuschauen.
- Bei Konflikten nie zulassen, dass die Beziehung leidet. Lieber um der Beziehung willen weniger verlangen und etwas nachlässiger sein, als Fronten zu stärken.
- Wenn möglich sollte mindestens eine Mahlzeit am Tag gemeinsam mit der Familie eingenommen werden.
- Junge Menschen müssen eingebunden werden. Wir dürfen nicht zulassen, dass sie herumhängen. Sie brauchen sinnvolle Beschäftigung z.B. in der Sportgruppe, durch das Üben eines Musikinstrumentes oder in der Versorgung von Haustieren.
- Kinder zu Bett bringen, ermöglicht einem, in die Seele der Kinder zu schauen. Ein „offenes Fenster" für tiefere Gespräche findet man oft in dieser Zeit. Ein Papa, der zu

beschäftigt ist im Büro oder vor dem Fernseher, wird die Freude verpassen, die seine Tochter ihm gibt, wenn sie sein Gesicht in ihren sanften, kleinen Händen hält, über seine Stoppeln streicht und ihm einen Gutenacht-Kuss gibt.

- Vor dem Einschlafen schicke ich oft ein Gebet zu Gott: „Herr, über alles in der Welt, lass mich ein guter Ehemann und ein guter Papa sein. Es gibt nichts Wichtigeres als das!"

Wir dürfen aber auch folgendes nicht unterschätzen: den emotionalen Tank der Kinder füllt man vor allem dadurch, dass wir als Eltern eine harmonische Ehebeziehung haben. Wahrscheinlich ist dies eines der größten Geschenke an die Kinder überhaupt. Dabei leben die Eltern den Kindern eine gesunde Ehe vor und zeigen ihnen, dass ein friedvolles Zusammenleben möglich ist. Sie haben keine Angst, kleinere Konflikte vor den Kindern auszutragen, weil die Kinder dadurch lernen, wie man Konflikte löst. Sie bestätigen sich gegenseitig in der Gegenwart der Kinder in einer freundschaftlichen Weise. Kinder schauen vergnügt zu, wenn Mama und Papa sich in den Arm nehmen, da fühlen sie sich sicher und geborgen und manchmal drücken sie sich dazwischen, um möglichst nah dabei zu sein.

Kinder folgen uns

Unsere Kinder werden das, was wir sind. Deshalb sollten wir das sein, von dem wir wünschen, dass sie es werden sollen. Was halten Sie von der Aussage eines Vaters an seinen Sohn: „Du sollst nicht meinen Taten folgen, sondern meinen Worten."? Wenn man selber Kinder hat, ist man oft erstaunt – oder sogar schockiert – wie genau sie einen nachmachen und gleich sein wollen. Unsere Einstellung überträgt sich oft eins zu eins auf unsere Kinder. Wenn wir am Tisch negativ über Leute aus unserem

> Bevor wir den Kindern gutes Benehmen lehren, müssen wir es zuerst selber praktizieren, sonst sind unsere Worte bedeutungslos.

Umfeld reden, werden sie das letztendlich auch tun. Sie werden wenig Respekt für ihre Lehrkraft aufbringen, wenn wir in ihrem Beisein über sie herziehen. Bevor wir den Kindern gutes Benehmen lehren, müssen wir es zuerst selber praktizieren, sonst sind unsere Worte bedeutungslos.

Ein besonderer Appell an uns Väter: Es ist erstaunlich, wie Kinder uns als Vorbilder nehmen, wenn sie sich Gott vorstellen. Wenn wir als Christen zu Gott „Vater" sagen, liegt es einem Kind natürlich nahe zu denken, dass er so ähnlich sein muss wie der leibliche Vater. Welch große Verantwortung tragen wir hierin, ein gutes Bild von einem Vater zu vermitteln, indem wir Väter und auch Mütter nach Gottes Herzen sind! Bringen wir unseren Kindern bedingungslose Liebe entgegen? Haben wir Zeit für ihre in unseren Augen belanglosen Fragen? Sind wir bereit, Opfer zu bringen? Kinder sehen an uns, wie unsere Beziehung zu Gott ist, ob sie von einer Gesetzlichkeit oder von Gottvertrauen geprägt ist. Sie beobachten, wo Mama mit ihren Sorgen hingeht und wie sie in Stresssituationen reagiert. Sie wollen wissen, welche Lösungen Papa bereit hat, wenn er in Schwierigkeiten gerät. Wird er irritiert, wütend, explodiert er oder legt er die Sache vertrauensvoll in Gottes Hand? Wie geht er mit Mama um? Sind länger anhaltende Konflikte mit dem Ehepartner für ihn ein Grund, einfach wegzulaufen und die Familie sitzen zu lassen? Was lernen Kinder von einem solchen Verhalten?

Leider vergessen viele Väter, was für einen Einfluss sie auf ihre Kinder haben. In John Maxwell's Buch *Developing the Leader Within You* wird die Geschichte eines jüdischen Jungen nacherzählt, der in Deutschland aufwuchs. Immer bewunderte er seinen Vater, der seinen jüdischen Glauben ernst nahm und die Familie regelmäßig mit zur Synagoge nahm. Der Junge war schon Teenager, als die Familie gezwungenermaßen in eine andere Stadt ziehen musste, wo es keine Synagoge gab. Es gab nur eine Lutherische Kirche. Alles drehte sich um diese Kirche und die vornehmsten Leute aus der Stadt gehörten dazu. Plötzlich brach der Vater mit dem Judentum ab und gab der Familie bekannt, dass sie nun nur noch in die Lutherische Kirche gehen würden. Es gab dort bessere geschäftliche Möglichkeiten. Der Junge war total verwirrt. Seine tiefe Enttäuschung schlug in Ärger und Verbitterung um gegen alles, was mit Religion zu tun hatte. Später studierte er in England und man fand ihn oft im „British Museum", wo er an einem Buch schrieb, das die Welt verändern sollte. Darin beschreibt er Religion als „Opium für das Volk". Seine Ideen wurden zum Lebensinhalt für Millionen von Menschen. Sein Name ist Karl Marx. Die Geschichte wurde bedeutend beeinflusst, weil ein Vater sich wegen geschäftlicher Interessen seines Glaubens und seiner Werte rauben ließ. Was für eine Tragik mit weitreichenden Folgen!

> Als geistliche Leiter haben wir den Auftrag bekommen, unsere Familie dorthin zu führen, wo Gott uns haben will.

Als geistliche Leiter haben wir den Auftrag bekommen, unsere Familie dorthin zu führen, wo Gott uns haben will. Obwohl wir uns am Erfolg im Beruf freuen, empfinden wir es als noch viel befriedigender, geistliche Reife in unseren Familien zu fördern.

Auf einer Konferenz für Pastoren kam nach einem Vortrag ein gut aussehender junger Mann in Tränen aufgelöst auf den Redner zu. Er erzählte, dass er vor fünf Jahren mit einem halben Dutzend Leuten eine neue christliche Gemeinde gegründet hatte. Nun, nach fünf Jahren, blühte die Gemeinde, und die Zahl der Anwesenden überstieg achthundert. Aus der Sicht des Gemeindebaus war dies ein enormer Erfolg. Aber unter Tränen erklärte er, dass als er anfing, über die Gründung einer Gemeinde nachzudenken, ihn seine Frau angefleht hatte, es nicht zu tun. Sie warnte ihn mit den Worten: „Ich weiß, wie du bist. Du bist ein getriebener Mensch. Du wirst deine ganze Kraft in die Gemeinde investieren, damit sie wächst, und dabei deine Familie verlieren." Der junge Pastor hatte diese Möglichkeit vehement verneint, denn er schätzte seine Familie. Unter Tränen gab dieser gebrochene Pastor zu: „Sie hatte recht! Wie konnte es je so weit kommen?" Zwei Wochen vorher hatte ihm seine Frau sanft gesagt, er könne seinen Weg mit der Gemeinde weitergehen und sie und die Kinder würden ihren Weg gehen. Er opferte die wertvollste menschliche Beziehung des Wachstums seiner Gemeinde willen. In diesem Moment der schmerzlichen Selbsterkenntnis hätte der junge Mann am liebsten seinen ganzen „Erfolg" eingebüßt, um die innige Gemeinschaft mit seiner Familie, die er einst genossen hatte, zurückzugewinnen.[143]

Liebe und Erziehung

Kaum jemand nimmt gerne die Feder in die Hand, um Weisheiten über Kindererziehung weiterzugeben. Wohl jeder von uns fühlt sich in diesem Bereich zumindest zeitweise überfordert und manchmal mehr oder weniger sogar als Versager.

Einer unserer Bibelschüler, der aus einem entfernten Dorf in Papua-Neuguinea kam, war uns durch seinen edlen Charakter aufgefallen. Er war sehr hilfsbereit, fleißig, zufrieden, intelligent und legte viel Reife an den Tag. Einmal übernahm er, ohne viel Aufhebens darum zu machen, für ein ganzes Wochenende die Arbeit eines anderen Schülers auf der Farm, und das in der sengenden Tropenhitze. Wenn ich irgendwo verantwortlicher Pastor gewesen wäre, hätte ich ihn ohne viel zu überlegen in mein Team aufgenommen. Einmal erzählte er in der Lektion über Ehe- und Familienleben seinen Mitschülern, dass er eine strenge Erziehung genossen hatte. Seine Eltern wollten die sechs Kinder zu verantwortungsbewussten Menschen erziehen. Wenn

---

[143] Blackaby, Henry and Richard, *Spiritual Leadership*, B&H, Nashville, 2011, S. 356-357

sie wegen des Essens unzufrieden waren, nahmen die Eltern es ihnen einfach weg. Sie haben auch die Andachtszeiten am Morgen und Abend sehr ernst genommen. Er sprach von seinen Eltern mit großer Dankbarkeit und erzählte, dass alle seine Geschwister in der Gemeinde dienen. Wahrscheinlich können Eltern hierzulande diese strenge Form der Erziehung nicht in gleichem Maß durchführen. Wenigstens eine Prise davon würde vermutlich schon viel bewirken.

Für Außenstehende sieht Erziehung oft so einfach aus. Aber es ist nur so lange einfach, bis man selbst in der Situation ist.

Warum überhaupt erziehen? Warum das Kind nicht einfach der eigenen Entwicklung überlassen? Mittlerweile gibt es genug Untersuchungen, die bestätigen, dass Kinder auf sich alleine gestellt orientierungslos werden und sich nicht gesund entwickeln können. Erziehung ist nicht etwas, was man *an* einem Kind tut, sondern man tut es *für* das Kind.[144]

> Erziehung ist nicht etwas, was man an einem Kind tut, sondern man tut es für das Kind.

Um sich sicher zu fühlen, brauchen Kinder Grenzen und Leitplanken. Sie müssen genau wissen, wie die Regeln sind und wer dafür zuständig ist, dass sie eingehalten werden. Wenn dies zuhause so ist, wird ein Kind nie in Probleme geraten, außer es will die Eltern herausfordern. Solange das Kind sich in den vorgegebenen Grenzen bewegt, wird das Zusammenleben friedlich.

> Liebevolle Disziplin schützt die Kinder vor Gefahren, die sie meistens selbst noch nicht einschätzen können.

Liebevolle Disziplin schützt die Kinder vor Gefahren, die sie meistens selbst noch

---

[144] Viele nachfolgende Gedanken aus diesem Unterkapitel kommen aus einem Erziehungsseminar von James Dobson, *Essentials of Discipline – Your Child, DVD Parenting Seminar*, Focus on the Family, 2005

nicht einschätzen können. Auch wenn sie noch nicht reif genug sind, um zu wissen, warum sie etwas nicht tun dürfen, ist das kein Grund, ihnen dies zu erlauben. Wenn Sie ihre Kinder lieben, werden Sie sie leiten. Sie haben die Autorität, zuhause die Führung zu übernehmen. Nutzen Sie sie!

Die zwei Voraussetzungen für eine gute Eltern-Kind-Beziehung sind *Liebe* und *Disziplin*. Sie gehören untrennbar zusammen und müssen in der richtigen Balance gehalten werden. Wenn die Waage aus der Balance gerät, gibt es Probleme. Dabei ist es egal, ob sie auf die eine oder auf die andere Seite kippt.

- Wenn zuhause eine Atmosphäre von starker Kontrolle herrscht aber Liebe und Zuneigung fehlt, resultieren daraus bei den Kindern oft schwere seelische Probleme und sie verkümmern wie eine Pflanze ohne Wasser.

- Wenn zuhause hingegen nur eine Kuschelatmosphäre herrscht und man sich vor lauter vermeintlicher Liebe nicht getraut, nötige Korrekturen anzubringen oder Disziplin zu verlangen, ist dies auch schädlich, auch wenn es oft nicht erkannt wird. Dadurch versagen Eltern ihren Kindern den Nutzen der Zurechtweisung.

Aufmerksame Eltern lesen aus den Augen des Kindes, warum es sich so oder so verhält. Ist das Kind einsam, braucht es Nähe, ist es ungehorsam, braucht es Hilfe durch liebevolle Disziplin, ist es traurig, braucht es Trost und wenn es fröhlich ist, wünscht es sich jemanden, der mit ihm lacht.

Kinder richtig zu erziehen, ist laut Dr. Dobson nicht so sehr eine Wissenschaft, sondern eine hoch entwickelte Kunst, die man lernen kann. Aber es ist sicher, dass es die größte Geduld, Hingabe und Liebe braucht, die Sie zu bieten haben.

Deshalb muss Liebe und Disziplin unbedingt in Balance gehalten werden. Elterliche Führung auszuüben ist eine gottgegebene Aufgabe. Sie bringt nicht nur Frieden ins Zuhause, sondern wirkt sich auch zum Besten für die Kinder aus.

Die sechs Erziehungsprinzipien vom christlichen Familienpsychologen James Dobson helfen dabei:[145]

1. **Zeigen Sie im Voraus die Grenzen klar auf!** Wenn Sie die Grenzen nicht klar gesteckt haben, können Sie sie auch nicht durchsetzen. Kleinere Kinder brauchen viel mehr Regeln als ältere. Anfänglich geht es dabei um detaillierte, routineartige Tätigkeiten wie Händewaschen, Bett machen, „Danke" sagen und Zimmer aufräumen. In den Teenager-Jahren sollte man in diesen Bereichen etwas großzügiger werden und dagegen wichtige Lebensregeln oder Werte vermitteln wie
   - Treue – anstelle von ständigem Partnerwechsel,
   - Reinheit und Respekt – anstelle von vorehelichem Sex,
   - Verzichtbereitschaft – anstelle von Drogenkonsum,
   - Hilfsbereitschaft – anstelle von egoistischem Computersuchtverhalten.
   - Wir haben Grundsätze über das Fernsehen, den Umgang mit Wahrheit, das Respektieren der Privatsphäre/des Intimbereichs des Nächsten, Gestohlenes zurückbringen, Rauchen vermeiden und dergleichen.
   Diese Prinzipien sollten verinnerlicht werden.

2. **Steuern Sie das Kind durch Maßnahmen, nicht durch Ärger.** Seien Sie beharrlich, aber vermeiden Sie die Versuchung zum Nörgeln. Der am weitesten verbreitete Fehler in der Erziehung ist die unangepasste Anwendung von Ärger in der Bemühung, Verhalten zu kontrollieren. Dies funktioniert nicht. Das Kind reagiert in diesem Falle nur, wenn die Eltern

---

[145] Sinngemäß übersetzt aus: Dobson, James, *Essentials of Discipline – Your Child*, DVD *Parenting Seminar*, Focus on the Family, 2005

ihren gewohnten Pegel von Ärger und Lautstärke erreicht haben, weil Anordnungen ohne Maßnahmen zu leeren Drohungen werden. Das Kind erlernt diese Spielregeln ziemlich bald bis es zu einem alltäglichen „Theaterspiel" wird. Dabei erkennen die Kinder, dass Papa und Mama es nicht mehr im Griff haben. Warten Sie nicht so lange, bis Ihr Ärger soweit angestiegen ist, dass Sie unangemessen eingreifen und es später dann bereuen müssen. Wenn die Zurechtweisung unmittelbar nach dem Ungehorsam folgt, wird sie auch dementsprechend viel milder ausfallen. Dadurch kann man das Kind viel eher in Liebe erziehen, was der Schlüssel zum Erfolg ist.

3. **Unterscheiden Sie zwischen bewusstem Trotz und kindlicher Verantwortungslosigkeit!** Jüngere Kinder haben noch kein Verantwortungsbewusstsein. Sie vergessen, verlieren und verschütten Dinge. Wenn Ungeschicke passieren, sollte man damit sanft und verständnisvoll umgehen. Wenn ein Kind hingegen ärgerlich mit den Füßen stampft oder wütend herumbrüllt, ist das ein viel größeres Problem. Dies nennt man bewussten Trotz, welcher nicht ignoriert werden darf, sonst wird er immer schlimmer und kann in den Teenager-Jahren in Rebellion ausarten. Es braucht deshalb eine klare Reaktion und Antwort. Unbewusst tritt manchmal die Frage auf: „Wer ist hier der Chef?" Kinder wollen von ihren Eltern geführt werden, aber sie bestehen darauf, dass ihre Eltern sich das Recht verdienen, sie zu leiten.

4. **Versichern Sie nach einer Konfrontation dem Kind, dass Sie das Kind noch genau gleich lieb haben wie vorher und dass Ihre Liebe nicht von seinem Verhalten abhängt.** Erklären Sie ihm noch einmal die Grenzen mit den daraus resultierenden Folgen bei Ungehorsam. Als christliche Familie ist es auch sehr wichtig, nach einem Vorfall mit dem Kind zu beten und ihm zu erklären, dass wir alle gesündigt haben und dass nie-

mand fehlerlos ist. Göttliche Vergebung ist eine wunderbare Erfahrung, auch für ein sehr kleines Kind! Auch wenn sich das Kind falsch verhalten hat, muss es unbedingt wissen, dass wir es bedingungslos lieben.

5. **Vermeiden Sie unmögliche Anforderungen!** Seien Sie sich absolut sicher, dass das Kind die Anforderungen erfüllen kann und strafen Sie es niemals für etwas, wozu es nicht fähig ist. Sonst bringen Sie es in einen unlösbaren Konflikt, aus dem es keinen Ausweg findet. Dies schädigt das Selbstbewusstsein des Kindes. Strafen anzudrohen, wenn Kinder ihr Bett nässen, nicht gute Noten heimbringen, nicht begabt sind ein Instrument zu spielen, bringt Kinder in ausweglose Situationen.

6. **Lassen Sie sich durch die Liebe leiten.** Es wird genug Situationen geben, wo wir ratlos und ohne passende Antwort im Erziehungshandbuch dastehen und nicht mehr weiter wissen. Besonders in solchen Momenten soll uns noch vermehrt die Liebe Gottes leiten. Wenn wir uns im Tonfall vergriffen haben oder unsere Strafe unangemessen war, müssen wir die Größe besitzen, uns dafür beim Kind zu entschuldigen. Das Kind lernt dabei, dass wir alle Vergebung nötig haben und von Gottes Liebe und Gnade leben. Kinder respektieren Erwachsene, die zu ihren Fehlern stehen. Sie brauchen keine perfekten Eltern, aber sie brauchen Eltern, die vorbehaltlos und ohne erbrachte Leistung und ohne Schönheit lieben.

Bei der Erziehung geht es nicht nur darum, Regeln aufzustellen und darauf zu achten, dass sie eingehalten werden. Es geht vielmehr darum, über die Jahre hinweg eine respektvolle und von Liebe geprägte Beziehung aufzubauen. Wir tun unser Bestes, um Menschen zu erziehen, die Christus - ähnliches Verhalten an den Tag legen.

Den Willen formen, ohne die Seele zu verletzen

Da Kinder wertvoll sind, müssen wir alles daran setzen, ihr inneres Leben, ihre Seele, zu schützen. Unser Ziel sollte sein, den Willen des Kindes, der so unbeugsam wie Stahl sein kann, zu formen, ohne dabei die Seele, die sehr sensibel ist, zu verletzen.

Formung des Willens geschieht, indem wir vernünftige Grenzen festlegen und in Liebe auf deren Einhaltung bestehen. Dadurch befähigen wir die Kinder, sich selbst unter Kontrolle zu halten und später im Leben Selbstdisziplin zu üben.

Gleichzeitig vermitteln wir dem Kind aber keinesfalls, es sei unerwünscht, unnütz, es zähle nicht, es sei eine Last. Jede Anklage, die in dieser Hinsicht einen Angriff auf das Selbstwertgefühl des Kindes darstellt, kann sehr großen Schaden anrichten. Die Seele stellt den zerbrechlichsten Teil der menschlichen Natur dar. Sie ist durch Ablehnung, lächerlich machen und Versagen besonders leicht verletzlich. Von Paulus werden wir angehalten, die Kinder so zu behandeln, dass sie nicht widerspenstig werden (Epheser 6,4).

Ich glaube an eine konsequente, jedoch nicht an eine harte, starre Disziplinierung - auch dann nicht, wenn eine gute Absicht dahintersteht. Wir müssen vielmehr einen Raum schaffen, in dem unsere Kinder atmen, wachsen und sich in einer Atmosphäre der Liebe entwickeln können.

Weder durch die einschränkende, autoritäre Methode der Kindererziehung, noch durch die moderne Devise des „Alles-ist-erlaubt", kann das Einzigartige in einem jungen Menschen zur

Entfaltung kommen, denn das Kind hat in beiden Fällen keine Möglichkeit, Eigenverantwortung einzuüben. Der Wille eines Kindes ist eine große Kraft, die zur Persönlichkeit eines Menschen gehört.

Wenn verletzende Worte gesprochen wurden, ist es wichtig, sich so schnell wie möglich zu entschuldigen. Und vergessen Sie nicht, wie wichtig tägliches geistliches Training für das Leben des Kindes ist. Gebet bringt wunderbare Vergebung und Versöhnung.

Immer wieder gilt der Aufruf, eine intakte Beziehung der Eltern mit den Kindern aufrechtzuerhalten. Die Antwort liegt in der vergebenden Kraft des Kreuzes. Mit dem Opfertod von Jesus wurde die Grundlage gelegt, dass Eltern harmonisch mit ihren Kindern zusammenleben. In Maleachi 3,24 wird vorausgesagt, dass Gott die Herzen der Väter ihren Kindern und die Herzen der Kinder ihren Vätern zuwenden wird. Generationen sollen sich nicht auseinanderleben, sondern miteinander unterwegs sein. Das ist Gottes Plan.

> Immer wieder gilt der Aufruf, eine intakte Beziehung der Eltern mit den Kindern aufrechtzuerhalten.

Eigenverantwortung lernen

Warum gibt es einen so starken Führungskräftemangel, wo doch Leadership- und Managementkurse nur so aus dem Boden sprießen? Eigentlich sollte eine Sättigung an Leitern zu verzeichnen sein. Das Gegenteil ist der Fall. Es fehlen Hunderte oder sogar Tausende Führungskräfte in den Organisationen des 21. Jahrhunderts. Auch in der christlichen Gemeinde ist man ständig auf der Suche nach Menschen, die Verantwortung übernehmen wollen und auch können.

Könnte es sein, dass wir nur die Wirtschaft im Visier haben und es vernachlässigen, unsere Kinder zur Leiterschaft zu erziehen? Oder eben, wie eingangs erwähnt, wir keine Kinder mehr haben?

> Wenn wir Kinder haben, können wir viel tun, um sie zu künftigen Verantwortungsträgern heranzuziehen.

Wenn wir Kinder haben, können wir viel tun, um sie zu künftigen Verantwortungsträgern heranzuziehen. Wir müssen sie stärken, ihnen eine gewisse Freiheit geben, experimentierfreudig zu sein, und neue Dinge auszuprobieren. Wir müssen sie auch lehren, Verantwortung für ihre Taten zu übernehmen.

Dies kann durch verschiedene Weise getan werden.

- **Das Lernen einüben.** Für etwas mehr als drei Jahre hatten wir unsere Kinder teilweise zuhause in der „Schule", da sie der Internationalen Schule entwachsen waren. Im letzten halben Jahr waren alle vier zuhause und es war eine Herausforderung, sie zu guten Lernmethoden anzuleiten. Sie arbeiteten mit dem Programm von ILS, wo sie sehr selbstständig sein mussten, was mal mehr, mal weniger gelang. Es gab Zeiten, da standen sie in aller Frühe auf und gingen motiviert an ihre Arbeiten und noch mitten am Vormittag hieß es, sie hätten das Tagesprogramm geschafft. Und dann gab es Zeiten, da lief es einfach nicht und man kam nicht vorwärts. Es gab so viel Ablenkung und am Ende des Tages blieb noch eine ganze Menge zu tun für den nächsten Tag. In dieser Zeit haben nicht nur die Kinder viel über gute Lerngewohnheiten gelernt und über Disziplin, sondern auch meine Frau und ich selbst. Es war eine gute, aber auch anstrengende Zeit, denn man war den ganzen Tag dran. Wie gut, gab es immer wieder auch die Unterstützung von Lernhelfern. Leiter sind permanent Lernende. Ermutigen Sie die Kinder, viel zu

lesen, denn „Ein Kind mit liebevollen Eltern und einem Haus voller Bücher kann nie arm sein."[146]
- **Haustiere halten.** Kinder müssen sich immer wieder aufraffen, den Käfig auszumisten und die Meerschweinchen oder die Katze zu füttern. Dabei werden sie zu kleinen „Hirten", die dann später für andere Menschen Verantwortung tragen werden – ein wunderbares Leiterschaftstraining.
- **Verantwortung im Haus übernehmen.** Wir wollen keine kleinen Paschas großziehen und Beihilfe leisten zur Unselbständigkeit, indem die großen Kinder im „Hotel Mama" faul herumsitzen. Kinder müssen lernen, dass in einer Familie – genau wie in jedem anderen Team – die einzelnen Mitglieder ihren Beitrag zum allgemeinen Wohl leisten müssen. Bei uns hat jeder seinen Job und man geht nicht aus dem Haus, bevor alles gut erledigt ist, zumindest steht es so auf dem Plan. Müll entsorgen, das Bad putzen, den Tisch decken, eine Mahlzeit vorbereiten, kochen, servieren und danach die Küche wieder in Ordnung bringen. Als Faustregel gilt für meine Frau: Dass die Kinder, wenn sie das Elternhaus verlassen, sich selbst problemlos versorgen können müssen und nicht auf irgendwelche Hilfe angewiesen sind.
- **Selber Entscheidungen treffen.** Gewiss gibt es immer Dinge, die Eltern bestimmen müssen, vor allem wenn die Kinder noch klein sind. Aber je älter die Kinder werden, desto mehr Entscheidungsfreiheit sollten wir ihnen zugestehen. Wir ertappen uns immer wieder dabei, dass wir den Kindern die Entscheidungsfähigkeit nicht zutrauen und ihnen dadurch unbewusst eine gute Lernerfahrung vorenthalten. Dazu gehört auch, dass das Kind die Folgen einer Fehlentscheidung selbst tragen muss, natürlich

---

[146] Autor unbekannt

auch wieder dem Alter entsprechend. So lernt es, Entscheidungen gut zu überdenken.
- **Warten lernen.** Es ist ungesund, wenn Eltern den Kindern einfach jeden Wunsch erfüllen, ohne dass die Kinder etwas dafür tun. Wenn sie einen größeren Wunsch haben, leiten wir sie an, wie sie sparen können. Die Motivation, mit dem Wunsch vor Augen für etwas zu sparen, ist viel höher, als wenn das Kind den Wunsch gleich erfüllt bekommt und die Schulden danach abzahlen muss. Welches Kind wird wohl eher freiwillig den Rasen mähen und rechen oder am freien Samstag Werbeprospekte austragen? Wenn Kinder für eine Sache gespart haben, werden sie auch viel besser darauf aufpassen. Natürlich darf man auch zwischendurch großzügig sein und dem Kind einen Wunsch erfüllen ohne Gegenleistung. Es wird dies zu schätzen wissen.
- **Geld verwalten.** Wir schulen schon die kleinen Kinder, den Zehnten ihres Taschengeldes für Gott und sein Reich zu geben. Jedes Kind hat ein internes Sparbuch, wo es selber Buch führt. Dabei lernt das Kind, mit Geld umzugehen. Es ist auch nützlich, wenn Kinder den Zusammenhang zwischen Arbeit und Lohn erkennen. Sie bekommen die Chance, abgesehen von ihren normalen Haushaltspflichten, etwas Zusätzliches zu arbeiten, um damit ihr Taschengeld aufzubessern. Dadurch lernen die Kinder den Zusammenhang zwischen Leistung und Ertrag. Es besteht aber wiederum die Gefahr, dass die Kinder nur dann etwas arbeiten, wenn es Lohn gibt. „Was bekomme ich dafür?", ist dann oft die erwartungsvolle Frage. Da gilt es, eine gute Balance zu finden.
- **Wiedergutmachung.** Kinder müssen lernen, Verantwortung für ihr Handeln zu übernehmen. Man sollte sicher stellen, dass die Tat nicht von den Konsequenzen getrennt wird. Wenn mein Sohn am Morgen trödelt und den Bus verpasst, muss er auf den späteren Bus warten

und sich beim Lehrer für sein Zuspätkommen entschuldigen. Ich täte ihm keinen Gefallen, wenn ich ihn zur Schule fahren würde. Etwas Gestohlenes sollte zurückgebracht und Beschädigtes repariert werden
- Als wir in den Ferien waren, stellten wir fest, dass unsere Kinder das Dach des kleinen Spielhäuschen beschädigt hatten. Wir verlangten von jedem Kind eine kleine Geldsumme, um den Arbeiter zu bezahlen, der den Schaden am Dach beheben konnte, weil es für sie selbst zu schwierig gewesen wäre. Manchmal reicht eine Entschuldigung nicht aus, es müssen auch Konsequenzen folgen. Kinder lernen schnell, dass sie frei sind, sich für etwas zu entscheiden, dass sie aber nicht davon befreit werden, die Konsequenzen zu tragen.
- **Schwierigkeiten meistern.** Wir sind manchmal geneigt, dem Kind jedes Hindernis aus dem Weg zu räumen und Konflikte möglichst zu vermeiden. Mit dieser Devise des Verwöhnens werden die Kinder verweichlicht und kommen später mit der harten Realität des Lebens nicht klar. Was Kinder im entsprechenden Alter selber tun können, sollte ihnen nicht von den Eltern abgenommen werden.
- **Ein Familien-Leitbild gemeinsam entwerfen.** Dabei ist der Prozess genauso wichtig wie das Resultat. Der Anstoß muss aber von den Eltern kommen. Die Fragen, „Wer sind wir?", „Was tun wir?", „Wie tun wir es?" und „Was ist uns wichtig?" können uns dabei leiten. Dies stärkt die Familieneinheit sehr und zeigt den Kindern, dass ein gelingendes Leben auf gesunden Prinzipien ruht. Wer etwas bewegen will, braucht zuerst selbst einen festen Standpunkt. Jedes Mitglied der Familie soll mithelfen, eine Art Erklärung zu entwerfen, auf die immer wieder Bezug genommen wird. Hier ein Beispiel:
  - „Das Ziel unserer Familie ist es, einen Ort zu schaffen, wo man sich zuhause fühlt mit einer Atmosphäre der

Liebe und Fröhlichkeit, der Gastfreundschaft und das Angenommenseins, der Ordnung und Sauberkeit.
  - Wir wollen einander ermutigen, dienen und füreinander da sein.
  - Wir wollen Wegweiser auf Jesus hin sein und Missionssinn fördern.
  - Wir wollen eine Zelle des Gebets sein.
  - Wir wollen Gottes Wort lernen und weitergeben.
  - Aus unserer Familie soll JESUS leuchten."

- **Soziale Verantwortung übernehmen.** Einer unserer Söhne bekam, als er zwölf Jahre alt war, die Gelegenheit, regelmäßig bei einer Sonntagschule mitzuhelfen. Er entdeckte dort einen Jungen, der taubstumm war und setzte alles dran, dass dieser Junge etwas von den Geschichten mitbekam, z.B. durch Basteln, Zeichnen und Pantomime. Geben wir den Kindern genug Gelegenheiten zu erleben, was es bedeutet, dass Geben seliger ist als Nehmen. Wir können eine bedürftige Familie einladen und ihr gemeinsam ein leckeres Essen servieren oder auf gewisse Nascherein verzichten, um das Geld für eine bestimmte Notsituation zu spenden. Auch hier ist das Vorbild der Eltern die beste Motivation.

> Obwohl es manchmal schwierig mit anzusehen ist, brauchen unsere Kinder zwischendurch auch kleinere, nicht ermutigende, sondern entmutigende Erlebnisse.

Obwohl es manchmal schwierig mit anzusehen ist, brauchen unsere Kinder zwischendurch auch kleinere, nicht *ermutigende*, sondern *entmutigende* Erlebnisse. Beim Lernprozess, Verantwortung zu übernehmen, gehört es dazu, die Wurzeln tief wachsen zu lassen. Ein Baum, der nur die Sonnenseiten des Lebens kennt, wird beim nächsten Sturm nicht standhalten können. Hingegen Bäume, die in der Wüste überleben, strecken ihre Wurzeln tief ins Erdreich, um an Wasser heranzukommen. Kinder, die schon früh gelernt haben, Prüfungen zu meistern, treten sicherer auf als andere, denen man alles Unangenehme aus dem Weg geräumt hatte. Eltern stehen den Kindern in solchen Zeiten ermutigend bei, damit sie lernen, mit der harten Realität des Lebens zurecht zu kommen. Solch ein entmutigendes Erlebnis hatte unsere Tochter, als ich ihr melden musste, dass ihr Huhn gestorben war. Sie hatte es geschenkt bekommen und sehr geliebt. Und einige Zeit vorher hatte sie ein richtiges Wunder erlebt, als ein Adler das Huhn gegen seine Natur nach seinem Angriff wieder fallen gelassen hatte und sie es im Bananengarten wieder gefunden hatte. Warum ließ es Gott dann jetzt einfach so sterben und auch noch gerade dann, als sie nicht zuhause war? Dies ist für ein 9-jähriges Mädchen keine einfache Lektion. Aber ich bin überzeugt, dass sie dadurch reifen konnte und ihr Vertrauen zu Gott gestärkt wurde.

Das Allerwichtigste

Was könnte wichtiger sein, als unsere Kinder zu einer lebendigen Beziehung mit Jesus zu führen? Es gibt nichts, was auch nur annähernd eine so hohe Priorität haben könnte. Es ist der einzige Weg, um die Ewigkeit zusammen zu verbringen.

> Was könnte wichtiger sein, als unsere Kinder zu einer lebendigen Beziehung mit Jesus zu führen?

Dabei steht die Frage im Raum, welchen Preis wir bereit sind zu zahlen, um für unsere Kinder da zu sein. Sind wir auch bereit, Unannehmlichkeiten auf uns zu nehmen? James Dobson[147] erzählt die eindrückliche Geschichte seines Vaters, der seine Karriere als Evangelist aufgab, um ihn vor großem Schaden zu bewahren. Sein Vater war die kommenden vier Jahre mit Predigtdiensten an Evangelisationswochen und Konferenzen ausgebucht. James, gerade sechzehn Jahre alt, war mit seiner Mut-

---

[147] Aus Vorträgen von Dr. James Dobson über *Bringing up Boys Parenting Video Series*, Kapitel 11 *The Ultimate Priority*, Focus on the Family, 2005

ter alleine zuhause. In dieser Zeit wurde er rebellisch und die Mutter wusste nicht mehr weiter. James lauschte im Nachbarzimmer, als sie den Hörer in die Hand nahm, um ihrem Mann anzurufen, dass sie mit ihrem Sohn nicht mehr klar komme. Er war gespannt, wie sein Papa reagieren würde. Zu seiner Verwunderung brach sein Vater das ganze Programm der nächsten vier Jahre ab, verkaufte ihr Haus und nahm eine Stelle als Pastor in einer kleineren Gemeinde an, damit er bei ihm und seiner Mutter sein konnte. James meint in seinem hohen Alter, dass dies ihn vermutlich vor einem Absturz bewahrt hatte. Sein Vater erholte sich nie von dem abrupten Abbruch seiner Karriere. James Dobson widmete sein großes Werk „Focus on the Family" seinem Vater, dem James' Wohlergehen einen solch hohen Preis wert war. Er wollte mehr Zeit mit James verbringen und ihn durch die restlichen Teenagerjahre begleiten.

Sind wir bereit, Opfer zu bringen? Es steht uns nur eine kurze Zeit für diese Aufgabe zur Verfügung. Es geht ja nicht nur darum, mehr Zeit mit den Kindern zu verbringen, sondern um wirklich qualitative Zeit. Viele Studien bestätigen, dass es besser ist zwanzig Minuten volle Aufmerksamkeit zu geben als vier Stunden anwesend zu sein, oder gemeinsam vor dem Fernseher zu sitzen. Hier ist Kommunikation, ungeteiltes und aufmerksames Zuhören ein wesentlicher Faktor. Ist uns bewusst, dass bei Kindern, die sich bis zum 14. Lebensalter nicht für den christlichen Glauben entschieden haben, die Wahrscheinlichkeit sehr gering ist, dass sie es danach tun werden? Nutzen wir die Zeit der Kindheit, die uns dazu gegeben ist, unsere Kinder mit der besten Botschaft vertraut zu machen!

Nelson Mandela opferte alles, um sein Volk zu befreien. Er musste zwei Scheidungen durchleben und saß für viele Jahre im Gefängnis, wodurch er keinen Kontakt zu seinen Kindern hatte. Mandela bekannte und bedauerte später, dass er zwar seine Frauen geliebt hat, seine Ehen aber zerbrochen waren, weil er zu wenig in sie investiert hatte, weil er seiner Arbeit immer den Vorrang gegeben hatte.

Es liegt in unserer Hand, mit Gottes Hilfe Spuren zu hinterlassen, an denen unsere Kinder sich orientieren, darauf gehen und sich neu entfalten können. Welche Spuren hinterlassen wir? Es ist noch nie einfach gewesen, gute Eltern zu sein. Aber am Ende macht es sich bezahlt. Deshalb werde ich mein Bestes geben! Blackaby spricht mir aus dem Herzen: „Dieses Leben bietet jedem von uns die Möglichkeit, in dieser Welt ein Zeichen zu setzen. Jede Generation kann die Zukunft beeinflussen durch die Art, wie Eltern ihre Kinder großziehen und durch die Sorgfalt, mit der Leitungspersonen in die nachfolgende Generation investieren."[148]

Ich will es wie seiner Zeit Josua halten: *„Ich und meine Familie, werden jedenfalls dem Herrn dienen"* (Josua 24,15b).

---

[148] Blackaby, Henry and Richard, *Spiritual Leadership*, B&H, Nashville, 2011, S. 371

Tiefer wurzeln

1. Warum sollte das Thema Elternschaft in einem Buch über Führung nicht fehlen?

2. In welchem Bereich können Sie sich für Ihre Kinder mehr qualitative Zeit nehmen?

3. Was halten Sie von der Balance zwischen Liebe und Disziplin?

4. Können Sie sich an Begebenheiten in Ihrem Leben erinnern, wo Ihre Seele verletzt wurde? Was haben Sie dabei gelernt im Umgang mit anderen?

5. Welche Tipps zur Einübung von Eigenverantwortung bei ihren Kindern wollen Sie in Ihrer Familie umsetzen?

Schlusswort

Wir sind in diesem Buch gemeinsam auf eine Reise gegangen. Wir haben erforscht, wo der Erfolg oder Misserfolg eines Baumes lag. So führte die Reise uns schließlich zu seinen Wurzeln. Denn an ihnen zeigt sich, ob ein Baum Frucht bringen wird oder nicht. Im Verborgenen wächst unser Lebensbaum in die Tiefe. Wir sind vereint mit Gott durch das Leben von Christus. Der Heilige Geist wirkt in uns und stärkt uns in dem Anliegen, uns in den fünf Bereichen unseres persönlichen Lebens zu führen und auch führen zu lassen: geistlich, körperlich, mental, emotional und sozial. Auch hängt unsere Fruchtbarkeit davon ab, wie wir unsere Zeit einteilen und unsere Finanzen verwalten.

Gottes Ziel mit uns ist, dass wir möglichst viel Frucht bringen zu seiner Verherrlichung. Deshalb werden wir angehalten, immer wieder Bilanz zu ziehen und auf Kurs zu bleiben, damit wir nicht oberflächlich werden, sondern weiter in die Tiefe wachsen.

Aus dieser Tiefe bringen wir Frucht für Gott und werden zur Nahrungsquelle für andere. Das geschieht vor allem durch eine Dienstgesinnung, aber auch durch gegenseitige Unterstützung im Team und das Investieren in die zukünftige Generation. Wir ziehen jüngere Verantwortungsträger nach und leben ihnen gute Führung vor. Es ist uns auch bewusst, dass wir in einem „globalen Dorf" leben und vermehrt mit Menschen zusammenarbeiten, die aus anderen Kulturen kommen. Und schließlich investieren wir in unser wertvolles Geschenk Gottes – unsere Kinder. Wir haben erkannt, dass unsere Familien der Kern unserer Gesellschaft und Gemeinde sind. Deshalb liegt uns so viel daran, unseren Kindern ein Christus-ähnliches Leben vorzuleben, um sie zu verantwortungsbewussten Christen heranzuziehen.

Danken will ich Gott für mehrere Freunde – Brüder und Schwestern – die mein Manuskript konstruktiv korrigiert haben. Manche sind mitten im Beruf und haben etliche ihrer freien Stunden für dieses Projekt investiert. Im Speziellen danke ich meiner Frau, Katrin, die sich Zeit nahm, um sowohl Inhalt als auch Form soweit zu bringen, dass letztendlich etwas Gewinnbringendes daraus werden konnte.

Es ist mein Wunsch, dass Sie sich nicht mit Oberflächlichem zufrieden geben, sondern vielmehr ihre Wurzeln in die Tiefe strecken, damit Ihr Leben etwas Tiefgreifendes bewirkt und Sie durch ein reifes Leben in dieser Welt einen Unterschied für Gott machen und ihn ehren.